中国生态文化建设的多维机制研究

李 娟 — 著

九州出版社
JIUZHOUPRESS

图书在版编目（CIP）数据

中国生态文化建设的多维机制研究／李娟著．--北京：九州出版社，2021.9

ISBN 978-7-5225-0522-0

Ⅰ.①中… Ⅱ.①李… Ⅲ.①文化生态学—研究—中国 Ⅳ.①G12

中国版本图书馆 CIP 数据核字（2021）第 190805 号

中国生态文化建设的多维机制研究

作　　者	李　娟　著
责任编辑	姬登杰
出版发行	九州出版社
地　　址	北京市西城区阜外大街甲 35 号（100037）
发行电话	（010）68992190/3/5/6
网　　址	www.jiuzhoupress.com
印　　刷	唐山才智印刷有限公司
开　　本	710 毫米×1000 毫米　16 开
印　　张	16
字　　数	261 千字
版　　次	2022 年 1 月第 1 版
印　　次	2022 年 1 月第 1 次印刷
书　　号	ISBN 978-7-5225-0522-0
定　　价	95.00 元

目 录
CONTENTS

绪 论

　　1972 年 6 月，在生态灾难和环境危机日益加剧的威胁下，世界各国学者、专家和政府代表云集斯德哥尔摩，举行了联合国人类环境会议，对所面临的严重挑战共商对策，发出了"只有一个地球"的响亮呼声。这呼声震撼了各国舆论界，赢得了全世界关心人类前途的有识之士的强烈共鸣。创造了高度物质文明和技术文明的现代人，又用自己的双手制造出一系列富有现代特征的全球问题，并用这些问题筑成了自身的困境。几十年来，科学技术飞速发展，经济手段愈加成熟，然而这些对策于环境问题而言，终归治标不治本。现代人类走出困境的起点在哪里？人类何以会走到如此境地？他们究竟还缺少什么呢？他们缺少的是一种文化，一种在开发自然、变革社会、推进文明的过程中经常反思、不断自我调控、使自己的行为不超越客观阈限、与环境协调发展的生态文化。这种认识不是人们突发奇想、心血来潮的产物，而是在人类与环境的关系陷于深刻危机的严峻时期，在人类文明发展的阵阵痉挛和频频剧痛中得出的深刻领悟。

　　习近平总书记指出，"山水林田湖是一个生命共同体，人的命脉在田，田的命脉在水，水的命脉在山，山的命脉在土，土的命脉在树"①，道出了关于人与自然生态生命生存关系的文化精髓。中国特色社会主义进入新时代以来，党中央和国务院密集出台文件，《中共中央 国务院关于加快推进生态文明建设的意见》（中发〔2015〕12 号）、《中共中央 国务院关于印发〈生态文明体制改革总体方案〉的通知》（中发〔2015〕25 号）和《中共中央关于制定国民经济和社会发展第十三个五年规划的建议》等都要求，坚持把培育生态文化作为生态文

---

　　① 习近平：《习近平谈治国理政》，北京：外文出版社 2014 年版，第 85 页。

明建设的重要支撑。2015 年，国家出台我国首个关于生态文化建设的专门文件《中国生态文化发展纲要（2016—2020 年）》，从多个角度探究生态文化建设的长效机制，对于推动我国生态文化大发展大繁荣，对于夯实中国特色社会主义生态文明建设的文化根基具有重要意义。

一、探求解决生态危机之道的文化转向

马克思主义经典作家指出，人是自然界进化的产物，作为人类特征的一切东西——手、语言、思维等，都是在改造自然的劳动过程中形成和发展起来的。人类社会发展的过程本质是人类通过劳动利用自然资源和改造自然物，从而不断推动文明进步的过程。以劳动工具或者生产力水平为划分依据，人类社会发展经历了原始采猎文明、农业文明、工业文明三个历史阶段，相应地，人与自然的关系经历了敬畏、依赖和征服三个阶段。

在原始采猎文明社会，人类对大自然了解甚少，雷鸣、闪电、暴雨等千变万化的自然现象，原始人难以捉摸，他们不能理解这种状况，便认为有神秘力量在支配这一切。面对这种强大的力量，原始人是无法与之抗衡的，便只有通过表达敬意和崇拜以求避免灾难。很多氏族把某种动物或自然物作为图腾就是原始人对自然产生的恐惧和敬畏心理的证明。在我国仰韶文化、屈家岭文化和大汶口文化等遗址中，都发现了装饰有太阳纹、鱼纹、蛙纹、鹿纹、鸟类的陶器，甲骨卜辞中有许多关于祭祀山岳的记载，反映了原始人向自然祈求平安的朴素愿望。

在农业文明社会时期，人类最主要的生产活动就是农、林、牧、副、渔等农业产业，其最突出的特点就是对自然资源如土地、林木、草场、山川、河流的高度依赖。人们把世界看作是"自然—人—社会"复合生态系统，提倡万物相连、包容共生，平衡相安、和谐共融、永续相生、真善美圣等"天人合一"的整体世界观，唐诗宋词等传统文化不乏大量歌颂和向往自然田园牧歌式的恬静生活。总体而言，在原始采猎文明社会和农业文明社会时期，人类的生产方式比较落后，没有对自然界产生过大规模和高强度的破坏，人与自然处于一种和谐相处的状态。

工业革命以来，机器生产大量取代人力劳动，也极大地提高了人类利用和改造自然的能力，"资产阶级在它的不到一百年的阶级统治中所创造的生产力，比过去一切世代创造的全部生产力还要多，还要大"①。资产阶级为了追逐利润最大化，通过压榨工人剩余劳动对土地、矿产、河流等自然资源进行掠夺式开发利用，原有的人与自然关系也被完全颠覆了，"我们在最先进的工业国家中已经降服了自然力，迫使它为人们服务；这样我们就无限地增加了生产，现在一个小孩所生产的东西，比以前的 100 个成年人所生产的还要多"②。征服自然的结果是环境污染频繁发生，人类大规模非正常死亡、残废、患病的公害事件不断涌现，尤其是 20 世纪中期以来，全球性生态环境危机日益加剧，罗马俱乐部将维持人类经济社会发展所必需的资源和空间分为"源"和"汇"两个方面，"源"是指自然资源，包括矿产储量、蓄水层和土壤中的养分含量；"汇"则指吸收废弃物的空间，包括大气、地表水体和垃圾填埋。罗马俱乐部通过 World3 模型的系统分析，认为"源正在衰竭，汇正被填满"③，人类持续发展受到地球"源"提供所需物质和能量的能力及地球"汇"吸收污染物和废弃物的能力的限制，面临增长的极限，而且这种资源环境制约还将严重威胁人类的基本生存。有学者认为，以空气、水源和土壤污染为代表的生态环境危机是人类"未来面临的最重大挑战——比健康、人权、人口增长和贫富悬殊等问题更重要。"④ 早在 1962 年，美国生物学家卡森在《寂静的春天》中就警告世人："一个狰狞的幽灵已向我们袭来。"⑤ 半个多世纪过去了，当年卡逊笔下的"生态危机的幽灵"不仅没有被驱散，反而变得愈发狰狞。由此，生态环境问题成为全世界关注的重要议题，国际社会从多个角度提出了解决之道。

有人主张创新发展科学技术，改进工业装置设备，实现污染排放减量化和资源利用节约化。但是杰文斯在《煤炭问题》一文中通过大规模实践调查反证：单位煤炭利用效率的提高，却带来需求绝对数量的增加和生产规模的进一步扩大，那么对该类资源总的需求量和使用量不会减少、反而增加，那种认为凭借技术改进就能实现能源消费减量的想法，完全是幻想。"认为经济地使用燃料等

---

① 《马克思恩格斯文集（第二卷）》，北京：人民出版社 2009 年版，第 36 页。
② 《马克思恩格斯文集（第九卷）》，北京：人民出版社 2009 年版，第 422 页。
③ ［美］德内拉·梅多斯，等：《增长的极限》，李涛等译，北京：机械工业出版社 2015 年版，第 53 页。
④ ［匈］拉兹洛：《巨变》，杜默译，北京：中信出版社 2002 年版，第 165 页。
⑤ ［美］蕾切尔·卡森：《寂静的春天》，吕瑞兰、李长生译，上海：上海译文出版社 2008 年版，第 1 页。

同于消费减少，这完全是思维混乱。事实恰恰相反。通常说来，根据许多类似案例中发现的一条原则，节约的新模式会导致消费增加……例如，如果高炉使用的煤炭数量相比于产量下降了，那么，贸易的利润就会增加，并吸引新的资本，生铁的价格就会下降，但对生铁的需求将增加。最终，更多的高炉将弥补并超出每座高炉所减少的消费量。如果这种情况不总是一个单独部门的结果，那么就必须牢记，任何生产部门的进步都会激发大多数其他部门的新活动，并间接地——如果不是直接地——增加对我们的煤层的消耗。"① 最具讽刺意味的是，节能技术最先进的国家，往往是资源消费量最大的国家，美国的能源消费量便是最好的例证。可见，效率、节约和技术进步，实际上可能会使能源和环境的前景更加糟糕，因为技术效率提高会降低价格，同样的预算可以购买更多的消费品而引发更大的需求。当然，这并不是说反对追求节能技术创新和发展，而是要说明，技术不是像许多人所相信的那样是灵丹妙药，诸种技术方案充其量只能算作"治疗"而不能在人类命运共同体视野上去"治愈"生态危机。

有人主张借助经济手段调节市场主体行为，减少环境污染"搭便车"和"公地悲剧"现象。比如美国学者先后提出了近百种经济激励机制来解决环境问题，其中较为典型的代表有排污权交易项目、环境税收、押金退回制度、环境合同制度、环境补贴、环境标签、环境认证、信息披露等。这些环境市场机制在一定范围内起到了激励约束作用，但是以市场机制为基础的环境规制模式也变相鼓励理性经济人将污染转移到低收入区域，导致低收入群体承担更多环境负担，在环境权利方面产生了非正义和不公正现象。比如西方国家将污染产业和固体垃圾处理转移到环境管制较松和环境成本较低的第三世界国家，生态学马克思主义将这种污染转移现象称为生态帝国主义。人类共同拥有一个地球，发展中国家的环境问题最终会扩散到全世界，而且西方发达经济体的污染转移还加剧了世界不公正的国际秩序，抑制了落后国家的发展，继续扩大南北差距，造成威胁全球稳定的新问题。因此，环境市场机制只是权宜之计而不是长久之策。

有人主张社会结构变革，推行稳态经济，在预测人们基本消费需求的基础

---

① ［美］约翰·波利梅尼：《杰文斯悖论——技术进步能解决资源难题吗》，许洁译，上海：上海科学技术出版社 2013 年版，第 121-122 页。

上，将经济规模收缩控制在某一范围之内，此后便维持经济零增长的稳定状态，以使人类生产消费的物质流与生态系统保持平衡。这种观点本质是将经济发展与环境保护相对立，认为经济发展必然要造成环境损害，为了保护环境就要停止经济与人口发展，比如有计划地缩减工业生产，降低社会生产率；拆除庞大的工业经济体系，发展小规模技术，甚至以手工劳动代替现代化大生产；人们必须学会"承受比今天还低的生活水平"①。显然，稳态经济所提倡的是一种小国寡民式的经济单位，不符合未来社会最终将走向社会化集体大生产的发展趋势，因而是一种开历史倒车的想法。而且从社会现实而言，因人口寿命延长等原因，世界人口的数量在增加，从而对经济总量的需求也在增长，如果只求产品产出和经济的零增长，则根本无法满足人类的基本生存需要。我们完全可以预计，将经济增长停止时，相当大一部分的工厂、机器和工人将面临多余过剩状态，紧接着就是一个伴随着高失业率的严重经济危机和犯罪率飙升的社会动荡。因此稳态经济的对策无论是理论上还是现实中都根本行不通。

综上所述，尽管半个多世纪以来，人们从科学技术、经济学、社会学等角度提出了诸多关于生态环境问题的解决方案，但是环境污染和生态恶化问题依然没得到根本改善，反而在世界范围内越来越严重。生态危机本质是人的危机，是人类不合理开发利用自然资源导致了生态环境退化和失衡的问题，因此，环境问题的根源在于人，在于人不正确的思想观念和行为方式。要从根本上解决环境问题必须摒弃就环境论环境的线性思维，必须追根溯源，从解决人的问题入手。

人以文化的方式生存，文化是人的特有属性和本质特征。动物以本能的方式适应环境，人类则以发展文化的方式来改进生产方式和生活方式，进而适应变化的环境。纵观地球演变史，我们可以清晰看到，当前的环境问题是一定文化发展的阶段性产物，确切地说是工业文明时代所形成的生产文化、消费文化、道德观念的产物。工业革命的物质成就刺激了人的主体性极度张扬、占有欲极度膨胀，人类以征服者的文化姿态高举手中的"利剑"，贪婪地向自然索取，招致"自然的报复"，引发了人与自然对立的生态危机。生态危机的深层次原因在

---

① ［德］萨拉·萨卡：《生态社会主义还是生态资本主义》，张淑兰译，济南：山东大学出版社 2012 年版，第 248 页。

于人的价值取向出现了严重偏差，因此，解决环境问题归根结底取决于人类的文化选择。正如美国环境史学家唐纳德·沃斯特所指出的那样："我们今天所面临的全球性生态危机，起因不在生态系统自身，而在于我们的文化系统。要渡过这一危机，必须尽可能清楚地理解我们的文化对自然的影响。……研究生态与文化关系的历史学家、文学批评家、人类学家和哲学家虽然不能直接推动文化变革，但却能够帮助我们理解，而这种理解恰恰是文化变革的前提。"① 意大利学者、罗马俱乐部的创始人佩切伊也指出："人类创造了技术圈，入侵生物圈，过多地榨取，从而破坏了人类自己明天的生活基础。因此人类如果想自救的话，只有进行文化性质的革命，即提高对站在地球上特殊地位所产生的内在的挑战和责任及对策略和手段的理解，进行符合时代要求的那种文化革命。"② 为了人类的可持续发展，人类必须调整自己的文化方式，进而引导生活方式和生产方式与自然环境协同发展、和谐共进，这已经越来越成为国际共识。

二、生态文化的概念与内涵

生态文化是人类创造的文化的一个分支，要全面认识生态文化的概念和内涵，首先需要对文化的概念和内涵有清晰的把握。在我国传统文化中，"文"的本义，指各色交错的纹理，引申为一切现象或形象；"化"，本义为改易、生成、造化，改变事物形态或性质。"文"与"化"并联使用，较早见之于战国末年儒生编辑的《周易》："观乎天文，以察时变；观乎人文，以化成天下。"③ 意思是，通过观察自然现象，来了解时序的变化；通过观察社会生活中人与人之间纵横交织的关系和人伦现象，来教育感化天下之人遵从文明礼仪。在西方，"文化"一词，来源于拉丁文 *cultura*，原义是指农耕和作物培植，后引申为培养一个人的兴趣、精神和智能。西方关于"文化"的最早定义是 1871 年英国人类学家爱德华·泰勒提出的，他将文化定义为"包括知识、信仰、艺术、法律、道德、风俗以及作为一个社会成员所获得的能力与习惯的复杂整体"④。我们可以

---

① Donald Worster, *The Wealth of Nature*：*environmental history and the ecological imagination* [M]. New York：Oxford University Press, 1993, p. 27.

② 佩切伊：《21 世纪的全球性课题和人类的选择》，《世界动态学》，1984 年第 6 期。

③ 徐子宏译：《周易全译》，贵阳：贵州人民出版社 1991 年版，第 122 页。

④ 张岱年，方克立：《中国文化概论》，北京：北京师范大学出版社 1994 年版，第 5 页。

看到，东西方关于"文化"的定义都包含这么两个意思，一是文化是人类在生产生活实践中创造出的一种精神领域的财富；二是文化对于人们具有教化作用。数千年来，关于文化的定义有几百种，文化的内涵也不断延伸拓展。我国著名的文化研究学者张岱年认为，"文化的实质性含义是'人化'或'人类化'，是人类主体通过社会实践活动，适应、利用、改造自然界客体而逐步实现自身价值观念的过程。这一过程的成果体现，既反映在自然面貌、形态、功能的不断改观，更反映在人类个体与群体素质（生理与心理的、工艺与道德的、自律与律人的）的不断提高和完善。由此可见，凡是超越本能的、人类有意识地作用于自然界和社会的一切活动及其结果，都属于文化"①。文化有广义和狭义之分，广义的文化是指人类所创造的精神财富，其中包括以物态形式存在的体现人类智慧和创造精神的各种精神象征物；狭义的文化主要是指用于教化人的思想和精神，主要包括人的价值观、处世观和人们普遍认同的道德准则。一般而言，文化可分为物质、精神、制度、行为四个层次，分别对应物质文化、精神文化、制度文化和行为文化②。

（一）生态文化的内涵

顾名思义，生态文化就是人类在社会实践活动中，逐渐创造产生的一系列反映保护生态环境、珍惜自然资源、促进人与自然和谐共生的生态意识、价值取向和社会适应，既包括反映人与自然相互关系的生态哲学、生态伦理、生态文艺和价值观念等，又包括建立人口资源环境与经济社会可持续发展相适应的思维方式、生产方式、生活方式、行为方式、文化载体和制度规范等。从横向而言，生态文化包括竹文化、花文化、茶文化、森林文化、湿地文化、沙漠文化等内容；从纵向而言，生态文化可分为生态精神文化、生态行为文化、生态制度文化、生态物质文化四个层次，这四种生态文化形态并不是独立存在的，而是相互依存、相互影响、相互制约的关系，共同构成生态文化的有机整体。

第一，生态精神文化。生态精神文化属于意识形态范畴，是人类反映其尊重自然、顺应自然、保护自然理念的思维方式、价值取向、伦理观念、心理状态、理想人格、审美情趣、知识体系等精神成果的总和，其文化形态包括生态

---

① 张岱年，方克立：《中国文化概论》，北京：北京师范大学出版社 1994 年版，第 5 页。
② 张岱年，方克立：《中国文化概论》，北京：北京师范大学出版社 1994 年版，第 5—7 页。

自然科学、生态哲学、生态伦理学、生态美学、生态文学、生态艺术、生态民俗学、生态旅游、生态史学、生态教育学等。此外，生态精神文化还反映了不同时代、不同地域、不同民族在各自不同的自然环境和生产条件下，所创造的各种体现人与自然和谐相处的技艺、戏曲、器乐、声乐、民俗、礼仪、节庆等非物质文化财富，凝聚了民族厚重而久远的文化积淀。生态精神文化在生态文化中处于核心地位，对于其他层次的生态文化具有根本的价值引导作用，它要通过生态行为文化、生态制度文化等环节，逐级外化和具体化，最终达到生态物质文化。同时，生态精神文化在发展中也会受到生态物质文化、生态制度文化和生态行为文化的影响、渗透和制约。

第二，生态行为文化。生态行为文化是人类影响自然生态的生产方式、生活方式、实践活动的总和。它是联系生态物质文化、生态精神文化、生态制度文化的中介，是沟通三者关系的桥梁。生态精神文化和生态制度文化要外化为生态物质文化，生态物质文化要得到生产和消费，通过认识和审美以内化为生态精神文化，都需要通过人的活动来完成，而这种活动本身就构成了生态行为文化。生态行为文化直接受到生态精神文化的导向和生态制度文化的规范，如分类投放垃圾、少购买使用一次性用品的绿色消费行为、企业生产中力求节约资源和减少污染排放的生产行为，开展三北防护林建设、退耕还林还草、野生动植物保护、湿地修复、防沙治沙等重大生态建设工程等，就是在生态文明的理念指导下，贯彻《森林法》《防沙治沙法》《野生动物保护法》等生态环境法律制度的实际行动。

第三，生态制度文化。生态制度文化是与生态环境有关的法律、法规、政策、制度管理机构的总和。生态环境保护固然与科学技术、经济社会发展水平等有关，但政策、法律和制度在很大程度上也制约着生态环境保护的成效和进程。邓小平在讲到制度问题时说："制度问题更带有根本性、全局性、稳定性和长期性。"① 生态制度文化对于规范生态行为文化以及巩固、创新生态物质文化成果和创新精神文化成果起着十分重要的保障作用。同时，它是生态精神文化由内向外转化即物质化的一个重要环节，没有这样一个环节，生态精神文化的价值便很难得到实现，实现了也很难巩固。因此，成熟和完善的生态制度文化

---

① 《邓小平文选》（第二卷），北京：人民出版社1994年版，第333页。

是生态文化繁荣发达的重要标志，也是生态文化建设的重要目标。

第四，生态物质文化。生态物质文化是指人类生态文化意识形态、行为实践及其制度规范活动作用于自然生态系统的物质成果，是生态文化的物质表现，包括受到人类保护或改造的自然载体和融入人类生态关怀的人工载体两个方面。受到人类保护或改造的自然载体是指由森林、湿地、沙漠、草原、海洋等自然生态系统为主体构成并与人类活动相联系的自然承载物，如自然遗产、名山大川、热带雨林、湖泊溪流、沼泽溶洞、荒野草场等。凡是曾经留下人类足迹或文字记载的原生处女地，都可以成为生态文化的自然载体。融入人类生态关怀的人工载体指城市、集镇、村庄、道路、建筑以及与此镶嵌的园林、绿地、水面等"人化自然"物，是由于人的活动使越来越多的天然生态系统变为人工生态系统的结果，如生态文化村、各级各类公园和动物园、重大生态建设工程、自然保护区、自然科学考察与实验基地、自然博物馆、古遗址、服饰、器物、艺术品、文献手稿等人工物质成果。比如，素有"世界园林之母"之称的中国古典园林，在造园艺术中一贯崇尚"虽由人作，宛自天开"的艺术境界，它源于自然，高于自然，以"咫尺山林，移步换景"的造园手法，置自然山水于方寸之间、眼帘之中，创造出自然与人工浑然一体，实景与写意巧妙融合的鲜活生命体。相对于精神文化而言，物质文化更具有基础性和前提性，生态物质文化的品类和品质是生态文化的客观基础，也是反映一个国家或地区生态文化水平高低、发展快慢的重要尺度和直观体现。

（二）生态文化与生态文明的区别

这里除了阐释生态文化的概念和内涵，还需要辨析生态文化与生态文明两个概念的区别。在学术界，有人认为，"文化"和"文明"同义，"文明"等同于"文化"，如英国人类学之父泰勒在1871年出版的《原始文化》一书把文化与文明连在一起，认为："文化或文明，是一个复合的整体，它包括知识、信仰、艺术、道德、法律、风俗以及作为社会成员的一分子所获得的全部能力和习惯。"① 严格来说，这种观点是错误的。"文化"与"文明"确实存在诸多共同点，都是人类创造的、经由历史沉淀下来的精神成果及其物化产品的总和。

---

① 江泽慧：《生态文明时代的主流文化——中国生态文化体系研究总论》，北京：人民出版社2013年版，第18-19页。

但是两者也存在本质区别，从时间上看，文化的产生早于文明的产生，文化存在于人类生存的始终，人类在文明社会之前便已产生原始文化，一般称原始时代的文化为"原始文化"，而不说"原始文明"，文明是文化发展到一定阶段形成的，是文化的高等形式；从表现形态上看，文化是渐进的动态的不间断的发展过程，文明则是相对稳定的静态的跳跃式发展过程。因此，"生态文化"与"生态文明"两个概念也存在本质区别。生态文明是由生态化生产方式所决定的全新的文明社会形态，是一种更高级、更复杂、更进步的社会发展阶段，它与原始社会、农业文明、工业文明相并列，是生态文化发展到一定阶段的社会形态的质的飞跃；生态文化则是不同民族在特殊的生态环境中多样化的生存方式，从地球上有人类开始，就存在生态文化，即使人类还处于文明之前的采集、渔猎时代，也存在着不同种族的生态文化，中华民族的生态文化传统正是人类在农业文明时代的光辉典范。可见，生态文化的时间跨度比生态文明更长。生态文明侧重于经济社会的整体层面，包括优化国土空间开发、推进低碳技术创新、构建资源节约型和环境友好型社会等；生态文化更侧重于精神层面，教化民众牢固树立尊重自然、顺应自然、保护自然的生态理念，增强生态意识和生态责任，形成节约自然资源、保护生态环境、维持生态平衡的自觉行动。

三、生态文化的功能与价值

文化是民族的血脉，是人们的精神家园。先进文化，同先进生产力一起，成为推动人类社会发展的两只轮子。人类文明发展的内在逻辑，根本上是人的理念、思想和意识力量的体现，文化和理念是文明的根本，没有文化和理念的改变，文明其他方面都不可能改变。生态文明建设是关系中华民族永续发展的根本大计，是生态危机时代背景下的现实紧迫要求。习近平指出："在现实生活中违法排污、违规建筑、乱砍滥伐、乱掘滥挖、乱捕滥杀等无视生态规律的行为还时有发生，究其深层原因是我们还缺乏深厚的生态文化。因此，进一步加强生态文化建设，使生态文化成为全社会的共同价值理念，需要我们长期不懈地努力。""要化解人与自然、人与人、人与社会的各种矛盾必须依靠文化的熏陶、教化、激励作用。"① 只有把生态文化作为人的价值理念和行为准则，生态

---

① 习近平：《之江新语》，杭州：浙江人民出版社2007年版，第48页。

文明建设才具有更基本、更深沉、更持久的力量。

第一，生态文化具有生态价值观的导向功能。

价值观是文化的核心，直接影响和决定一个人的行为动机和行为方式。当前日趋严峻的生态环境问题与人们长期以来的人类中心主义价值观有着直接的关系。人类中心主义价值观将人与自然的关系确立为外在的主客体关系，认为只有人才是价值主体，才具有价值本领，自然界中人之外的任何存在仅仅是满足人类需求的客体。客体的价值只在于其存在是否为人类所需求，以及在什么样的程度上可以满足人类的需求，所以它仅仅是一种相对于人的价值，其本身不存在"内在价值"。也就是说，与人分开，自然就没有价值可言，就像纳什所言："人与大自然之间的恰当关系是方便和有用。在此不需任何惭愧意识，由于自然界的仅有价值是工具性和功利性的——也就是说，是根据人的需求进行确定的。"① 这种只认可自然的工具价值，不承认自然界的内在价值的文化观，使得自然被排斥在人类的道德关切以外，因此，人类在对自然资源进行开发利用时，只考虑自身的物质需求，只追求单一的经济利益，没有考虑自然界、自然生命的演化法则，使得人类逐渐走向了自然的对立面，导致自然对人类的报复。

生态文化则承认自然具有自身内在的价值，反对把人类作为解释中心，主张人与自然地位平等，人类应当扩大利益主体范围，利益主体不仅包括人，而且包括动物、植物等生命现象，它们虽然有别于"人类主体"，但它们也应该像"人类主体"一样享有利益，人类必须把道德关怀扩展到非人类领域。也就是说，生态文化是一场价值观上的革命，它否定了自然只能充当人类工具的观念，将唤起人们对自然的"道德良知"与"生态良知"，使人类在实现自身价值的同时，也要为实现自然的内在价值着想，使人们认识到人与自然是息息相通、互利共生、和谐共存的有机统一。故此，加快构建生态文明体系，其中最首要的就是构建以生态价值观念为准则的生态文化体系。

第二，生态文化具有生态认知的教育功能。

生态文明建设仅仅依靠良好的愿望和情感远远不够，还必须具备一定的环境知识和技能，唯有如此，人们才能运用科学规律和法律制度开展节约资源能源、保护自然环境的正确实践。包括人文科学和自然科学在内的科学是人类智

① ［美］纳什：《大自然的权利》，杨通进译. 青岛：青岛出版社，1999 年版，第 17 页。

慧的结晶和硕果，没有科学知识体系的文化不是真正的文化，在生态文化中，生态科学是基础性的核心内容。生态文化使人们接受普遍的生态知识教育，通过传播微生物、植物、动物乃至整个自然生态系统的科学研究成果，使人们超越个体经验的局限，获得群体、社会乃至整个人类对自然生态问题的经验和理性思考，为人们树立牢固科学的生态世界观提供智力支持和理论基础。生态文化使人们接受环境保护技能教育，普及大气污染防治、应对气候变化、土壤保护、生活垃圾分类、节水节电等方面的知识，引导公众从日常生活做起，购买节能与新能源汽车、高能效家电、节水型器具等节能环保低碳产品，减少一次性用品的使用，形成节约、绿色的消费方式和生活习惯。生态文化还使人们接受环境保护法制教育，通过加大排污许可制、生态保护补偿政策、大气环境管理等法律法规和政策文件的宣传教育力度，做好制度解读，及时回应社会关切，使公民了解环境保护的基本法律常识和基本义务，了解环境听证、环境诉讼等法律程序，自觉遵守国家环境保护的各项政策规定，自觉利用法律武器保障自身环境权益，自觉以主人翁的责任感依法有序参与环境污染投诉、环境公共决策等。为发挥生态文化的认知功能，需进一步拓展作为生态文化基础的生态科学知识研究，不断深化人类对整个生态系统的结构、功能和变化规律的科学认识。还要推动生态科学知识走出象牙之塔，使全社会都树立起生态科学理念，尤其要使各级领导干部充分认识生态系统在经济社会发展中的基础地位，用生态科学知识来指导与自然相关的各种规划和决策，如此才能切实推动形成人与自然和谐发展的现代化建设新格局。

第三，生态文化具有生态行为的规范功能。

生态文化的规范功能，是指生态文化能够通过处理人与自然关系的各种具体制度（包括组织和法律规章等），对人们的行为进行激励、约束或调整，使人们的生态理念不断得到强化，使社会发展遵循生态系统的运行和发展规律。如前分析，制度文化是文化的组成部分，生态文化的制度层次是一种硬约束，要求人们去服从、遵守，在自然环境能承载的合理范围内从事生产生活实践。同时，制度是具体的人制定的，反映出制度设计的主体追求什么、捍卫什么、贬斥什么、接受什么的理性思索和道德底线，是主体化、内在化的观念系统的外在体现，因此生态文化还能促进生态文明制度建设，为生态文明建设起到保驾护航的作用。

此外，生态文化还具有生态美学的功能。所谓生态美学，就是从人与自然和谐发展的角度，从生态经济社会学的角度，从合规律性与合目的性高度统一，对生态系统进行整体审美观照和价值整合。比如，我国传统生态文化主张人与自然的和谐之美，明崇祯四年（1631年），计成撰著了历史上第一部系统论述园林艺术的专著《园冶》，明确提出造园的基本原则是："相地合宜，构园得体。""巧于因借，精在体宜。""虽由人作，宛自天开。"无论是北京、承德等皇家园林，还是苏州、杭州等地的私家园林，都体现了这些园林美学原则。当代生态哲学家余谋昌说："审美和赏美，创造美和利用美是人的本性。""值得注意的是，我们需要自然美、鉴赏美、创造美和利用美，但是有时又在破坏美、创造丑。"① 生态文化有助于我们树立新的美学标准，在利用地球之美的同时，保护和发展地球之美，实现自然的人化与人的自然化高度统一，达到天人合一的至美境界。

四、生态文化的建设机制

"机制"，原指机器的构造和工作原理，引申到社会领域，表示某事物各构成要素之间的结构关系和运行方式。研究生态文化的建设机制，首先需要厘清建设生态文化所需要的基本要素。正如建设一个房屋，首先需要有原材料，生态文化建设的原材料就是知识思想，没有知识内容，文化建设就是无本之木、无源之水，因此，生态文化建设的首要机制是生态文化的知识供给机制，解决用什么来建设生态文化的问题。这也是生态文化精神层次建设的内容。

其次，需要有建设的主体，或者说生态文化的知识原材料供给产生后，供给的方式是什么？是政府大包大揽，还是通过市场渠道供给？相应地就涉及生态文化的公共服务供给机制和生态文化的市场供给机制，市场供给主要依托发展产业，因此我们可以将生态文化的市场供给机制更准确地凝练为生态文化的产业促进机制。这也是生态文化物质层次建设的内容。

再次，需要找准建设中存在的主要障碍。生态文化建设的根本目的是通过文以化人，使社会民众在日常生活中时时处处体现生态自觉，以强大的社会生

---

① 江泽慧：《生态文明时代的主流文化——中国生态文化体系研究总论》，北京：人民出版社2013年版，第80页。

态惯性，不断推动形成建设更高层次的生态文明的社会力量。消费是日常生活的最基本环节，如果生态文化建设没有表现在人们日常消费上，那么说明生态文化建设并没有起到广而化之的作用，生态文化建设就是失败的。事实上，目前社会中消费主义的泛滥是生态文化建设的最大阻碍，如果不消除消费主义文化，生态文化的宣传教育就要受到严重阻碍，生态文化建设的效果就会大打折扣。因此，生态文化建设还需要合理的消费引导机制。这也是生态文化行为层次建设的内容。

第四，需要全方位考虑建设的保障问题。产品生产要保证有序进行，需要制度的规范，用制度激励和约束相关主体，使其行为具有可预见性，产生一种内在观念，从而自觉从事产品生产活动。文化建设本质是理念的植入和观念的树立过程，比实体产品的生产更难，属于柔性教化的范畴，如果没有规范的制度，文化理念就很难保证有效地转化为全社会的道德准绳和行为规范。因此，生态文化建设需要对社会主体进行有效的激励和约束，社会主体大致可分为政府、市场和公众三类，分别对应政府环境管理制度、环境市场机制、环境公众参与机制，这三类机制需要协同发挥作用，我们将这些机制统称为协同保障机制。这既是生态文化建设的制度保障，也是生态文化制度层次建设的内容。

最后，需要最终的产品营销。产品生产出来后需要广而告之，提高产品的知名度，社会才能知晓它和认可它，进而采取购买的实践行为。文化更是如此，文化的传播和传承依靠社会或横向或纵向的口口相传，如果没有宣传的过程，此类精神产品就仅仅停留在知识层面，还不能称之为"化"，因为"化"意味着普及，这种知识最终可能因接受群体的小众化和减少化而慢慢消失。因此，生态文化建设需要强大的宣传教育机制，启迪心智、传播知识、陶冶情操，以此提升全社会的生态意识，在格物致知中培育生态文明时代要求的"生态人"，当生态文化在每个社会成员的观念中扎根，我们可以说生态文化就真正建立起来了。

综上所述，生态文化建设同实体产品生产一样，需要原材料（知识）、建设主体（政府和市场）、找准掣肘难点（消费主义）、建立规章制度（制度保障）、产品营销（宣传教育），与此对应，生态文化建设的机制包括知识供给机制、公共服务机制、产业促进机制、消费引导机制、协同保障机制、宣传教育机制六大方面。它们之间的关系如下图所示：

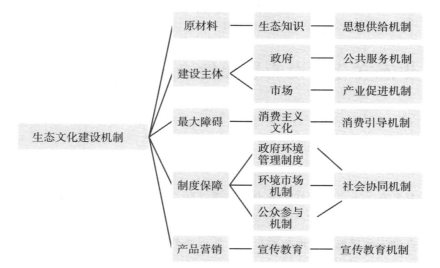

本书将对以上生态文化建设的六大机制分别进行详细阐述。

第一章

生态文化建设的思想供给机制

人是具有独立思考和判断能力的高级动物，正因为人对感知世界不断进行概括和总结，形成一定的价值观念、审美情趣、经验技能、思维方式等，才能运用这些知识和思想更好地改造世界，所以我们说人是以文化的方式生存和发展。简言之，知识和思想是文化的前提，文化是知识思想积累的结果，没有思想知识的文化建设是无源之水、无本之木。故此，生态文化建设首先要解决知识思想的供给问题。数千年来，人类在利用自然、改造自然的生产生活实践中，产生了诸多关于爱护自然和保护生态环境的思想理念，依据产生的时期和国别，这些星罗棋布的生态思想大致可分为中国传统生态思想、当代中国生态文明建设思想以及西方生态思想，挖掘、整合、引介这些生态思想，有利于为我国生态文化建设提供丰富的知识源泉。

第一节　中国传统优秀生态思想的继承发展

中国传统文化中虽然没有专门的生态学，但是其整体具有浓郁的生态文化气息，蕴涵着丰富的生态思想资源，其独特的"天人合一"的宇宙观与思维方式，能近取譬、中庸适度的生活原则，以时禁发的法令制度，天地大美、万物齐一的美学境界追求，都具有深刻的生态意义和普适性价值。可以说，在生态思维的深度和广度上，没有哪一个民族领先于中华民族。习近平总书记2014年4月1日在比利时布鲁日欧洲学院发表演讲时指出："2000多年前，中国就出现了诸子百家的盛况，老子、孔子、墨子等思想家上究天文、下穷地理，广泛探讨人与人、人与社会、人与自然关系的真谛，提出了博大精深的思想体系。"①
美国环境伦理学家霍尔姆斯·罗尔斯顿认为："西方人也许应该到东方去寻求人
与自然协调发展的模式……除非（且直到）中国确立了某种环境伦理学，否则，
地球上不会有地球伦理学，也不会有人类与地球家园的和谐相处；对此我深信
不疑。"② 美国后现代思想家柯布教授甚至认为，"中国是当今世界最有可能实
现生态文明的地方，因为中国传统文化一直是有机整体主义的，中国文化特别
是作为其根基的儒、道、释所倡导的天地人和、阴阳互动的价值观念，这样一
种有机整体主义哲学为未来后现代世界向生态文明转变提供了一种支柱性价值
观念和深厚的哲学智慧"③。同时，生态危机成为当下的全球性问题，生态文明
建设也成为每个国家所致力的大业，但各个国家的文化传统不同，生态问题的
成因相异，解决生态问题的战略和方案也没有可复制的模式，只有立足于本国
的文化根基，才能探寻适合本国解决生态环境问题的道路和方式。因此，深入
挖掘中国传统生态思想并运用现代语言进行阐释，不仅对于当代中国生态文化
建设具有历史借鉴价值，而且更为深远的意义是。

一、中国传统生态思想的主要内容

在漫长的历史发展中，中国以农业为经济支柱和立国之本，其文明以农耕
文明为特色，与农业生产的特点和节奏相关联，人们吃穿住用行的所有生产生
活资料都直接来源于土地及其依附于土地之上的自然资源，人们把这种热爱土
地、崇尚自然的感情融入日常农业生产生活的实践中，产生了灿若星辰的朴素
生态思想。中国传统生态思想发端于《周易》，在此基础上，儒家、道家、佛家
等派别的思想家都注重人与自然的和谐关系，对自然是什么、人与自然的关系
如何、人应如何对待自然等基本问题进行了精辟阐释，形成最悠久、最博大、
最典型的东方生态伦理传统。总体而言，中国传统生态思想可以归纳为以下几

---

① 习近平新闻思想讲义编写组：《习近平新闻思想讲义》，北京：人民出版社 2018 年版，
第 156 页。

② 王素芬，丁全忠：《生态语境下的老子哲学研究》，北京：人民出版社 2016 年版，第 52
页。

③ 刘昀献：《中国是当今世界最有可能实现生态文明的地方——著名建设性后现代思想家
柯布教授访谈录》，《中国浦东干部学院学报》，2010 年第 3 期。

个方面的主要内容。

（一）"天人合一"的世界观

《周易》认为："易有太极，是生两仪，两仪生四象，四象生八卦。"① "有天地，然后有万物；有万物，然后有男女；有男女，然后有夫妇；有夫妇，然后有父子；有父子，然后有君臣；有君臣，然后有上下；有上下，然后礼仪有所措。"② 人类社会中有关君臣、夫妇、父子、上下、礼仪等行为规范，最终都来源于天地。这就从人之道的来源上将人与天地自然统一起来。《周易》从人及人道的本源方面，为后世中国传统哲学思想开启了本体论上的天人合一框架，提供了人与自然统一关系的基本思维模式。

"天人合一"是中国古代主流意识形态儒家文化的根基。我们结合孔孟关于"天人"的诸多言论和实践行为可以发现，孔孟十分重视天人关系。孔子提出："天何言哉？四时行焉，百物生焉，天何言哉？"③ 荀子曰："天地合而万物生，阴阳接而变化起。"④ "天"安排着四时运行与万物生长，这种生长之意，不仅是对大自然的生命意义的诠释，也与人的生长繁衍有紧密的联系。比如，"仁者乐山，智者乐水"⑤，把自然与仁、智这两种德行联系起来，体现出自然与人的生命存在息息相关。在孔孟看来，"天"不仅仅是有自然之天的意思，还被赋予了一种敬畏感，正如"巍巍乎！唯天为大"⑥，"天"早已超越了那个客观存在之天的意涵，而是某种终极的价值和意义，带有一种可以生育万物的至高无上的权威性。儒家在每一个发展阶段都留下他们天人合一的思想印记，到了汉代，董仲舒继承了先秦的天人观，提出"人副天数""天人感应""道之大原出于天"等观点，强调以法天为一切标准、准则，"屈民而伸君，屈君而伸天"⑦，天比君王更至高无上。宋明时期，对于天人和谐的追求已经成为理学家学理体系建构的基本原则，宋明的儒家学者认为，天是人与宇宙万象的终极根基，人

---

① 《周易·系辞上传》。
② 《周易·序卦传》。
③ 《论语·阳货篇》。
④ 《荀子·礼论》。
⑤ 《论语·雍也篇》。
⑥ 《论语·泰伯篇》。
⑦ 《春秋繁露·玉杯》。

通过作心性工夫，切实用生命的智慧去实践和体认这一根基，便可以摆脱个人一己之小我，成就宇宙之大我，达到天人一体、万物无隔的圣贤境界，实现天人合一的终极追求。宋代张载提出，"乾称父，坤称母，予兹藐焉，乃混然中处。故天地之塞，吾其体。天地之帅，吾其性。民，吾同胞，物，吾与也"①。邵雍认为，"学不际天人，不足以谓之学"②，学问的最高境界是天人之学，达此境界方可称得上真学问。

在人与自然的关系上，道家也主张"天人合一"，主要表现为天人同源思想。道家学派的创始人老子认为，"道"是万物之母，世界之源。"道生一，一生二，二生三，三生万物。万物负阴而抱阳，冲气以为和。"③"道"是纷繁复杂的世界万物的本源，自然界和人类在本源上是一致的，都源于"道"，世界是一个人类与天地万物紧密联系的有机整体。蒙培元认为，"老子在中国哲学史上第一次明确提出'自然'这一重要范畴，讨论了人与自然界的关系问题。他以'回归自然'为其哲学的根本宗旨，为中国古代的生态哲学做出了重要贡献"④。道家的另一个重要代表人物庄子继承了老子关于"道"的思想，进一步提出"并生论"，"天地与我并生，而万物与我为一"⑤。列子的"通天地"思想认为，"清轻者上为天，浊重者下为地，冲和气者为人；故天地含精，万物化生"⑥，人同自然万物都是由气自然演化发展而来的，人体的盈虚消长都与天地相通，与外物相应。

总之，在中国传统文化的视野下，人与宇宙万物息息相通，共同构成一个有机的生命共同体，在这个共同体内，它们彼此相互内在联系，人类自身生命的一切，都在因应大宇宙流变不息的感性生命洪流，而欲宇宙万物处于同步的生存和演变状态之中，天地人物相互内在、相连一体、动态流转着的这个世界，遂成为人的整个生活的世界。

（二）"仁爱万物"的伦理观

世界观是人们对世界的基本看法和观点，直接决定着人们的道德观。如前

---

① 《正蒙·西铭》。

② 《观物外篇·下》。

③ 《老子·四十二章》。

④ 蒙培元：《人与自然——中国哲学生态观》，北京：人民出版社 2004 年版，第 191 页。

⑤ 《庄子·齐物论》。

⑥ 《列子·天瑞》。

所述，既然中国传统文化认为，人与自然万物同根同源，内在统一于宇宙这个有机整体，那么人与自然万物并不存在孰优孰劣的问题，都是天地之间平等的存在物。因此，人不仅应该尊重自己的生命，也应该平等地尊重所有的生命和自然物，维护万物的存在。源远流长的中国传统文化充分体现了对一切生命以平等的道德关怀和尊重万物生存与发展权利的道德自觉，为当代生态道德建构奠定了深厚的文化底蕴。

　　"仁"是中国封建社会的一种基本伦理道德范畴，也是儒家思想中的核心要义。在儒家思想中，不仅"仁者爱人"，而且"仁爱"是一个由"仁民"扩大到"爱物"由近及远的推扩过程，儒家希望通过"由己及人"，步入"由人及物"，达到"万物之爱"，进而通过人们对万物的仁爱来推动仁爱之心上升为人的理性自觉，使外在的"万物之爱"成为人类走向道德卓越的必要途径。孟子将这种仁民爱物思想表述为，"君子之于物也，爱之而弗仁；于民也，仁之而弗亲。亲亲而仁民，仁民而爱物"。儒家仁爱万物的思想始于孔子、成熟于孟子，经过历代儒学大师的传承，成为儒家的一个重要思想传统，体现了儒家一贯追求的仁爱生命、善待万物的崇高博大的道德精神。孔子提倡"国君春田不围泽，大夫不掩群，士不取麛卵"①，以及"钓而不网，弋不射宿"②。孟子曰："君子之于禽兽也，见其生，不忍见其死；闻其声，不忍食其肉。是以君子远庖厨也。"③ 荀子、董仲舒以及后来的宋明儒家在继承孔孟仁爱思想的基础上，进一步将人类对生态环境的珍惜和爱护上升到道德要求的最高层次。荀子说："夫义者，内节于人而外节于万物者也。"④ 董仲舒说："质于爱民，以下至鸟兽昆虫莫不爱。不爱，奚足谓仁。"⑤ 宋明儒家的开山祖师周敦颐说："天以阳生万物，以阴成万物，生，仁也；成，义也。故圣人在上，以阳育万物，以义正万民。"⑥ 王阳明甚至将"仁"推及瓦石等一切非生命物质，因此"孺子犹同类者也，见鸟兽之哀鸣觳觫而必有不忍之心焉，是其仁之与鸟兽而为一体也，鸟兽

---

① 《礼记》。
② 《论语·述而》。
③ 《孟子·梁惠王上》。
④ 《荀子·强国》。
⑤ 《春秋繁露·仁义》。
⑥ 周敦颐：《周敦颐集》，北京：中华书局1990年版，第23页。

犹有知觉者也；见草木之摧折而必有悯恤之心焉，是其仁之与草木而为一体也，草木犹有生意者也；见瓦石之毁坏而必有顾惜之心焉，是其仁之与瓦石而为一体也"①。总之，儒家将"仁"的范围拓展至鸟兽昆虫等万物，充分体现了"仁爱"思想广泛的精神内涵，体现出"爱人"与"爱物"两者之间相互照应与相互呈现，体现了人际道德和生态道德的统一。

道家认为，"以道观之，物无贵贱"②。宇宙万物的创生只有先后之分，没有贵贱之别。"道"对于天地万物是一视同仁的，不会刻意偏爱谁，也不会刻意疏远一方，"故道大，天大，地大，人亦大。域中有四大，而人居其一焉。"③人只是"四大"中的一员，人与天地万物在宇宙中同等并列，没有亲疏贵贱之分。庄子说："号物之数谓之万，人处一焉；人卒九州，谷食之所生，舟车之所通，人处一焉。此其比万物也，不似毫末之在于马体乎？"④ 物类有万种之多，人不过是其中之一，拿人和万物相比，不正像毫毛在马身上一样吗？《列子·说符》篇中记载了这样一个故事，当田氏叹"天之于民厚矣！殖五谷，生鱼鸟以为之用"时，鲍氏年十二之子进曰："不如君言。天地万物与我并生，类也。类无贵贱，徒以小大智力而相制，迭相食，非相为而生之。人取可食者食之，岂天本为人生之？且蚊蚋噆肤，虎狼食肉，非天本为蚊蚋生人、虎狼生肉者哉。"这里借用一个十二岁小孩之口强烈地驳斥了田氏"天之于民厚"的人类中心主义思想，天地万物与人类共生共存，没有贵贱优劣等级之分，没有什么东西生来就是为了让人食用的，不能用一种功利主义的态度、工具理性的思维模式去对待任何物种。道家还认为，人的认识对象具有无限丰富性，而主体则是相对有限的，不同的价值主体从各自的立场出发，基于不同的价值目标和判断标准，得出的判断肯定是各不相同的，人之所以贵己而贱物，是因为他是站在人的立场来看待事物，而没有达到道的境界。

佛家亦是中国传统文化的重要流派。众生平等是佛教生态伦理的核心思想。佛教从佛性出发，认为十二类众生虽有别，但其生命本质是平等的，都由缘而生，皆有佛性，即在成佛的原因、根据和可能性上是平等的。《大方广如来藏

---

① 王阳明：《王阳明全集》，北京：线装书局 2012 年版，第 70 页。

② 《庄子·秋水》。

③ 《道德经·二十五章》。

④ 《庄子·秋水》。

经》云："一切众生，虽在诸趣，烦恼身中，有如来藏，常无染污，德相具足，如我无异。"佛教不仅肯定有情的众生有佛性，而且无情的草木也有佛性，"不但众生有佛性，草木亦有佛性也"①。"青青翠竹，尽是法身；郁郁黄花，无非般若。""有情、无情、皆是佛子。""以此义故，若众生成佛时，一切草木亦得成佛。"② 为了践行"众生平等"的思想，佛家制定了"不杀生"的戒律，佛家认为食肉是导致杀生的基本原因，因此要实行不杀生的戒律，就要改变以动物为食物的肉食习惯，提倡素食，"不杀生"和素食的行为要求把对其他生命体的尊重和保护提升到道德规范高度。在不杀生的同时，佛家还极力提倡护生、救生、放生，"诸罪当中，杀罪最重；诸功德中，救生第一"③，体现了生命的平等观和自由观。

（三）"道法自然"的实践观

中国传统文化深刻洞悉到万物之间存在着某种内在的必然本质联系，万物的生长变化都有其自身的规律，"性者万物之本也，不可长，不可短，因其固然而然之，此天地之数也"④。人作为天地万物的一部分，必须要顺天守时，严格按照客观自然规律办事，才能明智行事，否则就会招来祸患。荀子指出："天有行常，不为尧存，不为桀亡。应之以治则吉，应之以乱则凶。"⑤ 老子说："人法地，地法天，天法'道'，'道'法自然。""夫物芸芸，各复归其根。归根曰静，是谓复命；复命曰常，知常曰明。不知常，妄作凶。"⑥ 诸如此类的论述不胜枚举。总之，万物固有的本性是不可改变的，在人与自然的关系中，人要去适应去顺应万物本性，"不违自然所好"和"不逆万物所好"，只有"依乎天理""顺物自然"，才能使包括人在内的万物各得其所。

那么如何遵循自然规律的"道"呢？古代哲人的基本观点可以总结为八个字，即"取之以时""用之有节"。"取之以时"指人们获取自然资源必须顺应四季气候变化的法则和动植物生长发育的规律，不做竭泽而渔和杀鸡取卵的事

---

① 《大智度论》。
② 《大智度论》。
③ 《大智度论》。
④ 《吕氏春秋·不苟论》。
⑤ 《荀子·天论》。
⑥ 《道德经·十六章》。

情。如"草木荣华滋硕之时则斧斤不入山林""鼋鼍、鱼鳖、鳅鳣孕别之时，罔罟、毒药不入泽"，只有"以时禁发"，自然资源才能生生不息，而"百姓有余材也"①。《吕氏春秋》从正月到腊月详细说明了人们如何根据季节月令的变化，按照"春主生、夏主长、秋主收、冬主藏"②的"天道"，来安排生产和生活：正月"禁止伐木，无覆巢，无杀孩虫胎夭飞鸟，无麛无卵"；二月"无竭川泽，无漉陂池，无焚山林"；三月"命野虞，无伐桑柘"；四月"无起土功，无发大众，无伐大树"；五月"令民无刈兰以染，无烧炭"；六月"树木方盛，乃命虞人入山行木，无或斩伐，不可以兴土功"；九月"草木黄落，乃伐薪为炭"，等等。

"用之有节"是指人们获取自然资源必须有一定的限度，要有所节制，禁止破坏性、毁灭性地开发。孔子强调，"奢则不逊，俭则固。与其不逊也，宁固"③。荀子则认为，节俭可以抵制自然所带来的灾害，"强本而节用，则天不能贫；养备而动时，则天不能病；修道而不贰，则天不能祸。故水旱不能使之饥渴，寒暑不能使之疾，祅怪不能使之凶。本荒而用侈，则天不能使之富；养略而动罕，则天不能使之全；背道而妄行，则天不能使之吉。故水旱未至而饥，寒暑未薄而疾，祅怪未至而凶"④。道家认为，人应当约束内心的欲望，做到"少私寡欲"⑤，人类的物质欲望应建立在正常合理的需求基础上，所谓"量腹为食，度形而衣"，"食足以接气，衣足以盖形，适情不求余"⑥，"知足不辱，知止不殆，可以长久"⑦。道家还认为，过多的花费和损耗会招致更多的祸患，"五色，令人目盲；五音，令人耳聋；五味，令人口爽；驰骋畋猎，令人心发狂；难得之货，令人行妨"⑧，"甚爱必大费，多藏必厚亡"⑨，"祸莫大于不知足，咎莫大于欲得，故知足之足，常足矣"⑩，因此对待万事万物要有个"度"，

---

① 《荀子·王制》。
② 《吕氏春秋·十二纪》。
③ 《论语·述而》。
④ 《荀子·天论》。
⑤ 《老子·十九章》。
⑥ 《淮南子·精神训》。
⑦ 《老子·四十四章》。
⑧ 《老子·十二章》。
⑨ 《老子·四十四章》。
⑩ 《老子·四十六章》。

适可而止。在现实社会的生态危机中,人对自然资源的过度掠夺,对生态环境的严重破坏,根源在于人的无止境的欲望和永不知足的心态,古人强调这种简单朴素、节俭知足的消费观念,对于现代人树立勤俭节约的消费观具有启发意义。

在生态哲学思想的影响和启发下,在中国的传统社会里,还有专门保护自然的法令法规、政府机构和相应的官职官员。夏朝的舜设立了世界上最早的专门管理山泽草木鸟兽的环境保护机构——虞和衡。虞和衡也是官职的名称。虞和衡的机构在以后各朝都沿用了下来,一直到清朝。虞、衡的职责,各朝虽有差异,但大体相近。先秦虞、衡的职责,《周礼》中记载颇详。先秦有山虞、泽虞、川衡、林衡。山虞负责制定保护山林资源的政令,如在有山林物产的地方设藩篱为保护边界,严禁人们入内乱砍滥伐;林衡为山虞的下级机构,其职责是负责巡视林麓,执行禁令,调拨守护林麓的人员,按察他们守护林麓的功绩,赏优罚劣;泽虞与山虞相类似,川衡与林衡相类似,只不过一管山林草木,一管川泽鱼鳖而已。如果说先秦的虞、衡职责主要是管理与保护山林川泽,那么,唐宋以后的虞、衡则兼管了一些其他任务。比如,据《旧唐书》记载,虞部郎中,员外郎之职,"掌京城街巷种植,山泽苑囿,草木薪炭供顿、田猎之事。凡采捕渔猎,必以其时。凡京兆、河南二都,其近为四郊,三百里皆不得弋猎采捕。殿中,太仆所管闲厩马,两都皆五百里内供其刍蒿。其关内、陇右、西使、南使诸牧监马牛驼羊,皆贮蒿及荬草。其柴炭木进内及供百官蕃客,并于农隙纳之"①。这里,虞部的任务主要是五项:一为京城街道绿化;二为掌管山林川泽政令;三管苑囿;四管某些物资的供应;五管打猎。五项中,有四项是属于环境保护范畴之内的工作。明朝虞、衡清史司管山泽采捕、陶冶之事。

中国古代还有诸多保护自然资源的条文。禹帝颁布了世界上最早的保护资源的条文。《逸周书·大聚解》说:"闻禹之禁:春三月山林不登斧,以成草木之长;夏三月川泽不入网罟,以成鱼鳖之长。"② 以后的朝代也相继有类似的环保法令出现。在周朝的法律制度《周礼》中除设置专人管理和看守山泽资源外,

---

① 白钢:《中国政治制度通史》(第一卷),北京:人民出版社 1996 年版,第 302 页。
② 《逸周书·大聚解》。

还规定伐取不同木材的时间①。在秦朝的《田律》中也有类似的规范。《汉书·宣帝纪》记载："今春，五色鸟以万数飞过属县，翱翔而舞，欲集未下。其令三辅毋得以春夏摘巢探卵，弹射飞鸟，具为令。"② 这是我国最早的保护鸟的法令。唐太宗禁止下属官员供奉珍奇异兽，"太宗方锐意于治……异物、滋味、口马、鹰犬，非有诏不得献"。③ 宋代有禁止捕杀犀牛、青蛙的诏令，禁止以国家保护动物为菜肴的禁约，禁止以鸟羽、龟甲、兽皮为服饰的禁令，以及保护林木与饮用水源的诏令。明朝规定"冬春之交，罝罛不施川泽；春夏之交，毒药不施原野"④，还规定名胜古迹不得入斧斤，禁樵牧。明清重视植树造林，绿化环境。明朝有以种树代替刑罚的法令，永乐十年（1413 年），"罪犯情结轻者，如无力以炒赎罪者，可发天寿山种树赎罪"⑤。清代皇帝为了推动植树造林，还对地方官绅规定了考核奖罚制度。即文武官员，自通判、守备以上各出己资栽柳树一千株方为称职。河兵每人栽柳百株，若不成活，千把总降职一级，暂留原任，戴罪补植，守备罚奉一年，以彰惩戒。⑥古代保护自然的法令制度和相应的政府部门，为保护和合理利用自然资源做出了重要的贡献，也是我国传统生态文化的组成部分。

除了儒释道主流意识形态的生态哲学思想，中国传统文化中的生态思想资源还突出体现在文学艺术领域。中国各种艺术形式，无论诗歌、书法、绘画、歌舞，都可见磅礴氤氲的生态气质。中国文学艺术中能够世代流传的几乎都是那些使人能够从中体悟到人与自然和谐相处的意趣和氛围的。比如，王国维在评元曲时言："元曲之佳何在？一言以蔽之，曰：自然而已。古今之大文学，无不以自然胜，而莫著于元曲。"⑦ 有学者总结，"中国的'人'和中国的'自然'，从《诗经》起，历楚汉辞赋唐宋诗词，连贯表现着平等参透的关系，乐其乐亦宣泄于自然，忧其忧亦投诉于自然。在所谓'三百篇'中，几乎都要先称

---

① 孙钱章：《中国经济管理思想史简编》，北京：中共中央党校出版社 1995 年版，第 37-38 页。

② 《汉书·宣帝纪》。

③ 《大唐六典》，第 156 页。

④ 《明史·职官志一》。

⑤⑥ 倪根金：《历代植树奖惩浅说》，《历史大观园》，1990 年第 9 期。

⑦ 《王国维文集》，北京：燕山出版社 1997 年版，第 153 页。

植物动物之名义，才能开诚咏言；说是有内在的联系，更多的是不相干地相干着。……中国的'自然'与中国的'人'，合成一套无处不在的精神密码，欧美的智者也认同其中确有源远流长的奥秘；中国的'人'内充满'自然'，这个观点已经被理论化了。"① 究其原因，因为"能够体验诗性的主体必须为生命主体的想象留有'往来驰骋'的距离和空间，而这种距离和空间恰恰是唯有自然所能给予的"，"对于中国传统文人而言，与其说他们尊重生态，不如说他们依恋自然，文学艺术始终是他们寄情于自然的精神家园。这是一种中国式的'诗意的栖居'，一种埋藏于灵魂深处的精神生态。这种对于自然的近乎'恋母情结'似的依恋，甚至成为中国古代文化人立身行事、著书立说的无形的'天条'。于是，一部古代中国文化史或文学史，就为面对全球生态危机的当代人提供了无比珍贵的思想资源"②。

二、中国传统生态思想的批判继承与时代转化

任何思想都是自己时代精神的精华。优秀历史文化尽管具有超越时空的现实启发性，但是归根到底是受到当前社会存在及其历史发展的制约。因此，任何一个社会对以往文化的继承，都不可能是原封不动地兼容并蓄，而是经过一番加工改造和熔旧铸新的工作后，才能予以吸取。同样地，面对中国传统生态文化思想，我们必须站在当代的历史高度，以辩证扬弃的态度，舍弃其中与时代及未来发展不相适应的成分，把传统生态文化融入解释学视野中进行创造性解读，激活并强化那些与时代及未来发展相吻合且有助于时代健全发展的内容，才能使传统生态文化在历史的延续中永葆其生命活力，也才能使不断走向现代化的我们通过传统生态文化的滋养而实现可持续发展的目标。

首先，要继续深度挖掘和广泛搜集中国传统生态文化思想。

中国传统文化蕴含着丰富的生态思想，这个观点已经成为社会共识。事实上，从 20 世纪二三十年代起，有学者就开始研究中国传统文化中的生态思想，近年来中国传统生态思想越来越得到学界关注。但是我们也发现，无论是学术

---

① 木心：《哥伦比亚的倒影》，桂林：广西师范大学出版社 2006 年版，第 3 页。
② 鲁枢元主编：《自然与人文：生态批评学术资源库》，上海：学林出版社 2006 年版，第 4 页。

界还是社会对于中国传统生态文化思想的关注还主要集中于儒释道的经典文本和历朝历代官方典籍，对生态民俗的研究尚未引起足够重视。

马克思主义历史观告诉我们，人民群众是历史的创造者，人民群众也是中华民族博大精深的历史文化和精神财富的创造者，是优秀传统文化创造性转化与创新性发展的根本动力。人民群众在漫长的村落生产生活实践中，创作了大量的民间故事、歌谣、谚语等，这些民俗较少通过可见的文献资料形式流传，而往往通过现实生活中的口传身教、生活范型、村规民约等方式传承，其中也蕴含着时令、天文、气象、环境保护等丰富的生态思想。如：反映时令的有"立春落雨到清明"，"清明要明，谷雨要雨"，"小满不满，芒种大旱"，"七月秋风起，八月秋风凉"等；反映环境保护的有"靠山吃山，食山养山"，"山上光，山下荒"，"山头多种树，水土保得住"，"好汉不打清明鸟"等。还有一些村落把体现环境保护的村规民约文本刻在石碑上，如禁止采伐碑、禁捕鱼碑、禁挖土取石碑、禁破坏田地碑等，其中风水林禁伐碑是一种最常见的碑，风水林是村落集体所有的公家林，相当于当今的生态公益林或村落森林公园。有些村落的村规民约就规定："风水林，遮风挡雨，涵养水土，众家树木，公种禁伐。"① 这些都是村民认识自然、尊重自然、保护自然的知识和经验的总结，充满了生态智慧，具有一定的科学价值和实用价值。

由于村民生活环境和条件的变迁，传统生产生活方式、传统民俗在现代社会正日益走向衰亡，要发挥中国传统生态文化思想在当前生态文明建设中的积极作用，更应意识到传承好传统村落生态文化的重要性和迫切性。具体而言，应开展实地调查，广泛搜集整理地方志、家训、乡规民约等民俗中的生态思想。如深入村庄查阅当地村民族谱、家规；拍摄各种石碑图片；民俗专家是民俗传承的重要载体，民俗专家访谈在搜集传统生态生产生活方式、生态民俗资料方面显得尤为重要，应重视深入交通不便、偏远、不发达地区如云南山区、大别山区、粤北深山区、海南五指山区等，趁懂得传统生产生活方式、传统民俗的老人尚健在的时机，及时采访相关民俗专家，抢救传统生产生活方式、传统生态民俗的第一手资料。将以上民俗生态思想通过文字、图片、录音、录像及数

---

① 江泽慧：《生态文明时代的主流文化——中国生态文化体系研究总论》，北京：人民出版社 2013 年版，第 120 页。

字化等多种手段进行采集和保存，为生态文化研究提供丰富素材。

同时，我们还要拓展古典文献的关注范围，如20世纪70年代以来出土的文献《马王堆帛书》《郭店楚墓竹简》《清华大学藏战国竹简》，如《中国古农书考》中分析有三百多种农书等，从中发现最能体现传统生态思想文化特质的材料，找到对当代生态环境建设最具借鉴意义的思想资源。

其次，用辩证眼光批判继承中国传统生态文化。

中国传统生态思想所代表的人与自然关系属于自然控制人的类型。那时，社会生产力低下，人们对于自然运行过程和规律的认识十分有限，因而不少生态思想带有不科学的迷信成分。如民间谚语"折断幼苗的人会夭折"，"往水里撒屎嘴脸长脓包"，"谁抓了羽毛未丰的小鸟，谁的手就会颤抖"，"偷取或打碎鸟蛋、破坏鸟巢的人脸上会长雀斑"等。应该说，这些民俗禁忌对于保护生态环境和自然资源具有积极意义，但是这些说法并不科学，带有恐吓的成分，在现代化的今天当然很难让人信服。再比如，传统生态治理注重以礼义治理天下，存在一些与生态环保相关的祭祀仪式，这些仪式对于培养人们尊重自然、感恩自然的情感具有积极意义，但却与现代科学理性精神不相适应，也要求适应时代文化精神进行改进。此外，中国传统文化中天人合一思想的主要价值在于其政治功能。在天人合一理念下，人道服从天道，皇帝是天之子，代表天行使天道，因此全体百姓遵从天道就只能服从皇帝的旨令。在天—天子—平民的等级结构中，天人合一思想是对封建统治者合法地位的肯定，天人合一的主要目的是使现有统治得以实现，至于其保护自然的生态目的则是次要的、引申的，而且也从属于政治目的。这就要求我们从当前生态文明建设现实需要出发，研究传统生态思想文化时应采取辩证的态度，取其精华，去其糟粕。

所谓"取其精华"，即研究、继承传统生态思想文化中的生态智慧和技能，吸取、采用有利于当前生态文明建设现实需要的要素。所谓"去其糟粕"，即抛弃传统生态思想文化中不合时宜的迷信、不科学的成分，克服传统生态思想文化的局限，适应现实时代精神，充实现代生态科学内容。对于那些不适应当代社会文化环境的落后思想，或者在现代不再提及，让这些思想自然消亡；或者进行合理批判和适当改造。如传统民俗信仰中对山河大地的自然崇拜，其中将山河大地神灵化的方面，带有迷信成分，但其中蕴含的敬畏自然的精神则具有合理性，有助于人们形成尊重自然、爱护自然的生态情怀；自然崇拜中的祭祀仪式带有神秘主义色彩，而庄严隆重的祭祀仪式对于熏陶、培养人们尊重自然的情感又具有积极作用。改造传统自然崇拜，我们可以将其中崇拜自然的观念转变为感恩自然的观念，将祭祀自然的仪式转变为感恩自然的典礼，以熏陶和培养人们感恩自然、尊重自然的情感，在现实生活中转化为爱护自然的自觉行为。

第三，以现代科学精神和方法对传统生态思想进行创造性解读和时代性转化。

传统文化中生态思想资源的现代转化并不是对这些古老的智慧进行现代语言的翻译和诠释，然后贴上生态标签，分门别类加以归置，使人们记得我们还曾经有这样古老而又现代的智慧思想。对传统生态思想文化的升华，是指在传统生态思想文化中植入新的内容。它包括从传统生态文化立场阐释当代生态环境保护问题，也包括运用现代知识对传统生态文化思想进行科学的逻辑解释，体现传统生态文化思想的现实应用价值。

一方面，运用传统生态文化思想说明现代保护生态环境的合理性和历史传统。如我们应综合运用政治、法律、经济、社会多方面治理措施进行环境治理，因为我国老祖宗在传统生态治理中就有"大清明"的整体智慧和"名正法备"的法律体系；我们应制定相关法律禁止当代工农业生产破坏自然生态系统自我修复过程、自我修复能力的行为，这是受到传统生态法则"谨其时禁""取之有节"的启示；我们要继承传统生产生活方式中的生态智慧和技能，将其中蕴含的物尽其用、物质循环运用法则，拓展到当代生态农业、生态工业生产中；等等。如此，运用传统生态文化阐释说明生态环境保护的必要性，可以帮助社会较为容易接纳和运用环境治理举措。

另一方面，汲取工业文明的优秀成果，赋予传统生态文化以理性和科技内涵，克服传统生态文化经验、直观、猜测甚至神秘的局限。中国传统生态思想产生于农业文明时代，主要源于主体自身在生命直觉基础上对农林牧渔业生产经验的总结和对日常生活的观察，总体上处于感性直观水平，这与建立在现代科学实验基础上的追求精确数据分析和内在机理研究的现代科学迥异其趣。当今时代，科技成为人们生产生活不可分割的部分，也是人类解决生态危机、保护生态环境的强大武器，这是人类文明进步的成果，也是社会发展的必然趋势。生态文明要求正是在此背景下产生，也只能在此条件下建设和发展，不可能退回质朴、落后的农耕时代。如果知其然而不知其所以然，不能掌握其背后内在明晰的机理，传统生态文化思想就不能具备强大的说服力，也不便于广泛传承与推广应用。这就需要我们运用现代科学方法对传统生态思想文化进行重新审视、阐释与研究，完成现代转化，中国传统生态思想才能超越时空，有机地融入现代生态文明的理论和实践。比如，传统风水文化中蕴含有选择宜居人居环境的道理和法则，今天有不少中外学者开始尝试从现代科学视角阐释传统风水文化。李约瑟在《中国的科学与文明》中评价说："在许多方面，风水对中国人民是有益的，如它提出种植树木和竹林以防风，强调流水近于房屋的价值。虽在其他方面十分迷信，但它总是包含着一种美学成分，遍布中国的农田、民居、乡村之美，不可胜收，都可借此得以说明。"[1] 比如，我们古代先人一直沿用桑基鱼塘模式，我们可以从生态科学角度弄清楚桑基鱼塘模式中养鱼与养蚕，鱼、菱、藕混养或各种鱼类混养之间的循环结构，了解物种间的形态关系、生育期关系等机制，从而摆脱经验束缚，举一反三，建构适应不同环境的果基鱼塘、花基鱼塘、菜基鱼塘等模式。总之，中国传统文化中的这些生态思想资源"只有成为在全球化中'活'的文化因子，而不是曾经有影响力的明日黄花式的文化标本，才能成为影响中国现代化乃至世界现代化的因素"[2]。

第二节　当代中国生态文明建设思想体系的创新发展

进入 21 世纪，面对全球日趋严峻的生态危机，面对世界绿色发展的新趋势，中国共产党审时度势将生态文明建设放到越来越重要的战略地位。党的十六大将"统筹人与自然和谐发展"作为贯彻落实科学发展观的基本要求；党的十七大首次把"生态文明"这一理念写进党代会政治报告，将生态文明建设作为全面建设小康社会目标的新要求；国家"十二五"规划首次将"绿色发展，建设资源节约型、环境友好型社会"单列为重要篇章，生态文明建设成为"十

---

[1]　万陆：《杨益的风水文化观及其实践》，《江西社会科学》，1998 年 3 期。

[2]　原丽红，朝克：《中国传统文化中生态思想资源现代转化的可能性思考》，《理论学刊》，2009 年第 9 期。

二五"时期我们"开创科学发展新局面"的重要支柱;党的十八大将生态文明建设作为中国特色社会主义现代化建设"五位一体"总体布局的重要组成部分,提出建设"美丽中国""走向社会主义生态文明新时代"的新目标。目前,中国已经制定了生态文明建设和绿色发展战略规划,在思想认识、理念框架、政策支持和机制构建等各个方面都走在了世界前列。在建设生态文明的实践中,中国共产党也形成了诸多新的认识,总结了新的经验,形成了独具中国特色的生态文明建设理论体系。中国共产党生态文明建设理论体系是当代中国生态文化的鲜明主题和创新思想,系统建构和全面阐释中国共产党生态文明建设理论体系不仅有利于丰富发展我国生态文化,而且为人类生态文化贡献现代中国生态智慧。

一、中国共产党生态文明建设思想的逻辑体系

尽管中国共产党将生态文明建设作为国家战略是 21 世纪以来的事情,但是中国共产党在带领中国人民摆脱贫困、发展经济、建设现代化的历史进程中,一直高度关注人与自然的关系,毕竟自然资源是人类劳动生产的对象和前提,没有自然界,没有感性的外部世界,人类就什么也不能创造。从以毛泽东为核心的第一代党中央领导集体对人与自然关系的最初探索开始,中国共产党的生态文明思想不断丰富完善。党的十八大以来,以习近平同志为核心的党中央深刻回答了为什么建设生态文明、建设什么样的生态文明、怎样建设生态文明的重大理论和实践问题,提出了一系列新理念新思想新战略,形成了习近平生态文明思想,标志着中国共产党生态文明思想体系的成熟。著者聚焦生态文化的知识供给这一主题,旨在集中阐释迄今为止中国共产党生态文明思想的发展成果,因此不是按照常规的时间顺序逻辑逐一阐释不同时期中国共产党人的生态文明思想及其发展过程,而且按照生态文明思想的内容进行分类阐释。

(一) 为什么要建设生态文明

我国由于特殊的自然地理和气候条件,水、旱、风、雹、霜等灾害种类多、分布地域广、发生频率高,导致严重水土流失和生态环境恶化。新中国成立初期,我国生态环境建设的主要目的是防治自然灾害。毛泽东多次强调,开垦荒山荒地，"必须注意水土保持工作，绝不可以因为开荒造成下游地区的水灾"①，"必须同保持水土的规划相结合，避免水土流失的危险"②。20世纪80年代初，我国四川、陕北等地爆发了百年特大洪灾，国家和人民财产损失严重，使得邓小平意识到自然生态环境是影响经济发展的重要因素，比如"把黄土高原变成草原和牧区，就会给人们带来好处，人们就会富裕起来，生态环境也会发生很好的变化"③。江泽民明确提出"保护生态环境就是保护生产力"的科学论断，"要使广大干部群众在思想上真正明确，破坏资源环境就是破坏生产力，保护资源环境就是保护生产力，改善资源环境就是发展生产力"④。20世纪末，中国共产党积极吸收和借鉴联合国"可持续发展"理念，指出"环境保护工作是实现经济和社会可持续发展的基础"⑤，"绝不能走浪费资源、走先污染后治理的路子，更不能吃祖宗饭、断子孙路"⑥，"增长并不简单地等同于发展，如果单纯扩大数量，单纯追求速度，而不重视质量和效益……不重视人与自然的和谐，就会出现增长失调从而最终制约发展的局面"⑦。通过上述论述，我们可以看到，从最直接的有利于防治自然灾害到深层次的有利于经济社会的可持续发展，中国共产党关于生态文明建设重要性的认识不断深化。习近平在总结完善前任思想的基础上，从多个角度提出了生态文明建设的必要性和紧迫性。

生态兴则文明兴，生态衰则文明衰。人类文明的发展史本质上是一部人与环境的关系史。纵观人类文明最初起源的苏美尔文明、埃及文明等，我们不难发现，这些文明的发祥地具有共同特点，即无一例外都孕育于大河流域。这绝非偶然，因为大河流域地区水量丰沛、森林茂密、田野肥沃，易于人口繁殖，

---

① 中共中央文献研究室：《建国以来重要文献选编》（第七册），北京：中央文献出版社1993年版，第245页。

② 中共中央文献研究室：《建国以来重要文献选编》（第八册），北京：中央文献出版社1994年版，第54页。

③ 《邓小平文选》（第3卷），北京：人民出版社1993年版，第21页。

④ 中共中央文献研究室：《江泽民论有中国特色社会主义（专题摘编）》，北京：中央文献出版社2002年版，第282页。

⑤ 中共中央文献研究室：《江泽民论有中国特色社会主义（专题摘编）》，北京：中央文献出版社2002年版，第296页。

⑥ 《江泽民文选》（第一卷），北京：人民出版社2006年版，第532页。

⑦ 中共中央文献研究室：《十六大以来重要文献选编》（中），北京：中央文献出版社2006年版，第483页。

于是早期处于游牧状态的先祖们在此定居，发明了用以组织劳动和传播指令的书面文字，这是人类文明诞生的根本标志。同时，丰裕的自然条件使得人们在生产维持自身基本生存的必要生活资料之外，还能富余大量剩余产品得以供养有专门技能的闲暇阶层从事别的劳动。马克思在《资本论》中提到，古代埃及得天独厚的地理和自然优势使得埃及人享有丰裕的食物资源和温暖的气候，人口成长的必要生活资料如此便宜易得，使得埃及人口迅速繁殖并有大量额外精力从事剩余劳动，金字塔就是在这样丰富的人力资源条件下兴建而成。生态可载文明之舟，亦可覆文明之舟。文明发源地随后的生态转衰，给几大古文明以致命性的毁灭。考古学家证实，过度伐木垦荒和盲目灌溉等行为产生了不可逆转的荒漠化和盐碱化，美索不达米亚、希腊、小亚细亚等原本富饶丰茂的地区成为不毛之地，早期文明古国的政治历史和它的城邦也紧随着生命支持系统的崩溃和农业基础的瓦解而结束。如今，巴比伦文明、玛雅文明等上古文明早就衰落甚至消失殆尽，我国丝绸之路沿线的楼兰文明亦是湮灭于荒漠的吞噬之下。"古今中外的这些深刻教训，一定要认真吸取，不能再在我们手上重犯"，① 由此总结得出"生态兴则文明兴，生态衰则文明衰"的深刻论断。"生态兴则文明兴，生态衰则文明衰"这个论断将生态文明建设提升到前所未有的关系整个人类文明的高度，体现了中国共产党深邃的历史观和高瞻远瞩的生态观。

绿水青山就是金山银山。生产力是由自然生产力和社会生产力构成的。改革开放以来，我国经济社会发展取得了举世瞩目的重大成就，成为世界第二大经济体，但同时资源遭到消耗，环境受到严重破坏。从 1978 年至 1995 年，我国因干旱、雪灾、洪涝等极端天气事件以及泥石流、滑坡等地质灾害造成的经济损失以年均 3.1% 的速率递增；1998 年，仅长江洪水造成的直接经济损失就占当年新增 GDP 比重的 62.9%②；20 世纪 90 年代中期因生产排放的废弃物所造成的水体污染就造成上千亿元的经济损失③；最近五年，我国因自然灾害造成的直接经济损失都在 3000 亿元左右。习近平引用恩格斯的话指出，人与自然是共

---

① 中共中央文献研究室：《习近平关于社会主义生态文明建设论述摘编》，北京：中央文献出版社 2017 年版，第 14 页。

② 胡鞍钢，门洪华：《绿色发展与绿色崛起——关于中国发展道路的探讨》，《中共天津市委党校学报》，2005 年第 1 期。

③ 郑易生，等：《90 年代中期中国环境污染经济损失估算》，《管理世界》，1999 年第 2 期。

生关系，伤害自然"会遭到大自然的报复"①，最终会伤及人类自身，所以破坏生态环境就是破坏生产力，同样地，"保护生态环境就是保护生产力、改善生态环境就是发展生产力"②。这种生态环境与生产力之间的关系，习近平形象地表达为"绿水青山就是金山银山"③。他尖锐批评一些干部在发展问题上有思想误区，把发展生产力片面地理解为经济增长，强调生产力发展一定要"算大账、算长远账、算整体账、算综合账"④，如果不把生态环境工作抓起来，"将来会付出更大的代价"⑤。"绿水青山就是金山银山"的思想是深刻反思我国几十年来粗放增长模式、重新审视生产力内涵的结果，是对马克思主义自然生产力理论的继承和发展，而且这种形象通俗的表达具有很强的传播效果，较为容易在全社会形成广泛的生态文化。

良好生态环境是最普惠的民生福祉。提及民生，人们通常将其理解为衣食住行等物质层面，认为生态和民生分别属于自然和社会两个彼此独立的体系。历史进程需要我们用动态发展的眼光看待问题。20 世纪中后期以来，尤其是 21 世纪以来，自然在粗放型经济发展模式的长期倾轧下终于不堪重负，资源枯竭、环境污染等问题加速凸显，生态的"后勤保障"功能日益萎缩，开始严重影响甚至威胁人们的基本生活。人们生活在土壤重金属含量超标的土地上、饮用严重污染的水体、呼吸厚重的雾霾，肺部疾病、畸形幼儿、癌症病人在近 20 年中呈爆发性增长之势，特别是近几年大量城市污染企业向农村转移，农村污染治理体系尚未建立，部分地区甚至出现整村村民先后罹患癌症的"癌症村"现象。显而易见，人们以前认为是自然常态的生态环境已经成为一个威胁人民群众身体健康乃至生命安全的现实问题，因环境污染而引发的群众与企业对立、群众

---

① 中共中央文献研究室：《习近平关于社会主义生态文明建设论述摘编》，北京：中央文献出版社 2017 年版，第 13 页。

② 中共中央文献研究室：《习近平关于社会主义生态文明建设论述摘编》，北京：中央文献出版社 2017 年版，第 9 页。

③ 中共中央文献研究室：《习近平关于社会主义生态文明建设论述摘编》，北京：中央文献出版社 2017 年版，第 21 页。

④ 中共中央文献研究室：《习近平关于社会主义生态文明建设论述摘编》，北京：中央文献出版社 2017 年版，第 8 页。

⑤ 中共中央文献研究室：《习近平关于社会主义生态文明建设论述摘编》，北京：中央文献出版社 2017 年版，第 7 页。

与政府对抗的事件不断出现，扰乱了正常社会秩序，再加上一些夸大其实的报道通过互联网迅速扩散，成为引发其他社会矛盾、侵蚀国家治理根基、损害中国执政党形象的重大政治问题。随着经济发展和居民收入水平的提高，生态环境在人们生活幸福指数和小康指数中的地位不断凸显。改善民生、造福人民始终是中国共产党的目标追求，生态环境是最为公平的公共产品，所有人，无论信仰民族，无论贫富阶层，都生活在同一个地球上、同一片天空下。习近平指出，"保护生态环境就是保障民生，改善生态环境就是改善民生"，强调"良好生态环境是最普惠的民生福祉"①，要解决损害群众健康的突出环境问题，让人民群众喝上干净的水，呼吸上清洁的空气，吃上放心的食物，为人民群众提供更多生态公共产品，提高生活质量和幸福指数，让老百姓在分享发展红利的同时，更充分地享受绿色福利。将生态环境纳入民生视野，把党的根本宗旨与人民群众对生态环境的现实期待结合在一起，这是新的历史条件下中国共产党以人为本的具体体现，发展和丰富了人民主体性思想和民生思想。

（二）建设什么样的生态文明

关于生态文明下的国家景象，中国共产党提出了具体的设想和展望。毛泽东在 1956 年 3 月提出"绿化祖国"的口号，要求"基本上消灭荒地荒山，在一切宅旁、村旁、路旁、水旁，以及荒地上荒山上，即在一切可能的地方，均要按规格种起树来，实行绿化"②，"真正绿化，要在飞机上看见一片绿"③，"用二百年绿化了，就是马克思主义"④。1958 年 11 月和 1959 年 3 月毛泽东又分别提出"美化全中国"和"实行大地园林化"的想法，"农村、城市统统要园林化，好像一个公园一样"⑤，"我们现在这个国家刚刚开始建设，我看要用新的

---

① 《春天的嘱托——学习习近平总书记考察海南的重要讲话》，《海南日报》，2013 年 4 月 17 日，第 1 版。

② 中共中央文献研究室：《建国以来重要文献选编》（第七册），北京：中央文献出版社，1993 年版第 430 页。

③ 中共中央文献研究室、国家林业局：《毛泽东论林业》（新编本），北京：中央文献出版社 2003 年版，第 48 页。

④ 中共中央文献研究室、国家林业局：《毛泽东论林业》（新编本），北京：中央文献出版社 2003 年版，第 74 页。

⑤ 中共中央文献研究室、国家林业局：《毛泽东论林业》（新编本），北京：中央文献出版社 2003 年版，第 51 页。

观点好好经营一下，有规划，搞得很美，是园林化"①，"美化全中国"就是"美化我国人民劳动、工作、学习和生活的环境"②。这是中国共产党关于建设什么样的生态文明的最早设想和朴素表达。

随着中国共产党对生态环境与经济社会建设关系的认识逐步深入，中国共产党意识到，生态文明不仅仅是表面优美的生态环境，只有经济社会与生态环境协调发展，生态文明建设才能具有社会价值，我们不是为生态环境而开展生态文明建设，生态文明建设是为了更可持续地利用自然环境，推动人类社会不断向更高形态发展；同时，只有统筹经济社会与生态环境协调发展，生态文明才有持续建设的社会动力和物质基础。因此，"要把控制人口、节约资源、保护环境放到重要位置，使人口增长与社会生产力发展相适应，使经济建设与资源、环境相协调，实现良性循环"③，"统筹人与自然和谐发展，就要高度重视资源和生态环境问题，处理好经济建设、人口增长与资源利用、生态环境保护的关系，增强可持续发展的能力，推动整个社会走上生产发展、生活富裕、生态良好的文明发展道路"④，推动形成人与自然和谐发展现代化建设新格局。以生产发展、生活富裕、生态良好"三生"共赢为特征的人与自然和谐发展现代化建设新格局，即是中国共产党对建设什么样的生态文明的明确回答。那么，如何理解生产发展、生活富裕、生态良好之间的关系呢？或者说，人与自然和谐发展现代化建设新格局"新"在哪里呢？

首先，生态文明是建立在生产发展基础上的发达文明。

我们建设生态文明不是要舍弃高科技和现代化，回到农耕社会的落后生活中去。马克思主义唯物史观告诉我们，人类社会中出现的一切现实问题从根本上都源于物质经济基础。"根据唯物史观，历史过程中的决定性因素归根到底是现实生活的生产和再生产"⑤，"经济发展对这些领域的最终的支配作用……是

---

① 中共中央文献研究室、国家林业局：《毛泽东论林业》（新编本），北京：中央文献出版社 2003 年版，第 52 页。
② 中共中央文献研究室、国家林业局：《毛泽东论林业》（新编本），北京：中央文献出版社 2003 年版，第 77 页。
③ 《江泽民文选》（第一卷），北京：人民出版社 2006 年版，第 463 页。
④ 《十七大以来重要文献选编》（上），北京：中央文献出版社 2009 年版，第 16 页。
⑤ 《马克思恩格斯文集》（第 10 卷），北京：人民出版社 2009 年版，第 591 页。

确定无疑的"①。理解和解决当代环境问题也不例外，依然需要由直接的经济动因来阐释说明。

发展中国家的诸多案例证实，落后的经济发展水平是生态环境退化的重要原因。比如，一组对墨西哥2400个自治区的研究数据发现，当地森林覆盖率迅速变化的主要因素是经济贫困，贫困程度越高，损失的森林覆盖率就越大②。对此现象，学者做出解释：相对于富裕地区，贫困地区的生计和发展更依赖于自然资源，落后的技术手段、粗放的发展模式与掠夺型的资源开发方式加剧了生态环境恶化③；穷人没有能力也不愿意投资于见效慢的生态环境管理④。结果，环境破坏的自然制约产生了更大的贫困，学者将这种贫困与环境之间相互依赖与相互强化的螺旋下降过程称为"贫困陷阱"⑤。可见，人类经济社会发展不仅不与生态环境相对立，而且还是生态环境保护的物质基础，离开经济实力谈高标准的生态环境无异于没有根基的空中楼阁。

观照我国现实，集中连片贫困地区与重要生态功能区在空间分布上呈现高度的一致性。对于这部分地区的发展，有人说，当地生态环境基础薄弱，发展不可避免会破坏生态环境，因此发展要宁慢勿快，否则得不偿失；也有人说，为了摆脱贫困必须加快发展，付出一些生态环境代价也是难免的。强调发展不能破坏生态环境是对的，经济发展不应是对资源和生态环境的竭泽而渔，但"生态环境保护也不应是舍弃经济发展的缘木求鱼"⑥。发展是硬道理，发展是解决所有问题的关键，环境问题最终还是要通过经济发展来解决。当然，经济发展也不会自动解决资源环境问题，经济增长并不是提高环境质量的灵丹妙药，

---

① 《马克思恩格斯文集》（第10卷），北京：人民出版社2009年版，第600页。

② Ravallion M. Why don't we see poverty convergence？[J] *American Economic Review*，2012，102（1）：504-523.

③ Milbourne P. The geographies of poverty and welfare [J]. *Geography Compass*，2010，4（2）：158-171.

④ World Bank. *World development report* 1992 *in development and the environment* [M]. Oxford：Oxford University Press，1992.

⑤ Bhattacharya H，Innes R. Income and the environment in rural India：Is there a poverty trap？[R]. Part of the UC Center for Energy and Environmental Economics Working Paper Series，2011.

⑥ 中共中央文献研究室：《习近平关于社会主义生态文明建设论述摘编》，北京：中央文献出版社2017年版，第19页。

甚至也不是主要的办法，问题的关键在于经济增长的投入（包括环境资源）和产出（包括污染物）的构成。这就涉及如何发展或者说发展方式的问题，著者将在第三部分关于中国共产党思考怎样建设生态文明中予以详细说明。

其次，生态文明是建立在生活富裕基础上的高级文明。

所谓生活富裕，是指建立在社会生产力不断发展基础上的劳动者物质文化生活需要得到最大限度的满足。马克思和马斯洛的需要理论都认为，人的需要是一个由不同层次构成的从低至高的系统。生存需要是最基本需要，一旦人的物质生存需要得到满足，就会产生新的需要，"已经得到满足的第一个需要本身、需要满足的活动和已经获得的为满足需要用的工具又引起新的需要"①，这种新需要"不再单纯围绕着生存资料进行，而是围绕着享受资料和发展资料进行"②。

生态环境具有满足人的多层次需要的功能。从最低生存需要而言，自然界是人为了不致死亡而必须与之处于持续不断的交互作用过程的人的"无机的身体"。从高级的享受需要和发展需要而言，人的一切肉体的和精神的感觉"都是由于它的对象的存在，由于人化的自然界，才产生出来"③，比如，优美怡人的自然景观使人心情愉悦、神清气爽；"从理论领域来说，植物、动物、石头、空气、光等等，一方面作为自然科学的对象，一方面作为艺术的对象，都是人的意识的一部分，是人的精神的无机界，是人必须事先进行加工以便享用和消化的精神食粮"④。比如，牛顿从苹果下落的现象中发现万有引力定律，国家体育场"鸟巢"建筑就是从鸟类营造巢穴得到的启示。

在过去很长一段时间，我国的社会主要矛盾是人民群众日益增长的物质文化需要与落后生产力之间的矛盾，富裕生活侧重于自然资源满足物质生活需要的程度。现在我国已经进入上中等收入国家行列，部分城市的人均 GDP 达到发达国家水平，富裕生活体现为物质丰裕、政治民主、文化繁荣、社会和谐、环境优美等全面小康的满足程度，尤其是在全球环境危机的大背景下，人们对干净的水、新鲜的空气、放心的食品、优美的环境要求越来越高。诚如，马克思

---

① 《马克思恩格斯文集》（第1卷），北京：人民出版社2009年版，第531页。
② 《马克思恩格斯文集》（第9卷），北京：人民出版社2009年版，第548页。
③ 《马克思恩格斯文集》（第1卷），北京：人民出版社2009年版，第191页。
④ 《马克思恩格斯文集》（第1卷），北京：人民出版社2009年版，第161页。

在《资本论》中所说，"人的需要的丰富性具有什么样的意义，从而某种新的生产方式和某种新的生产对象具有什么样的意义。"① 也就是说，社会需求调节社会生产，催生满足这种新需要的新手段和新产品。如今我国人民生活水平的提高引发了对水、空气、生活环境等自然生态的高层次享受需求，这将促进市场生产提供满足这种需求的清新空气、干净水源、绿色食品、宜居环境等，"这些潜在的需求如果能激发出来并拉动供给，就会成为新的增长点，形成推动发展的强大动力"②。因此，生活富裕既能在经济方面促进消费升级和生产发展，而且对于改善生态环境也具有积极意义。此外，生活富裕还通过提升人的素质作用于生态环境的改善。关于收入对自然环境的正面影响，这一点已经在国内外很多研究中得到证实，如洪大用等③对我国居民的调查数据表明，环境关心与收入有着显著的正相关。

总之，人与自然的关系本质是以劳动为中介的物质变换关系，人从自然汲取生产生活的物质能量，又将新陈代谢的生产排泄物和消费排泄物返还给自然，如此人类生产、生活与自然形成一个相互衔接、相互影响的循环圈，因此实现生态文明的中国必然是生产发展、生活富裕、生态良好"三生"共赢的美丽中国，是自然生态美、社会生态美与人文生态美互促互进的美丽中国。

（三）怎样建设生态文明

关于如何建设生态文明，中国共产党在执政过程中尝试新思路、总结新经验、反思新问题，不断完善生态文明建设的现实举措和实践路径。

第一，完善生态文明建设的制度体系。"没有社会秩序，一个社会就不可能运转"，这是邓小平在总结"文革"教训后的深刻认识，因此，包括生态环境保护在内的社会主义建设"还是要靠法制，搞法制靠得住些"④。1979 年 9 月，我国颁布新中国成立以来第一部环境保护基本法《中华人民共和国环境保护法（试行）》，标志着我国生态文明建设进入制度化轨道。此后，我国相继制定完

---

① 《马克思恩格斯文集》（第 1 卷），北京：人民出版社 2009 年版，第 223 页。
② 中共中央文献研究室：《习近平关于社会主义生态文明建设论述摘编》，北京：中央文献出版社 2017 年版，第 25 页。
③ 洪大用，肖晨阳：《环境友好的社会基础——中国市民环境关心与行为的实证研究》，北京：中国人民大学出版社 2012 年版，第 137 页。
④ 《邓小平文选》（第 3 卷），北京：人民出版社 1993 年版，第 379 页。

善环境保护单行法和地方环境保护行政法规，建立完善了环境管理行政体制，创新运用市场手段完善环境保护激励约束机制。党的十八大以来，针对我国生态环境保护中长期存在的突出问题，习近平指出，"我国生态环境保护中存在的突出问题大多同体制不健全、制度不严格、法治不严密、执行不到位、惩处不得力有关"①，"保护生态环境必须依靠制度、依靠法治。只有实行最严格的制度、最严密的法治，才能为生态文明建设提供可靠保障"②，要求逐步"构建起由自然资源资产产权制度、国土空间开发保护制度、空间规划体系、资源总量管理和全面节约制度、资源有偿使用和生态补偿制度、环境治理体系、环境治理和生态保护市场体系、生态文明绩效评价考核和责任追究制度等八项制度，构成产权清晰、多元参与、激励约束并重、系统完整的生态文明制度体系"③。为此，中国共产党在新时代就生态文明制度建设开展了诸多创新性和战略性安排。比如，抓住"一把手"这个关键"牛鼻子"，建立了党政领导干部环境问责制，将以前行政问责拓展至党政问责，党委和政府主要领导在生态环境方面职责同有、责任共担，促使党委和政府主要领导齐心协力开展生态文明建设，并终身追责，"已经调离的也要问责"④，极大促进了领导干部牢固树立生态红线观念和科学政绩观。再比如，建构了生态环境协同治理机制。习近平指出，"山水林田湖草是生命共同体……要从系统工程和全局角度寻求新的治理之道，不能再是头痛医头、脚痛医脚，各管一摊、相互掣肘，而必须统筹兼顾、整体施策、多措并举，全方位、全地域、全过程开展生态文明建设"⑤。我国建立了跨区域、跨流域的协同治理机制，长江、黄河等七大流域分别建立了水污染防治联动协作机制，京津冀及周边地区建立了大气污染联防联控协作机制，区域生态环境明显改善；建立生态环境管理职责的协同整合，2018 年国务院机构改革方案把原环境保护部全部职责和其他六个部门分散的生态环境保护职责整合

---

① 习近平：《推动我国生态文明建设迈上新台阶》，《求是》，2019 年第 1 期。

② 中共中央文献研究室：《习近平关于社会主义生态文明建设论述摘编》，北京：中央文献出版社 2017 年版，第 99 页。

③ 环境保护部：《向污染宣战——党的十八大以来生态文明建设与环境保护重要文献选编》，北京：人民出版社 2016 年版，第 31 页。

④ 环境保护部：《向污染宣战——党的十八大以来生态文明建设与环境保护重要文献选编》，北京：人民出版社 2016 年版，第 20 页。

⑤ 习近平：《推动我国生态文明建设迈上新台阶》，《求是》，2019 年第 1 期。

到一起，统一组建成生态环境部，克服了环境管理体制多头治理、推诿扯皮、效率低下的弊病。此外，我国还创新建立执行了环保督查巡视制度等。总之，中国共产党要求生态文明制度建设实现源头严防、过程严管、后果严惩的全过程全覆盖，尤其是抓住领导干部这个"关键少数"开展长效机制建设，充分体现了尊重自然规律的战略思维、强化刚性约束的法治思维和维护生态安全的底线思维，表明了中国共产党治理生态环境的决心和魄力。

　　第二，依靠科学技术保护环境和开发资源。1988 年，邓小平在会见捷克斯洛伐克总统胡萨克时指出："科学技术是第一生产力。"[①] 邓小平将"科技是第一生产力"思想渗透到包括环境保护在内的中国特色社会主义现代化建设各个方面。他明确提出，"解决农村能源，保护生态环境等等，都要靠科学"[②]。此后依靠科学技术保护环境和开发资源成为生态环境建设的一个重要方针。江泽民指出，"依靠科技提高资源利用率，节约耕地，保护环境，坚持可持续发展"。[③] 胡锦涛指出，大力提高科技自主创新能力，"抓好资源的节约和综合利用"[④]，使"循环经济形成较大规模"[⑤]，"可再生能源比重显著上升"[⑥]，使"主要污染物排放得到有效控制"[⑦]，"真正把做好工作的着力点放到调整经济结构和转变经济增长方式上来"[⑧]，"努力走出一条科技含量高、经济效益好、资源消耗低、环境污染少、人力资源优势得到充分发挥的新型工业化路子，推动经济社会发展实现良性循环"[⑨]。习近平指出，"要积极运用全球变化综合观测、大数据等新手段，深化气候变化科学基础研究"，"以关键技术突破支撑能源、交通、建筑等重点行业战略性减排"[⑩]。同时，中国共产党还敏锐地看到了科技有可能对生态环境的负面影响，"信息科学和生命科学的发展，提出了涉及人自身尊严、健康、遗传以及生态安全和环境保护等伦理问题"[⑪]，因此，要积

---

① 《邓小平文选》（第 3 卷），北京：人民出版社 1993 年版，第 274 页。
② 中共中央文献研究室：《邓小平年谱（一九九五——一九九七）》，北京：中央文献出版社 2004 年版，第 82 页。
③ 《江泽民文选》（第二卷），北京：人民出版社 2006 年版，第 120 页。
④⑤⑥⑦⑧⑨　中共中央文献研究室：《十六大以来重要文献选编》（中），北京：中央文献出版社 2006 年版，第 820 页。
⑩ 中共中央文献研究室：《习近平关于社会主义生态文明建设论述摘编》，北京：中央文献出版社 2017 年版，第 141 页。
⑪ 《江泽民文选》（第三卷），北京：人民出版社 2006 年版，第 104 页。

极发展生态技术，使科学技术进步"服务于全人类，服务于世界和平、发展与进步的崇高事业，而不能危害人类自身"①。

第三，大力开展生态文明宣传教育。生态危机本质是人类不合理开发利用自然资源而引起生态环境退化和失衡的问题，因此，环境问题的根源在于人，在于人不正确的思想观念和行为方式。中国共产党要求"生态文明观念在全社会牢固树立"②，明确指出"到2020年，生态文明教育普及率提高到85%，积极培育生态文化，将生态价值观、生态道德观、生态发展观、生态消费观、生态政绩观等生态文明核心理念，纳入社会主义主流价值观，成为国家意识和时尚追求"③。从教育的对象而言，党中央重点对领导干部、青少年学生、企业负责人开展生态文明教育。"实践证明，生态环境保护能否落到实处，关键在领导干部"④，党中央将生态文明内容纳入干部培训机构教学计划，提高"关键少数"保护环境的责任意识，牢固树立生态红线的观念；要"从娃娃和青少年抓起，从家庭、学校教育抓起"⑤，把生态文明教育作为素质教育的重要内容纳入国民教育体系，"着力推动生态文化进课程教材、进学校课堂、进学生头脑"⑥；要求"每年开展百人以上'企业环境责任'培训"⑦，使企业负责人准确把握当前环境形势，突出环境治理重点，提高政策水平和解决实际问题的能力；此外，还要求抓好其他社会群体的生态文明教育，如面向妇女开展环保科普宣传培训，强化村民环境卫生意识等。从教育的内容而言，要开展资源环境国情教育、环境保护科学知识教育和环境保护法制教育，促进全社会树立绿水青山就是金山银山的理念，自觉尊重自然、顺应自然、保护自然，把节约资源和保护环境贯穿于生产、流通、消费各个环节和经济社会发展各个领域，落实到每个单位、

---

① 《江泽民文选》（第三卷），北京：人民出版社2006年版，第104页。

② 《十七大以来重要文献选编》（上），北京：中央文献出版社2009年版，第16页。

③ 国家林业局：《中国生态文化发展纲要（2016—2020年）》，2016年4月7日。

④ 中共中央文献研究室：《习近平关于社会主义生态文明建设论述摘编》，北京：中央文献出版社2017年版，第110页。

⑤ 中共中央办公厅、国务院办公厅：《关于加快推进生态文明建设的意见》，2015年4月25日。

⑥ 国家林业局：《中国生态文化发展纲要（2016—2020年）》，2016年4月7日。

⑦ 环境保护部、中宣部、中央文明办、教育部、共青团中央、全国妇联：《全国环境宣传教育工作纲要（2016—2020年）》，2016年3月30日。

每个家庭,"形成节约能源资源和保护生态环境的产业结构、增长方式、消费模式"①。从宣传教育的途径而言,既要加强培训和课堂教学,还要强化社会宣传工作,不断提高社会民众的环境素质和环境参与能力。要抓住重大契机,利用世界地球日、土壤日、粮食日、联合国气候变化大会等重大环境纪念日和环境会议,精心策划组织群众喜闻乐见的宣传材料和宣传活动,"扩大覆盖面,提高影响力"②;要聚焦典型和热点议题,如深度报道国家重大生态保护修复工程和环境治理工程以及做出突出贡献的环保人物,追踪报道"人民群众广为关注的雾霾、核电、化工、垃圾、辐射、水污染、土壤污染等热点、焦点问题"③,曝光各违法案例和浪费行为;要广泛利用宣传平台,推动主要报纸、通讯社、电视台等传统媒体以及新闻网站、网络视频、数字报、手机报、官方微博和微信公众号等新媒体"开设环保专栏",构建以报刊与数字新媒体相融合的全方位、立体化、多样化的宣传报道格局,形成推动绿色发展的良好风尚。

第四,共谋全球生态文明建设。环境问题具有显著的"蝴蝶效应",某一处自然条件的变化通过生态系统和地理联系会直接或间接地影响到另一处甚至全球的环境状况。人类共同拥有一个地球,生态危机是全球面临的共同挑战,"任何一国都无法置身事外、独善其身"④。建设绿色家园是人类的共同梦想,"全球性问题的逐步解决,不仅要靠各国自身的努力,还需要国际上的相互配合和密切合作"⑤。中国有需要、有市场,发达国家有技术、有经验,要同世界各国深入开展生态文明领域的交流合作,推动成果分享。中国共产党指出,中国是负责任的发展中大国,坚持秉承正确的义利观,深度参与全球环境治理,增强我国在全球环境治理体系中的话语权和影响力,积极引导国际秩序变革方向,形成世界环境保护和可持续发展的解决方案。中国在"国家自主贡献"中提出,"将于二〇三〇年左右使二氧化碳排放达到峰值并争取尽早实现,二〇三〇年单位国内生产总值二氧化碳排放比二〇〇五年下降百分之六十至百分之六十五,非化石能源占一次能源消费比重达到百分之二十左右,森林蓄积量比二〇〇五

---

① 《十七大以来重要文献选编》(上),北京:中央文献出版社 2009 年版,第 18 页。

②③ 环境保护部、中宣部、中央文明办、教育部、共青团中央、全国妇联:《全国环境宣传教育工作纲要(2016—2020 年)》,2016 年 3 月 30 日。

④ 习近平:《推动我国生态文明建设迈上新台阶》,《求是》,2019 年第 1 期。

⑤ 《江泽民文选》(第一卷),北京:人民出版社 2006 年版,第 480 页。

年增加四十五亿立方米左右。虽然需要付出艰苦的努力，但我们有信心和决心实现我们的承诺"①。中国共产党在履行自身责任的同时，还提出帮助发展中国家特别是最不发达国家、内陆发展中国家、小岛屿发展中国家应对气候变化挑战，如"启动在发展中国家开展十个低碳示范区、一百个减缓和适应气候变化项目及一千个应对气候变化培训名额的合作项目，继续推进清洁能源、防灾减灾、生态保护、气候适应型农业、低碳智慧型城市建设等领域的国际合作，并帮助他们提高融资能力"②。中国共产党辩证指出，"发达国家和发展中国家对造成气候变化的历史责任不同，发展需求和能力也存在差异。就像一场赛车一样，有的车已经跑了很远，有的车刚刚出发，这个时候用统一尺度来限制车速是不适当的，也是不公平的"，因此，全球生态文明建设要按照"共同但有区别的责任原则、公平原则、各自能力原则"③，各发达国家要履行在资金和技术方面的义务，"落实到 2020 年每年提供 1000 亿美元的承诺，2020 年后向发展中国家提供更加强有力的资金支持"，并向发展中国家转让气候友好型技术，帮助其发展绿色经济；应该尊重各国特别是发展中国家在国内政策、能力建设、经济结构方面的差异，"应对气候变化不应该妨碍发展中国家消除贫困、提高人民生活水平的合理需求"④，照顾发展中国家的特殊困难。

二、中国共产党生态文明建设思想体系的科学诠释

中国共产党生态文明思想既是当代生态文化建设的指导思想，也是生态文化的重要组成部分，还为中华民族生态文化史留下了浓墨重彩的一笔。就丰富生态文化的知识供给而言，我们不应仅仅局限于梳理中国共产党关于生态文明建设的观点和思想，还要阐释中国共产党生态文明思想有何当代特色、有何时代价值以及有何发展规律，如此才能为我国生态文化建设贡献更加深刻的生态

---

① 中共中央文献研究室：《习近平关于社会主义生态文明建设论述摘编》，北京：中央文献出版社 2017 年版，第 135 页。

② 中共中央文献研究室：《习近平关于社会主义生态文明建设论述摘编》，北京：中央文献出版社 2017 年版，第 136 页。

③ 中共中央文献研究室：《习近平关于社会主义生态文明建设论述摘编》，北京：中央文献出版社 2017 年版，第 132 页。

④ 中共中央文献研究室：《习近平关于社会主义生态文明建设论述摘编》，北京：中央文献出版社 2017 年版，第 135 页。

文化知识，也才能为未来我国生态文化建设提供指导方法。

首先，要说清楚中国共产党生态文明思想的时代性特征。诚然，文明总是在传承中不断进化的，文明的进步不可能完全摒弃长期以来积累的传统文化而从头开始，中国共产党的生态文明思想从一开始就被打上深深的传统文化烙印，是对传统生态文化的继承和扬弃。但是，我们要看到，中国传统社会并没有有计划地专门开展生态思考，只是在历朝历代治国理政的思想中蕴含着生态元素，中国共产党是中国历史上第一个明确提出生态文明建设的政党。任何一个思想的产生都有一定的时代背景，是时代的产物，而且折射出时代的特征，中国共产党生态文明思想是当代中国在工业化和城镇化高速发展时期提出的全新思想体系。根据马克思的社会形态理论，人类社会还处于"物的依赖性"阶段，作为发展中的人口大国，中国对物质财富的向往和追求更是强烈。工业化作为人类创造物质财富的重要手段，中国目前还不可能废弃。然而，作为工业文明的迟到者，中国在开始工业化的时候就不得不面临最大难题，那就是，已经完成工业化的西方发达国家造成了环境污染与资源破坏的既定事实，地球给中国留下继续发展传统工业化的空间不多。也就是说，西方国家是在工业化完成后才遇到污染等问题，而中国在起步阶段就受到环境因素掣肘，不可能也不应该像西方国家过去那样靠掠夺其他国家和全球资源来发展工业化。同时，改革开放以来，我国长期粗放式经济发展模式已经给我国资源环境带来严重破坏，而现在以及今后很长一段时期，我国将处于工业化和城镇化的高速发展时期，矿产、土地、水和森林等主要自然资源的消耗及其各项污染物排放有增加的可能，这将给我国有限的生态环境容量带来更大压力。因此，中国共产党是在"以历史上最脆弱的生态环境承载着历史上最多的人口，承受着历史上最空前的资源消耗和经济活动，面临着历史上最为关键的工业化和城市化发展时期"的特殊国情下提出生态文明建设，这是中国在任何历史时期前所未有的，因此中国共产党生态文明思想具有显著的现代性特征。

其次，要说清楚中国共产党生态文明思想的社会主义特征。20世纪中叶以来，面对日趋严重的环境污染，西方资本主义国家开始着手解决环境问题，加大污染治理力度，尤其在后金融危机时期，加快绿色发展成为各国共识，人类社会正处在由工业文明向生态文明转型的过渡期。中国共产党把握时代发展趋势，借鉴西方生态环境建设的经验，在开展生态环境治理的实践中不断深化和完善认识，形成系统的中国共产党生态文明思想体系。但是中国共产党的生态文明思想并非亦步亦趋照搬西方生态理念，不仅具有鲜明的中国特色，而且与西方生态理念具有本质区别。这不仅是由中国的具体国情决定的，而且是由中国共产党领导下的社会性质决定的。因为资本具有反生态的本性，资本主义无限追逐利润的思维方式、生产方式、技术模式和消费方式必然导致对自然环境的破坏，而当自己的自然资源无法维系现有的经济规模和生活水准时，他们就会通过资本全球化实施"生态殖民主义""生态帝国主义"的环境策略，把发展中国家视为自然资源的原料地和污染物的排放地，不断向落后的国家和地区转移工业产品的生态成本，让发展中国家为他们的资源环境"埋单"，导致全球范围内的环境污染、资源掠夺和生态破坏，因此，资本主义制度是造成全球生态危机的根本原因，"局部改善，整体恶化"是资本主义制度体系下地球生态环境的现实写照，在资本主义制度体系下不可能实现真正意义上的生态文明。只有"对我们迄今存在过的生产方式以及和这种生产方式在一起的我们今天整个社会制度的完全的变革"①，即改变历史上出现过的生产方式以及同这种生产方式相联系的私有制度，建立社会主义和共产主义制度，才能实现整体意义上的生态文明。因为"共产主义是私有财产即人的自我异化的积极的扬弃，因而是通过人并且为了人而对人的本质的真正占有；因此，它是人向自身、向社会的（即人的）复归，这种复归是完全的、自觉的而且保存了以往发展的全部财富的。这种共产主义，作为完成了的自然主义，等于人道主义，而作为完成了的人道主义，等于自然主义，它是人和自然界之间、人和人之间的矛盾的真正解决，是存在和本质、对象化和自我确证、自由和必然、个体和类之间斗争的真正解决"②。

中国共产党的历史使命就是满足人民群众对美好生活的期待，中国共产党深知，贫困与环境问题之间存在着一种密切的关联，自然异化和人的异化是同一过程，因此中国共产党生态文明思想与西方生态理念的本质区别在于，西方生态理念局限于自然环境的治理，且局限于部分地区的自然环境治理；而中国共产党将人的发展与自然环境的治理结合，在吸收和借鉴世界文明的先进生态

① 《马克思恩格斯文集》（第九卷），北京：人民出版社 2009 年版，第 561 页。
② 《马克思恩格斯全集》（第 3 卷），北京：人民出版社 2002 年版，第 297 页。

理念的基础上，形成能反映最广大人民根本利益的中国特色社会主义生态文明思想，努力确保全体人民公平共享自然赋予的天然资源和社会发展的文明成果。同时，生态环境的影响全球性特征意味着中国共产党的生态文明建设视野不仅着眼于国内，还将中华文明的"和合"思想与社会主义理念进一步延伸，在全球环境治理中履行自己的国际责任和义务，为发展中国家的自然环境改善和全球生态环境改善做出贡献，因而中国共产党生态文明思想是普惠性全体社会、普惠全球的生态文明思想，体现了生态文明与社会主义的内在一致性。

最后，要说清楚中国共产党生态文明思想的发展性特征。包括生态文明思想在内的中国共产党治国理政思想源于活生生的社会实践，而实践是永无止境和永不停息的，这就决定了作为中国共产党生态文明思想必定具有与时俱进的特性，要随着实践的发展不断地充实、创新和发展。生态环境是人类生存发展的基本前提，生态环境问题贯穿于人类社会发展的始终，只要存在人类社会治理，就必然要有生态文明建设，只是不同的时代生态文明建设具有不同的内容。在新中国成立初期，生态环境问题尚不突出，生态文明建设体现为保持水土、防洪抗灾；在社会主义建设新时期，生态环境问题日趋恶化，生态文明建设体现为污染治理和生态修复；在中国特色社会主义进入新时代时期，生态文明建设则体现为协调推动生产发展、生活富裕、生态良好"三生"共赢。诚如"改革没有完成时，只有进行时"，生态文明建设亦没有完成时，只有进行时。我国在经济社会发展进程中，必然会出现新的环境问题，如新型电子废弃物污染等；我国城乡发展和环境治理不平衡，必然存在一些环境短板，如农村地区生态环境是当前生态文明建设的薄弱环节；我国由于特殊的自然地理和气候条件，生态环境质量受自然条件变化影响较大，特别是大气环境质量还明显处于"气象影响型"阶段，稍有松懈就可能出现反复，如 2018 年秋冬季以来，受不利气象条件影响，京津冀及周边出现 10 次重污染天气过程①；我国生态环境管理还存在生态环境保护与经济发展衔接冲突、地方政府的监督难以介入、上级部门的监督难以到位、环境监管缺失决策辅助等挑战；我国面临复杂的国际形势，生态环境治理存在较大的外部压力，如受全球经济放缓和治理体系调整的影响，

---

① 《李干杰在 2019 年全国生态环境保护工作会议上的讲话》，《中国环境报》，2019 年 1 月 19 日，第 1 版。

一些发达国家推动全球环境治理动力开始显现不足，一些国家质疑我国禁止"洋垃圾"入境政策等负面声音不绝于耳；等等。社会实践不断对生态文明建设提出新课题，促使我们不断创新思路、探索试验、总结经验，提高生态文明建设的科学化和精细化水平。中国共产党将用鲜活丰富的当代中国实践推动马克思主义生态思想的发展，用宽广视野吸收人类创造的一切优秀文明成果，坚持在改革中守正出新，在开放中博采众长，不断深化对生态文明建设规律的认识，不断丰富完善中国特色社会主义生态文明思想，不断开辟当代中国生态文化发展新境界。

第三节　西方先进生态思想的引介借鉴

恩格斯说，任何思想都是时代问题的反映，"每一个时代的理论思维，包括我们这个时代的理论思维，都是一种历史的产物，它在不同的时代具有完全不同的形式，同时具有完全不同的内容"[1]。工业革命最早在西方国家发生，工业化的生态副作用也最早在西方国家产生。20世纪首先在西方国家出现的生态环境困境促使很多具有人文关怀和社会责任感的西方学者开始去反思人与自然的关系，去思考如何解决环境污染问题。百余年来，西方学者围绕生态问题产生了很多新思想和新观点，形成了诸多生态学流派，可以说，现代生态文化从其学科意义上看起源于西方，为丰富人类生态文化做出了重要贡献。习近平总书记指出："文明因交流而多彩，文明因互鉴而丰富。文明交流互鉴，是推动人类文明进步和世界和平发展的重要动力。历史告诉我们，只有交流互鉴，一种文明才能充满生命力。"[2] 故此，我们开展生态文化建设要吸收借鉴西方生态文化中的有益思想，发现西方生态文化对全球生态环境危机积极响应的时代精神，从中获得成功经验和现实启示，拓宽中国生态文化建设的国际视野，不断赋予中国生态文化的时代活力。

---

① 《马克思恩格斯文集》（第9卷），北京：人民出版社2009年版，第436页。
② 习近平：《习近平谈治国理政》，北京：外文出版社2014年版，第258页。

一、西方生态思想的主要内容

现代西方生态文化产生于 20 世纪初期，在百余年的发展历程中，西方生态思想流派纷呈，主张各异，其中最有影响的是西方生态伦理思想、环境市场主义和生态学马克思主义。

（一）生态伦理思想

很长一段时期以来，伦理仅仅是指人与人之间的道德义务，人与自然之间不具有任何伦理色彩，人类的利益被认为是人类处理自身与外部生态环境关系的根本价值尺度，自然只是对人类起到工具的作用。西方学者认为，这种人类中心主义是导致威胁人类生存发展的生态环境问题的思想根源，因此，人类需要将伦理的范畴扩大至自然生态，对自然生态也担负起道德责任。从关注有知觉感受的动物，到包括动物和植物在内的所有生物，再到涵盖地球大地上的所有自然物，西方生态伦理的内涵和外延不断扩大。

1. 动物解放论

澳大利亚著名哲学家彼得·辛格的动物解放论是关于动物伦理的现代讨论中最有影响的理论之一，在其代表作《动物解放》中，他谈到，一切物种都是平等的，人类应该把平等原则推行到动物身上，同等地关心每一个存在物的利益。在辛格看来，是否具有痛苦和快乐的感知能力是决定是否将某个生命个体纳入平等道德关怀的标准。他说："感受痛苦和快乐的能力不仅是一个生命个体具有利益的必要条件，而且也是充要条件，即最起码的利益就是不受痛苦。……就是说，唯有感受性（用感受性这个词只是为了简便，虽然不能十分准确地代表感受痛苦和快乐的能力）的界限才是关怀他者利益的合理正当的划界。"① "如果一个存在物能够感受苦乐，那么拒绝关心它的苦乐就没有道德上的合理性。不管一个存在物的本性如何，平等原则都要求我们把它的苦乐看得和其他存在物的苦乐同样重要。如果一个存在物不能感受苦乐，那么它就没有什么需要我们加以考虑的了。这就是感觉能力是关心其他生存物的利益的唯一可靠界线的原

---

① ［澳］彼得·辛格著，祖述宪译：《动物解放——生命伦理学的世界经典素食主义的宣言》，青岛：青岛出版社 2006 年版，第 8-9 页。

因。"① 辛格认为，因为动物能感受痛苦，所以要把道德关怀扩展到动物，由于人类利用动物做实验以及饲养动物作肉食来源会给动物带来痛苦，所以要禁止拿动物做实验，要取消饲养动物，而人们的肉食习惯是导致动物饲养业发达的根本原因，因此辛格又号召人们改掉肉食的习惯，改吃索食。

2. 生物中心主义

阿尔贝特·史怀泽是生物中心主义的创始人。他于1923年在其代表作《文明与伦理》一书中首先提出了"敬畏生命"的伦理观。"敬畏生命"中的生命，不仅指人类生命，而更强调包括人类在内的地球上所有有生命的生物，因此，"敬畏生命"的基本含义是不仅对人的生命，而且对一切植物和动物的生命，都必须保持敬畏的态度。施韦泽把是否保存和促进生命作为评价善恶的标准。他说："善的本质是保持生命、促进生命，使可发展的生命实现其最高的价值；恶的本质是毁灭生命，伤害生命，阻止生命的发展。"② 敬畏生命不光是一种道德的情感表达，更意味着要转化为一种道德行为。施韦泽认为，"所有生命都必然生存于黑暗之中，只有一种生命能摆脱黑暗，看到光明。这种生命是最高的生命——人"③。也就是说，作为最高生命的人不仅能意识到自己的生命意志的分裂，而且能意识到其他生命的生命意志及其分裂，因而，人类担负着摆脱其他生命苦陷于其中的无知的道德责任。那么，人如何才能坚持敬畏生命的原则，承担起对伤害生命和毁灭生命的责任呢？施韦泽认为，"敬畏生命伦理的关键在于行动的意愿，它可以把有关行动效果的一切问题搁置一边"④。如果在任何地方减缓了人或其他生命的痛苦，在有意识地奉献生命、救助生命的过程中，人与世界的自然关系便被人的自觉努力提升为一种精神关系。

相对于施韦泽的《敬畏生命》，生物中心主义的另一代表人物保罗·泰勒在其著作《尊重自然》中从实践角度提出许多具有哲学性和逻辑性的观点和原则。

① ［澳］彼得·辛格，江娅：《所有的动物都是平等的》，《哲学译丛》，1994年第5期。
② ［法］阿尔贝特·史怀泽：《敬畏生命》，陈泽环译，上海：上海社会科学院出版社1996年版，第23页。
③ ［法］阿尔贝特·史怀泽：《敬畏生命》，陈泽环译，上海：上海社会科学院出版社1996年版，第20页。
④ ［法］阿尔贝特·史怀泽：《敬畏生命》，陈泽环译，上海：上海社会科学院出版社1996年版，第25页。

泰勒首先提出了"自然的生物中心展望"的四个基本观点,即人类与其他生命一样,同为地球生命共同体的一员;所有的物种之间是相互依赖的关系;所有的生物都是以各自的方式追求自身的善;人类并不优于其他生命物种。接着,泰勒提出两个问题,即如何从尊重自然的情感上升到一般规范,也就是落实到具体行动呢?如何解决生物之间的公平问题呢?对于前者,泰勒提出了四个法则,即无毒害法则、不干涉法则、忠诚法则、重构公平性法则。无毒害法则要求我们不伤害动物;不干涉法则要求我们不要去干涉个体生物的自由,也不要去干涉生态系统或生物群落;忠诚法则要求我们不欺骗或者背叛野生动物;重构公平性法则要求捕捉到野生动物的人将其重返自然环境,毁坏了动物栖息地的人要恢复其栖息地。对于后者,泰勒提出了五个法则:自卫、均衡、最小失误、分配公平性、重构公平性。自卫原则出现在人类的健康和生命受到非人类生物威胁的情形下,满足人类的利益获得合法性;当非人类生命的基本利益与人类的非基本利益出现冲突时,均衡原则禁止我们为了满足人类利益而牺牲非人类的基本利益;当人类的非基本利益与非人类的基本利益相兼容时,则可以满足人类的非基本利益,但是以最大程度上降低对非人类生物的损害为前提;分配公平性原则要求在人类生物与非人类生物之间,义务均担,利益共享;重构公平性原则在没有满足由最小失误原则和分配公平性原则的条件下进行恢复。

3. 生态中心主义

与动物解放论和生物中心主义的生态伦理观不同,生态中心主义把人类道德关怀和权利主体的范围从所有存在物扩展到了整个生态系统,更加关注生态共同体而非有机个体,因此是一种整体主义的而非个体主义的伦理学。生态中心主义的代表性思想大地伦理学的创始人奥尔多·利奥波德指出,最初的伦理学研究人与人之间的关系,后来的伦理学研究扩展到了人与社会之间的关系,现在的伦理学要向人类环境的第三因素(大地)延伸,进一步扩展到人与地的关系。"迄今还没有一种处理人与土地,以及人与在土地上生长的动物和植物之间关系的伦理观。人和土地之间的关系仍然是以经济为基础的,人们只需要特权,而无须尽任何义务。"① 地球是一个拥有某种程度的生命有机体,这是我们

① [美]奥尔多·利奥波德:《沙乡年鉴》,侯文蕙译,长春:吉林人民出版社 1997 年版,第 192 页。

尊重地球、不毁坏地球的道德理由，所以，大地伦理学的任务就是要扩展道德共同体的界限，使之包括土壤、水、植物和动物，或者由它们组成的整体——土地，并把人的角色从土地共同体的征服者转变为其中的平等主体，帮助大地及其每个成员从"技术化了的现代人的控制下求得生存"①。大地伦理学主张从整体主义和非人类中心论的角度来考虑问题，判断事情对错的标准就是它是否有利于生命共同体的完整、稳定和美丽。在其名著《沙乡年鉴》中，利奥波德提出了动物权利的思想，他也肯定了那些与人共享地球的动植物及其他生物有生存的权利，但他并不认为每一个生物都拥有"神圣不可侵犯的权利"，不同于动物解放论，利奥波德认为只要人类的活动没有危及生物共同体的稳定和完整，就没必要对动物的快乐和痛苦采取一种"软心肠"的态度，超越这种对动物痛苦的伤感态度后，人们应更多关注那些在大自然系统中发挥着特别重要功能的野生动物、珍稀和濒危生物物种。

生态中心论的另一位代表人物阿恩·纳斯于1972年首次提出了深层生态学理论。深层生态学概念是相对于"浅层生态学"而言的。浅层生态学的信条是人应该支配自然，大自然、物种、生物只有工具价值而无内在价值，人是所有价值的来源，离开人类去谈价值毫无意义，之所以要环境保护只是由于它对人有价值，试图在不触动人类的价值理念、生产方式与消费模式、社会政治和经济结构的前提下，单纯依靠技术进步的方式来解决当前的生态危机。与人类中心的浅层生态学相比，深层生态学的思想主要强调生态自觉。纳斯指出，人类自我意识的觉醒，经历了从本能的自我到社会的自我，再从社会的自我到形而上学的"大自我"即"生态自我"的过程，这种大自我或生态自我才是人类真正的自我。这种生态自我的实现需要两个最高规范，第一个规范强调生态系统中任何事物都是相互联系的整体主义思想，"自我与大自然不可分"，因此人类只有确立"人与自然的和谐共存"的新的文化价值观念、消费模式、生活方式和社会政治机制，才能从根本上克服生态危机；第二个规范强调，生物圈中所有的存在物，包括人类与非人类、有机体与无机体作为不可分割的整体的一部分，都有其自身固有的、内在的价值，从整个生态系统的稳定与健康发展来看，

---

① ［美］奥尔多·利奥波德：《沙乡年鉴》，侯文蕙译，长春：吉林人民出版社1997年版，第193页。

一切生命形式在本质上具有平等地位，因此，人类是生物共同体的普通公民，而不是大自然的主宰和凌驾于其他所有物种之上的"大地的主人"。

（二）环境市场主义

18 世纪中期，受工业革命的刺激，欧洲人口快速增长，经济活动的增长和多样化不仅造成了环境污染，而且加剧了采掘业的压力。在工业生产中的自然资源约束使学者们开始思考自然资源与经济发展的关系问题。马尔萨斯是最早意识到世界上存在着自然对人类社会所加极限的学者之一，他当时面对持续不断的人口增长和土地承载量压力问题，认为人类很快会无法逃避地落入凄凉的生存状态陷阱，因为承载能力很快将达到极限。李嘉图在《政治经济学及赋税原理》中提出了"相对稀缺"的概念，认为土地的稀缺是相对的，人口增长压力迫使一个地区耕种质量更差的土地以增加粮食供给，不同等级的土地因此依次被利用，质量较差的土地投入生产会使较为肥沃的土地产生地租，并促使地租上涨。马什在《人与自然》中认识到森林破坏会导致沙漠化，提出资源稀缺是环境平衡被破坏的结果，来源于人类的不合理行为而不是资源的绝对稀缺，只有合理管理自然资源并使其保持良好的状态，人类的福利才是有保障的。19世纪末期，欧美地区的资源消耗和环境恶化问题日益突出，自然资源和良好环境的稀缺性增加，自然资源成为经济学研究的重要议题。如果说马尔萨斯、李嘉图等古典经济学家提出了经济发展中的自然资源问题，那么如何在实际经济生活中去解决这个问题呢？对自由主义和市场经济笃信不疑的西方经济学家主张利用市场这只看不见的手来促使经济主体提高资源利用效率和减少污染物的排放，他们提出了诸多观点和理论，成为西方社会解决生态环境问题所采取的经济政策的理论依据。这些环境市场主义思想和政策成为西方生态文化的重要组成部分。

环境市场主义的理论支撑是公共物品的外部性和产权理论。生态环境是公共物品，具有消费的非排他性和非竞争性，每个人都可以使用，使用结果对每个人都产生影响，也就是说生态环境的使用产生明显的外部性。外部性是指一个经济人的生产（或消费）行为影响了其他经济人的福利，这种影响是由经济人行为产生的附带效应。按照产生的影响的好坏，可以将外部性分为正外部性和负外部性。如果居住在河流上游的居民植树造林、保护水土，下游居民因此得到质量和数量有保证的水源，这种好处不需要向上游居民购买，此时产生的就是正外部性；而如果居住在河流上游的居民向河流中排放污染物，让下游居民的健康受到损害却不予以补偿，此时产生的就是负外部性。市场主体为了追求利润最大化和扩大再生产，不断攫取自然资源和排放污染物，将生态环境负外部性由社会公众共同承担，导致哈定所说的"公地悲剧"。

马歇尔首次尝试将外部性概念引入经济分析，谈到了商人们没有支付市场的外部成本而分享利益的问题①。庇古全面分析了外部性现象，提出用收税的方法修正外部性②。卡普分析了社会成本问题，认为如果将经济活动参与者导致的生态环境负外部性进行定价，纳入市场主义的得失核算，负担成本者得到了补偿，外部性被内部化了，则对经济主体形成一种改善生态环境的激励约束机制③。巴托尔认为外部性是市场失灵的表现，产权不完善是外部性产生的原因，通过在所有的经济活动中制定严格定义的、可传递的、市场化的产权，可以解决外部性问题④。在科斯看来，如果产权制度被严格制度化，并获得法律力量的保障，那么，对污染等问题施行干预就没有任何必要，如果污染者拥有产权，他们可以因为减少污染所投放的成本而获得收益；如果被污染者拥有权利，他们可以就由于污染者而遭受的损害得到补偿。依据某些假设，最可取的环境标准可以通过污染者和被污染者的协议达到，在一个配有明确产权规定的自由市场环境中，经济主体一定能够把污染控制在适度的范围内。达尔曼讨论了存在交易成本和不完全信息情况下的外部性问题，认为现实中交易成本和不完全信息的存在使得人们"忍受"或"忽略"一些外部性是合理的，这样，在市场中有外部性存在的资源配置仍可能是有效率的。解决外部性问题，不能只关注庇古税，更应关注降低交易成本和减少不完全信息⑤。

---

① ［英］马歇尔：《经济学原理》，朱志泰、陈良璧译，北京：商务印书馆 2009 年版，第 3 页。

② ［英］庇古：《福利经济学》，金镝译，北京：商务印书馆 2009 年版，第 17 页。

③ Kapp. K. W. *The social costs of private enterprise* ［M］. Cambridge, Mass, Harvard University Press, 1950.

④ Bator, F. M. The anatomy of market failure ［J］. *The Quarterly Journal of Economics*, 1958, 72（3）：351-379.

⑤ Dahlman. C. J. The problem of externality ［J］. *Journal of Law and Economics*, 1979. 22（1）：141-162.

依据环境经济学理论，西方国家通过价格、成本、利润、信贷、税收、收费、罚款等经济杠杆调节各方面的经济利益关系，这些环境经济政策和手段大致分为以下几类。

1. 排污收费

排污收费是指向环境排放污染物的排放者，根据污染物的排放数量和质量征收费用。排污收费可以理解为是排放者对所排放的污染物引起的外部损失和占有环境容量资源的补偿和支付。排污收费是给污染物的排放确定价格（排污费），然后通过市场来影响污染者的排污行为。如果排污费（排污成本）高于污染者的边际治理成本，他们就选择治理；如果排污费（排污成本）低于污染者的边际治理成本，他们就选择交纳排污费。早在1904年，德国在鲁尔流域就实施了废水排放收费。鲁尔河流域协调负责建设和管理区域内水处理设施，保持水质清洁，所有这些活动所需的资金，按分解污染物生化需氧量人口当量和有毒物质所占份额比例，分摊给排放者。该模式于20世纪80年代初在原西德全国范围内推广应用。在德国统一以后，水污染收费在全国实施，而且被认为是国际上最有效的排污收费制度。法国于1964年实施了《64-1245号法令：污染控制法》，1969年根据该法令在全国范围（按流域）实行水污染收费，为全国六个"水管局"提供财政资金，收费所依据的污染物主要包括悬浮物、可氧化物质、有机氨氮和禁排物质等。1986年，法国水污染收费额达2.74亿美元[1]。

2. 环境税

环境税是指对开发、保护和使用环境资源的单位和个人，按其对环境资源的开发利用、污染、破坏和保护程度进行征收或减免的一种税收。主要有开发、利用环境资源的行为税和污染产品税两种。前者如开发利用森林资源税、开发利用水资源税，后者如含铅汽油税、含CFC产品税等。西方国家从20世纪60年代开始征收环境税，至今形成了较为系统的环境税体系，如燃料税、电税、能源税、交通税和排放税以及垃圾税等形式，几乎囊括国民经济的农业、采矿业、制造业、交通运输业等各部门。

3. 排污权交易

排污交易制度，也可以称为"买卖许可证"制度，它是把环境转化成一种

---

[1] 王玉庆：《环境经济学》，北京：中国环境科学出版社2002年版，第214-215页。

商品并将其纳入价格机制的一种可供选择的方法。排污许可证可以看成固定的"排污权",而污染削减费用可以是"污染价格",两者结合起来就建立了一种市场,在这一市场中可以交易排污权。排污权交易机制来源于科斯的产权定理,它建立在区域内排污总量控制的基础上,首先由政府部门确定一定区域的环境质量目标,据此评估该区域的环境容量,推算出污染物的最大允许排放量。政府通过一定的方式将排污总量分解到区域内的排污企业,建立相应的交易平台,允许排污权在交易平台上买卖,同时规定只有持有排污权才能排放相应数量的污染,否则就要进行处罚。

美国在 20 世纪 70 年代初最早开展排污权交易实践,历经几十年的发展,美国形成了多种不同类型的排污权交易体系。按照是否配合污染物排放总量控制政策,可将美国实施的排污权交易分成两类:总量控制型排污权交易和排污信用交易。总量控制型排污权交易的特点是预先为一定区域内的污染源设定总的年度排放上限及一定时期的污染排放削减计划时间表,促进企业对未来的减污政策变动形成理性预期。总量控制型排污权交易是目前美国最主要的交易形式,美国最为成功的酸雨计划中的二氧化硫排放许可交易是最典型的总量控制型排污权交易的例子。由于存在排污总量上限,此类计划又被称为"封闭市场体系"。它通常是强制性的,主管部门以许可或配额的形式分配给企业一定的排放量,企业可以自由选择如何达到这一要求,例如企业可以削减排放量、使用分配所得的许可或在交易市场上购买许可等,剩余没有使用的许可可以存入银行以备将来之用或出售使用。排污信用交易则不与污染物排放总量控制政策配套使用,由于没有排放总量上限,信用交易体系也被称为"开放市场体系"。在排污信用交易体系下,污染源只要在一定时间内自愿削减了污染物排放,经环保局认可,就可以产生排放削减信用。一个排放削减信用就是一个交易单位,企业可以将产生的污染物削减量出售给他人或者存储以备将来之用。

4. 环境金融

环境金融,又称绿色金融或可持续性融资,是指金融部门把环境保护作为一项基本政策,在投融资决策过程中考虑潜在的环境影响,把与环境条件相关的潜在的回报、风险和成本都要融合进金融企业的日常业务中,在金融经营活动中注重为绿色产业发展和传统产业绿色改造提供金融服务,或者是依靠金融手段和金融创新影响市场主体的投资取向,促进企业主动开展资源节约、减少污染和环境保护行动。1988 年，德国法兰克福成立了世界上第一家生态银行，该银行以生态事业发展和环境保护为己任，主要经营与自然和环保相关的信贷业务，这家生态银行的建立标志着金融业在环境保护中迈出了关键的一步。2002 年 10 月，荷兰银行、巴克莱银行、西德意志州立银行和花旗银行等 10 家机构共同起草了一套在项目融资中有关环境与社会风险的指南，要求金融机构在向某一项目投融资时，必须对该项目可能对环境和社会的影响进行综合评估，这就是国际银行业的"赤道原则"。在赤道原则的指导下，金融业利用信贷、证券、保险等手段引导和配置自然资源，推动市场主体在生态文明建设和绿色发展中发挥着重要作用。如，英国联合金融社的"生态家庭贷款"将家庭节能减碳的指标纳入借款人的信用评分体系；Van City 银行向所有低排量和使用清洁能源的汽车提供优惠利率贷款；巴克莱银行推出了"绿色呼吸信用卡"，对持卡用户购买绿色产品和服务予以折扣优惠，提供较低的借款利率；英国皇家太阳联合保险公司推出"绿色车险"项目，为环保型车主提供 3%～15% 的保费优惠，以此鼓励更多的人购买环保汽车；此外还有原型碳基金、生物碳基金、绿色彩票以及芝加哥商业期货交易所的天气衍生品合约等基金和金融衍生物，种类繁多。

西方环境市场机制通过对环境资源的定价，改变市场信号，刺激市场主体为降低生产成本而改造工艺或提高管理，从而降低生产和消费过程中的污染排放，取得了积极而显著的效果。如美国通过开展排污权交易，1978—1998 年空气中一氧化碳浓度下降了 58%，二氧化硫浓度下降了 53%；1990—2000 年，一氧化碳排放量下降了 15%，二氧化硫排放量下降了 25%[①]。同时，环境税费的收入为环境管理部门改善公共环境、保护设施提供了重要资金来源。

（三）生态学马克思主义

尽管西方较早开始反思人与自然的关系，也开展了一些环境治理的实践。但是西方发达国家的环境污染和生态环境问题不仅没有得到缓解，反而愈来愈

---

① 侯伟丽：《环境经济学》，北京：北京大学出版社 2016 年版，第 94 页。

严重。尤其是 20 世纪中期在资本主义工业国家发生了震惊世界的"八大公害"事件①，使人们对西方工业文明的价值和形象产生了强烈质疑。面对日趋严峻的生态危机，人们需要新的理论工具去解释和解决环境问题，马克思主义作为对资本主义批判最为猛烈、最为系统的理论学说重新回到西方学者的视野，他们或者直接对马克思主义进行生态学解读，或者运用马克思主义原理分析生态危机，根据"生态的"和"社会主义"的尺度来批判资本主义制度的生态破坏，并建构实现可持续发展的政治策略和未来社会的制度形式，逐渐形成了一个新的流派，即生态学马克思主义。

生态学马克思主义主要经历了三个时期：第一个时期是 20 世纪 60 年代到 70 年代的形成时期，主要代表人物有法兰克福学派的赫伯特·马尔库塞。他把自然的解放与人的解放结合起来，认为自然的解放是人的解放的物质前提；把自然问题看作社会问题，认为生态危机是社会危机在自然界中的反映。第二个时期是 20 世纪 70 年代到 80 年代的发展时期，主要代表人物有本·阿格尔、威廉·莱斯、安德烈·高兹等。阿格尔在《西方马克思主义概论》一书中首次提出"生态学马克思主义"概念，认为生态危机已经取代经济危机并成为资本主义社会面临的重要危机，并对从资本主义过渡到社会主义提出了自己的见解。第三个时期是 20 世纪 90 年代的成熟时期，主要代表人物有詹姆斯·奥康纳、约翰·贝拉米·福斯特、戴维·佩珀等。这一时期的生态学马克思主义开始将历史唯物主义与生态学结合起来，将生态危机的根源归结于资本主义制度造成的社会不公正和资本主义积累本身的逻辑，更加深刻地批判了资本主义的生产方式和经济制度，甚至号召使用革命手段革除资本主义制度，形成了成熟的系统的生态社会主义思想体系。总体而言，西方生态学马克思主义理论的主要内容可以归纳为以下三个方面：

第一，生态危机的根源在于资本主义制度。福斯特指出，"生态危机根植于资本主义的本性"②。福斯特所说的"资本主义本性"究竟是什么呢？经典马克思主义作家已经清晰地告诉了我们，资本的本性是无限追逐利润的最大化，对

---

① 它们分别是比利时马斯河谷事件（1930）、美国多诺拉事件（1948）、美国洛杉矶光化学烟雾事件（1952）、英国伦敦烟雾事件（1952）、日本水俣病事件（1952）、日本四日市哮喘事件（1961）、日本富山痛痛病事件（1963）、日本爱知县米糠油事件（1968）。

② J. B. Foster, The New Age of Imperialism [J]. *Monthly Review*, 2003 (3).

经济剩余价值积累的痴迷决定了资本不断要超出自己的量的界限向外扩张，在全世界寻找资源能源和廉价的原材料，源源不断地为资本生产交换价值输送新鲜血液。佩珀说，"它（资本）喜欢剥削新的土地和资源，因为它们为原始利润和快速增长的生产力提供了很大的潜力。"① 福斯特指出，"资本主义经济把追求利润增长作为首要目的，所以要不惜任何代价追求经济增长，包括剥削和牺牲世界上绝大多数人的利益"②。资本主义一方面从全球范围内掠夺自然资源，早期资本主义国家通过殖民统治的方式公开掠夺殖民地丰富而廉价的煤、矿物、森林等自然资源和原材料，当代资本主义国家在国际贸易的"合法"外衣下，以极其低廉的价格从发展中国家进口自然初级产品；另一方面，面对国内日趋恶化的生态环境和日益高涨的环境运动，发达资本主义国家狡猾地采用了环境成本外在化的方式，以出口资源型废料、私自夹藏、低端产业投资、低标准商品国际贸易等形式将消费终端的废品垃圾倾倒至发展中国家。比如美国曾与几内亚比绍政府订立"君子协定"，几政府 5 年内接受美国 150 万吨的垃圾废料，可换取 6 亿美元的现金③。总之，"资本主义是一种永不安分的制度"④，资本的逻辑不仅使发达资本主义国家消费了全球自然资源，而且还把垃圾和污染物转移到世界各地，将生态环境问题扩张至全世界，造成全球生态危机。为此，奥康纳拓展了马克思主义的资本主义根本矛盾理论，认为资本主义生产和消费无限扩张与自然生态有限承载能力之间的矛盾，也就是生产力、生产关系与生产条件之间的矛盾，是当代资本主义的第二重矛盾。

第二，异化消费是生态危机的直接原因。马克思在《1844 年经济学哲学手稿》中提出了"劳动异化"的重要理论。生态学马克思主义将异化的概念从生产领域延伸扩展至消费领域。马尔库塞认为，一个社会的续存有赖于"'必要

① ［英］戴维·佩珀：《生态社会主义：从深生态学到社会正义》，刘颖译，济南：山东大学出版社 2012 年版，第 108 页。
② ［美］约翰·贝拉米·福斯特：《生态危机与资本主义》，耿建新，宋兴无译，上海：上海译文出版社 2006 年版，第 3 页。
③ 舒基元，杨峥：《环境安全的新挑战：经济全球化下环境污染转移》，《中国人口资源与环境》，2003 年第 3 期。
④ ［美］约翰·贝拉米·福斯特：《生态危机与资本主义》，耿建新，宋兴无译，上海：上海译文出版社 2006 年版，第 69 页。

的'补充压抑或要有有效的操纵和本能控制"①。在现代文明时期，依靠传统军事、战争、专制等赤裸裸的强制手段来维护政治统治已不可能长久奏效，新型控制需反映现存社会的经济、技术、政治和精神的要求，使得人们无意识地自觉依附于当前社会制度机器。消费作为人的日常生活方式，因其具有必需性和长期性等特征，成为当代资本主义维护统治制度的最佳工具。如果消费过程扩大了，那么资本的再生产也相应扩大，这样剩余价值的生产可以增长起来，整个资本主义制度也处在顺利运转的状态。而且消费对经济数据的变化具有"神术般"操作的作用，比如额外的汽油开支、汽车的维修开支等，所有这些破坏性的消费活动在国内生产总值和统计学的名义下可以作为增长的指数。经济学家把包括一切有害的和有益的各类产品和服务的价值全都相加，这种单向度的量化数据掩盖了质的下降乃至危害和罪恶，营造着经济繁荣的丰盛假象，构成以"历史的终结"论为代表的认同和赞美资本主义的"客观"根据。此外，在物与财富的使用价值面前人人平等（但在交换价值面前并不是人人平等，而且被分化），比如打字员打扮得同他雇主的女儿一样漂亮，黑人也拥有高级轿车，生活方式的同化使人们产生感受层面上的平等幻觉，好像阶级消失了，生活条件的改善消解了人们对社会现实的理性认识，弱化人们的政治意识和革命意识，成为当代资本主义宣扬其统治合法性、民主性和持续性的辩词。资本主义以资本为后盾，依托广告等大众传媒制造超出与生命攸关的衣食住行需要等生物学水平的虚假需求，催生了消费主义文化。消费主义使得人们价值观念从"够了就行"转换为"越多越好"，人们购买物品的同时在不断地扔掉物品，无论是一辆汽车，还是一件衣服，在使用一段时间后，获得人就会想要抛弃它，购买最新最时髦的替代品，而人们消费的物品都是以煤、矿物、森林等自然资源为原材料而制成，消费主义下的获得—短暂占有—使用—扔掉—再获得，构成了消费者源源不断吞噬自然资源和制造垃圾的恶性循环。

第三，生态社会主义是解决生态危机的出路。生态学马克思主义将生态学与马克思主义理论结合，就如何解决现代生态危机的现实问题，提出"生态重建"的口号，意图对资本主义社会体系进行生态现代化的变革，以生态社会主

---

① 陈学明，吴松，远东主编：《痛苦中的安乐——马尔库塞、弗洛姆论消费主义》，昆明：云南人民出版社 2008 年版，第 12 页。

义社会取代资本主义社会，根除生态危机产生的土壤。那么，生态学马克思主义所提出的生态社会主义社会是什么样的社会呢？或者如何去构建生态社会主义呢？生态学马克思主义认为需要进行四个方面的根本性变革。

首先，生产模式的"分散化"。要改变以追求经济无限增长为目的的日益庞大和集中的工业生产体系，建立一种既满足个人的需要，同时又不损害生态系统，使人和自然得到和谐发展的"稳态经济"模式。"即将来临的生态灾难迫使我们重新思考工业化的生活方式，使我们转而采取一种较分散、放慢增长速度的社会经济组织形式。"① 这就要求在生产过程中实施小规模中间技术，把现代技术分散地运用于环境之中，从而改变个人对庞大的工业经济制度结构的依赖，改变当代资本主义社会那种"人们集中居住在城乡的多层高楼中，其能源供应、食品和其他必需品以及废物的处理都依赖复杂而庞大的系统"的高生产、高消费的生活方式，建立一个"较易于生存的社会"②。

其次，生产管理的"非官僚化"。要变革高度集中的资本主义管理体系和权力关系，让工人直接参与经济决策和经济管理过程，使人们从官僚化的组织系统中解放出来。其目的在于通过实现工人自治，激发工人劳动的积极性和创造性，体会劳动创造的欢欣，从而将自由和价值的体验寄托于劳动过程中，破除劳动和闲暇时间二元对立的价值观，改变把满足寄托于消费活动中的做法，避免异化劳动以及为逃避异化劳动而产生的异化消费。再次，文化价值观的"生态化"。阿格尔强调，异化消费由于受生态系统有限性的制约，是不可能长期持续下去的，这使得人们希望沉溺于异化消费中体验自由和幸福的期望必然会破灭，他称之为"期望破灭的辩证法"。这就要求人们建立一种新的消费价值观和需要价值观，减少自己的非必要需求，重新思考自己的需求方式，打破对受广告操纵的消费的全面依赖，改变那种把幸福完全等同于满足物质消费的陈旧观念，树立人的满足在于生产活动而不在于消费活动的价值观念，把劳动看作是幸福和自由的源泉。

最后，革命道路的"非暴力化"。"在资本家仍然控制国家的情况下，试图

---

① ［加］本·阿格尔：《西方马克思主义概论》，慎之等译，北京：中国人民大学出版社1991年版，第496页。

② William Leiss. *The Limits To Satisfaction* ［M］. McGill – Queen's University Press，1988，P106.

用暴力推翻资本主义几乎是不可能的。"① 而且今天的无产阶级和白领雇员一样迷恋消费主义，因此要"彻底放弃关于无产阶级革命或先锋作用的幻象"②。实现生态社会主义"重点应该放在生态社会主义运动而不是一般意义上的政党"③，通过发起连续不断的提倡简单生活方式的运动，"用'教育'和'示范生活'的方式提高群众的觉悟"，④"激发人民的平等、正义感，呼吁第三世界的团结，注意去关心子孙后代的利益"⑤。例如，建立自治性的生态示范区，为人们展现崭新的绿色生活，逐步变革资本主义社会。

二、西方生态思想的辩证吸收与合理借鉴

英、美、德、法等西方发达国家是工业文明所致环境问题的最早受害者，也是环境治理和生态保护的最早觉醒者。18 世纪末以后，伴随着西方环境保护运动的兴起，生态文化在西方孕育和发展，并在 20 世纪 80 年代后得到了系统全面的发展，对当代人类面临的严重环境问题提出了很多有价值和令人深省的见解，对于改善西方生态环境也起到了明显作用。我们应该以海纳百川的宽广胸怀，以兼收并蓄的态度汲取西方生态文化的养分，正如毛泽东强调，"世界上所有国家的有益的东西，我们都要学"⑥，"应当尽量吸收进步的外国文化，以为发展中国新文化的借镜"⑦，因为"每个民族都有它的长处，不然，它为什么存在？为什么发展？"⑧ 但是我们也要看到，西方生态文化根植于在西方的文化土壤，并不一定完全适用于中国，而且西方生态文化中还存在一些偏激和错误的观点，因此我们不能无条件地照搬和全盘吸收西方生态文化，必须以辩证的态度，合理借鉴其中适合中国生态文明建设的有益成分，并根据具体条件加以

---

① ④　D. Perper. *Ecological Socialism：From Depth Ecology to Socialism*［M］. London：Routledge，1993，P232.

②　［德］萨拉·萨卡：《生态社会主义还是生态资本主义》，张淑兰译，济南：山东大学出版社 2012 年版，第 238 页。

③ ⑤　［德］萨拉·萨卡：《生态社会主义还是生态资本主义》，张淑兰译，济南：山东大学出版社 2012 年版，第 237 页。

⑥　《毛泽东文集》（第七卷），北京：人民出版社 1999 年版，第 192 页。

⑦　中共中央文献研究室：《毛泽东著作专题摘编（下）》，北京：中央文献出版社 2003 年版，第 1583 页。

⑧　《毛泽东文集》（第七卷），北京：人民出版社 1999 年版，第 41 页。

采用，使之适合中国的实际，同时对于其中不合适甚至错误的观点要予以批判和舍弃，"我们中国人必须用我们自己的头脑进行思考，并决定什么东西能在我们自己的土壤里生长起来"①。

（一）积极吸收西方生态文化的有益成分并进行中国化改造

事实上，我国 20 世纪 70 年代初期最早意识到自身的环境问题就是受到联合国第一次人类环境会议的直接启发。改革开放以来，中国代表团多次参加国际环境会议并对其他国家进行考察，全球环境治理的最新理念、现代制度和市场机制被带回国内，20 世纪我国的"清洁生产行动计划"、可持续发展战略、"中国 21 世纪议程"以及 21 世纪以来的"工业绿色发展规划""应对气候变化国家方案"等，都是与国际接轨的体现；工业"三废"排放标准、排污收费、环境影响评价、环境监测、绿色金融等具体机制也是参考世界各国标准、结合中国国情创造性转化而来。比如，借鉴西方环境市场主义"污染者负担原则"，中国于 1978 年提出了实施排污收费制度，1979 年颁布的《中华人民共和国环境保护法（试行）》正式规定了该制度，此后，在《大气污染防治法》《水污染防治法》《固体废物污染环境防治法》《环境噪声污染防治法》等法律中都对这项制度做出了规定。1982 年国务院发布的《征收排污费暂行办法》和 1988 年国务院发布的《污染源治理专项资金有偿使用暂行办法》，对排污收费的征收对象、征收范围、征收标准、收费计算方法、排污费加收和减免、征收程序以及排污费的管理和使用等做出了详细的规定。目前，这项制度已经在全国所有省市（县）全面开展实施，成为我国一项比较成熟的、行之有效的环境管理制度。再比如，我国引入西方环境经济学、环境哲学、生态学马克思主义的前沿成果，极大地拓展了我国生态文化的建设领域。总之，生态环境问题是人类需要共同面对的全球性问题，我国必须以全球视野开展生态文化建设，只有深化国际交流和务实合作，学习借鉴其他国家环境治理的创新理论和实践机制，分析他们在理念构思、制度设计和实施效果等方面的异同，探究他们在环境治理体制机制执行方面的成败，归纳他们具有普遍意义的有益经验，结合中国的国情，吸收、转化并融于环境治理实践之中。如此，我国生态文化才能在与世界生态文化的交流互动中与时俱进、取长补短、求同存异，不仅推动本土生态文化的繁

①　《毛泽东文集》（第三卷），北京：人民出版社 1996 年版，第 192 页。

荣发展，而且使得中国生态文化更容易被其他文明理解，由此扩大中国生态文化的话语影响力，为全球生态环境治理贡献中国智慧。

（二）批判和摒弃西方生态文化中的不合理思想

自西方社会生态觉醒以来，人类中心主义成为西方生态文化深刻反省的重要对象，西方生态文化呼唤人类站在整体论的立场上，重新审视和评定人的价值，以此来消解人对自然的支配地位，这种思想显然具有进步和合理意义，但是西方生态文化又有走向另一个极端的倾向。比如生态中心主义者认为，相对于其他存在物来说，人类并不具有特殊的权利，人类没有理由高居于自然之上成为自然之价值的仲裁者，人类必须摒弃控制自然的科技工具和工业生产。这种思想看上去极富生态色彩，其实是违背人类常识的荒谬逻辑。

首先，生态中心主义放弃人类主体地位，最终会把人类推向坟墓。生态系统中每个生物都有自己的生存方式，如用尖齿利爪来捕食，或有厚皮丰毛来御寒。但是，人类在这些方面都"先天不足"，如果坐等大自然的恩赐，完全听任自然摆布，无异于倒退至荒蛮时代，甚至被猛兽吃掉。所以，人类只有成为能够主宰自然的中心时才能生存和发展。退一步说，承认动物可以按照需要捕食其他动植物，而单单要求人类无条件放生，这也是不公平的。

其次，生态中心主义抹杀人的社会性和能动性，实际是否定人类保护生态的权利和能力。人之所以为人，是因为人具有其他动物所没有的认识世界和改造世界的主体意识与理性思维能力。"动物只生产自身，而人再生产整个自然界"[1]，"动物仅仅利用外部自然界，简单地通过自身的存在在自然界中引起变化；而人则通过他做出的改变来使自然界为自己的目的服务"[2]，"我们对自然界的整个支配作用，就在于我们比其他一切生物强，能够认识和正确运用自然规律"[3]。正是在按照美的规律改造对象世界的过程中，人才真正地证明自己是类存在物，地球才因此变得丰富多彩。因此，人类既然是唯一具有能动性的类存在物，就应该理直气壮地竖起"人类中心"的大旗，责无旁贷地担负起应该承担的义务，包括保护其他物种、维系生态平衡等。实际上，如果把人类从

---

① 《马克思恩格斯文集》（第1卷），北京：人民出版社2009年版，第162页。
② 《马克思恩格斯文集》（第9卷），北京：人民出版社2009年版，第559页。
③ 《马克思恩格斯文集》（第9卷），北京：人民出版社2009年版，第560页。

"中心"降格到普通物种的地位，却又要求人类肩负起"中心"应有的关心其他物种生存权的道德义务，这本身就是矛盾的。诚然，囿于认识能力有限等客观因素，人类在改造自然界的过程中会对自然生态系统造成破坏，但是人的发展就是不断认识自然规律从而克服局限性和盲目性的过程。"事实上，我们一天天地学会更正确地理解自然规律，学会认识我们对自然界习常过程的干预所造成的较近或较远的后果"①，人类终会逐步地从必然性的束缚中解放出来，向人与自然和谐发展的自由王国飞跃。

再比如，西方部分生态经济学者认为，世界上可耕种土地、能源储量和污染承载能力都是有限的，因而财富的增长并不是无限的，人类社会实现永续发展就要遏制目前无限增长的经济发展速度，在预测人们基本消费需求的基础上，将经济规模收缩控制在某一范围之内，此后便维持经济零增长的稳定状态，以使人类生产消费的物质流与生态系统保持平衡。稳态经济的观点也得到了阿格尔、威廉·莱斯、萨拉·萨卡等生态学马克思主义者的认可，他们在稳态经济的前提下建构了未来生态社会的基本框架：有计划地缩减工业生产，降低社会生产率；拆除庞大的工业经济体系，发展小规模技术，甚至以手工劳动代替现代化大生产；人们必须学会"承受比今天还低的生活水平"④。稳态经济提醒人们在自然资源承载力的范围内开展经济活动，但是这种观点存在明显的缺陷。

第一，从社会发展逻辑而言，依据马克思恩格斯在《共产主义原理》中的阐释，未来社会最终将走向社会化集体大生产的共产主义，稳态经济所提倡的是一种小国寡民式的经济单位，显然不符合社会发展的客观规律，因而是一种开历史倒车的想法。第二，从社会现实而言，因人口寿命延长等原因，世界人口的数量在增加，从而对经济总量的需求也在增长，如果只求产品产出和经济的零增长，则根本无法满足人类的基本生存需要。更何况稳态经济还要求减少现有的经济规模，罗斯科等要求减少至十分之一⑤。我们完全可以预计，当这种减少开始时，相当大一部分的工厂、机器和工人将面临多余过剩状态，紧接

---

① 《马克思恩格斯文集》（第9卷），北京：人民出版社2009年版，第560页。
④ ［德］萨拉·萨卡：《生态社会主义还是生态资本主义》，张淑兰译，济南：山东大学出版社2012年版，第248页。
⑤ ［德］萨拉·萨卡：《生态社会主义还是生态资本主义》，张淑兰译，济南：山东大学出版社2012年版，第204页。

着就是一个伴随着高失业率的严重经济危机和犯罪率飙升的社会动荡。第三，从伦理道德而言，全球贫富悬殊巨大，许多发展中国家尚在贫困线以下挣扎维生，如果要求他们保持经济零增长，那些拥有世界绝大多数人口的发展中国家将永远看不到解决温饱问题的希望。因此，只能公正地说，稳态经济是一种野蛮理论，它否认地球上的所有人类对一种合乎人生活要求的平等权利。它要把世界上的大多数人宣判到野蛮人的物质水平上，而其他享受过丰裕物质的幸运的少数，也被宣判到野蛮人的道德水平上。事实上，那些赞成稳态经济的学者最后也承认，稳态经济的措施很难奏效，因为生态系统异常复杂，我们无法精确计划与生态环境承载完全匹配的经济发展规模控制在何种程度是最适合的。"尽管必然性要求一种稳态经济模式适应，但是人类社会可能无法做到这一点"①。

总之，西方生态文化中反对工业经济增长、反对科技大规模广泛运用，以降低人的生活质量甚至剥夺人的发展权利为代价来保护生态环境的激进生态观，本质上是将自然环境与人类社会对立起来。我们不是为保护环境而保护环境，保护环境是为了更好、更持久地利用自然环境，推动人类社会不断向更高形态发展。只有秉承科学的生态文化，才能实现"人同自然界的完成了的本质的统一""人的实现了的自然主义和自然界的实现了的人道主义"②。

（三）深刻认识西方生态文化思想背后的本质逻辑

进入 21 世纪，在全球日趋严峻的生态危机背景下，西方生态学马克思主义成为西方社会的一个重要思潮。很多人望文生义，以为这是马克思主义在 21 世纪的继承发展，认为生态学马克思主义会像一百多年前的马克思、恩格斯一样，对资本主义进行深刻批判并起到指导社会变革的重要作用。诚然，生态学马克思主义不仅重新审视了资本主义与生态环境的冲突，对生态危机的本质及根源做出了科学合理的解释，而且还提出了解决生态危机的生态政治战略和生态社会主义理论构想，给人类社会进步提供了具有重要参考价值的思想资料，对于全球未来的发展予以深刻的启示。但是，我们要看到，西方生态学马克思主义大多数主张在不改变资本主义制度的前提下，利用生态学、经济手段和技术改

---

① ［德］萨拉·萨卡：《生态社会主义还是生态资本主义》，张淑兰译，济南：山东大学出版社 2012 年版，第 289 页。

② 《马克思恩格斯文集》（第 1 卷），北京：人民出版社 2009 年版，第 187 页。

进来改良资本主义，与经典马克思主义作家设想的社会主义目标相去甚远，并不是真正意义上的生态社会主义，而是生态资本主义。他们将生态危机置于首要地位，这种界定用生态危机代替经济危机和政治危机，用人与自然的矛盾取代资本主义社会的主要矛盾，模糊或转移了资本主义社会的阶级斗争，其建设生态社会的主要出发点是为了缓和资本主义社会矛盾。生态学马克思主义不仅不能正确解读社会矛盾和现象，而且也决定了建立在此理论基础上的生态社会主义实现路径的虚幻性。马克思主义告诉我们，资本主义不会自动灭亡，只有联合起来的生产者通过革命推翻资本主义，才能建立新世界。资本主义的根本目的是为了追逐利润最大化，不可能奢望它会出于生态文明建设的目的而主动改变其经济增长模式，因此在不根本变革资本主义的前提下，资本扩张的本性与生态文明建设存在根本冲突，在资本主义基础上不可能建设真正的生态文明。

此外，还有一些人认为，西方发达国家目前良好的生态环境得益于先进的环保技术和管理经验，是经济高度发达的结果，这些人会借用西方的环境库兹涅茨曲线来解释环境污染是经济发展的必然代价，当经济发展到一定临界点后，环境就会随着经济增长而逐渐改善。这是一种典型的经济决定论观点，我们要用历史的眼光清晰认识到，发达国家今天表面看上去优美的生态环境是以把全球自然界作为"水龙头"和"垃圾场"的生态扩张和掠夺换来的，是帝国主义在生态危机时代的变形发展，有学者称之为生态帝国主义。如今面对资源枯竭和环境破坏的生态危机，我国已没有机会得到发达国家曾经在工业化进程中的"来自穷国的馈赠"，当然作为世界上最大的发展中国家和社会主义国家，我们也不可能将成本外部化，向其他发展中国家转嫁环境污染。因此，诸如环境库兹涅茨曲线等理论在表面的经济数据下建立的数理模型存在严重漏洞，在中国是否适用还存在争议，我们不能偏信，更不能以此理论为依据理直气壮地以发展经济为由廉价出口原材料和引进国外污染产业，避免落入发达国家生态帝国主义的陷阱。

第二章

生态文化建设的公共服务机制

生态文化，顾名思义是关于自然生态的文化。依据政治经济学的公共产品理论，文化和自然生态都是典型的公共产品，关乎社会的民生福祉。作为两者有机结合的生态文化相应地必然具有显著的公共属性，与广大人民群众的公共利益直接相关。提供有效的公共产品以满足社会需求是政府的基本职能和职责，也是政府合法性存在的依据。生态文化建设应该首先考虑发挥政府的公共服务职能，促使政府提供普遍的、公平的高质量生态文化公共服务，并着力强化其他公共文化服务的生态化导向，不断满足新时代人民群众日益增长的对良好生态环境和高层次文化服务的美好生活需求。

第一节　生态文化的公共属性

生态文化具有显著的公共性质，这是由文化的公共性和生态环境的公共性所决定的。所谓公共性是相对私人性而言，经济学根据物品的属性和特征，把人们消费的物品划分为两种类型——公共物品和私人物品，其区分的标准是是否具有排他性和竞争性。排他性是指物品归某类消费人群所拥有，并把其他消费者排斥在获得该商品的利益之外，换句话说，具有排他性的商品，只有付过钱的人才可以使用。竞争性是指当一个人消费该商品时，会减少其他人对这种商品的效益，或者说，消费者或消费数量的增加引起的物品的生产成本的增加。同时具有排他性和竞争性的产品就是私人产品，如食物、住房等人们需要到市场上购买并拥有完整清晰个人产权的物品。美国经济学泰斗萨缪尔森认为，同时具有非排他性和非竞争性的物品则是公共产品，比如路灯、国防等，某人在消费这类产品的时候，并不能排除其他人消费这一物品（不论他们是否付费），或者排除的成本很高，而且也不影响别人消费该产品的效用。换句话说，大家可以同时享用该产品的效用。当然，还有一些产品介于公共产品和私人产品之间，它们或者只具有非排他性，或者只具有非竞争性，如海洋中的鱼具有非排他性但却具有竞争性，任何人都可以打捞，但是鱼的数量是固定的，当打捞者的拥挤量达到一定程度时，打捞者之间势必会产生消费机会的竞争，所以具有竞争性。再比如，网络信号具有非竞争性但却具有排他性，每个人上网都不会对其他人造成消费机会的影响，但是如果上网的人太多，就会使网络崩溃，因此必须要采取一定的措施如收费、办证、资格限制以避免"搭便车"的人数过度，所以具有排他性。公共选择理论之父布坎南补充提出，只具备两个特质之一的物品也属于公共物品范畴，可称之为准公共物品、非纯粹公共物品或混合公共物品，如表 2-1-1 所示。

表 2-1-1 产品属性分类

分类	属性	举例	投资主体
私人产品	排他性和竞争性	食物、汽车、住房	社会资本
准公共产品	非排他性但竞争性	海洋的鱼	政府补贴吸引社会资本
	非竞争性但排他性	高速公路、网络、地铁	
公共产品	非排他性和非竞争性	国防、路灯	政府

一、文化的公共属性分析

文化天然地具有"公共性"，各种学说对文化的概念界定和功能阐述，本质上就是对文化公共性功能的阐发。文化，就词的释意来说，文就是"记录，表达和评述"，化就是"推广"，《周易》说"观乎人文，以化成天下"，提出以"文"化"天下"的理想，可以认为是关于文化公共功能的最早阐述。汤普森指出，"到 19 世纪早期，'文化'一词用来作为'文明'的同义词或者在某些情况下作为对照。'文明'一词源自拉丁文'*civilis*'，是指公民或属于公民的意思"①。这说明，文化是公共生活的一部分，是存在于公共生活领域中的东西，没有公共性就没有文化。韦伯把新教伦理看成是资本主义社会发展的决定性力量；帕森斯和斯梅尔塞的功能主义经济社会学理论认为文化对社会具有系统维持功能；诺思认为文化作为一种非正式制度，在很大程度上塑造了社会中的人；联合国教科文组织在2001年11月通过的《世界文化多样性宣言》中强调："文化物品和文化服务不同于一般的商品，因为它们体现的是特性、价值观和观念，不应被视为一般的商品或消费品。"可以认为，公共性既是文化发生的原因亦是其天然独具的品质和特性。

文化的公共性体现在非排他性和非竞争性两方面。文化的非排他性主要表现在：一方面，对于公共文化服务设施而言，公民无须为此直接支付成本也能够使用。另一方面，个人消费文化产品所获得的情感上的愉悦、精神层面的提升，是无法排除其他消费者也享有同样的收获的，即个人无法独占文化产品的内容包含的精神层面上的所有权。比如，消费者可以独占某本书的物权，但是无法独占这本书所包含的知识。文化的非排他性还表现在，不论供给者的意愿如何，都无法排除他人对公共文化产品的消费和享用。即便可以实现排他，成本也十分高昂，或是在技术上无法实现。由此可见，文化产品的物质性可以实现排他性，但其精神层面却对难以排除他人的共享，尤其是网络的普及带来的开放性，在技术上难以实现排除。

文化的非竞争性主要表现在：一方面，在文化产品的生产过程中，每增加一个单位的产量，大多数文化产品的生产成本是不会随之增加的，或者其增加的成本可以忽略不计。比如图书馆，在其最大容量到达前，新增的借阅者对图书馆的建设和日常运营成本影响甚微。另一方面，某个消费者获得了文化产品的使用或者信息内容，也很少会影响其他消费者消费该产品的机会，例如博物馆，任何一个参观者都无法影响其他参观者的消费或使用。

总之，公共文化产品包括纯公共文化产品（譬如公共电视）和准公共文化产品（譬如博物馆），不论是纯公共产品还是准公共产品，都证明了文化具有公共属性。当然，还有一些文化是具备排他性和竞争性的私人文化产品，比如文

---

① 吴福平，范柏乃：《文化的公共性与公共财政政策选择研究》，《公共管理与政策评论》，2013年第4期。

物，不支付费用的消费者无法成为文物的拥有者，而拥有者也会导致其他消费者对其物权上的丧失，这体现了其排他性的特征；每增加一批消费者都会造成其他消费者购买机会的减少，竞争性由此产生。这种精神文明"私有化"的产品，既能最大化地满足个人精神层面的需求，同时在文化市场的运行中也起着非常重要的经济作用，这是另一个层面讨论的问题。既然文化具有显著的公共性，那么生态文化作为文化的一个细分类别，当然也具有公共属性。

二、生态环境的公共属性分析

按照学界对于公共产品非排他性和非竞争性的理解，阳光、空气等构成的生态环境人人都能享用，且每个人的享用丝毫不影响他人的享用，具备明显的非竞争性和非排他性特点，当然属于萨缪尔森意义上的纯粹公共物品。水源等提供资源服务和能源汲取的生态环境具有一定程度的排他性，但又有消费上的非竞争性特征；土地等提供居住、工作和娱乐等空间服务的生态环境具有一定程度的竞争性，但又有受益上的非排他性特征。此两类生态环境属于布坎南意义上的准公共物品、非纯粹公共物品或混合公共物品。无论是属于纯粹公共物品，还是属于混合公共物品，生态环境都应该是一种公共物品。

同时，地理环境是一个有机的整体。我们知道，地球表面组成自然地理环境的大气、水、岩石、地貌、生物和土壤等要素，通过大气循环、水循环、生物循环和地质循环等物质运动和能量交换，彼此间发生着密切的相互联系和相互作用，构成了地理环境的整体性。地理环境的整体性还表现在某一要素的变化会导致其他要素甚至整个环境状态的改变。例如，陆地表面的森林植被对地理环境的影响是显而易见的，特别是热带雨林具有平衡大气成分的作用，它一旦遭到破坏，将会引起全球气候变化，并导致整个生态环境的失调。相反，植树绿化可以调节局部小气候，改善水土状况，促进整个生态环境良性发展。再如，人类大量开采使用煤、石油、天然气等矿物燃料，使地壳中的碳元素减少，导致大气中的二氧化碳等气体增多，大气保温效应加剧，全球气温升高、气候变暖，引起两极冰雪融化，海平面上升，淹没沿海陆地。由此可见，任意区域的生态环境变化具有全球范围内"牵一发而动全身"的作用，生态环境具有更广泛意义的公共性。20世纪中期世界发达国家的环境污染问题取名为"公害"就是源于生态环境的公共属性。在全球生态危机背景下，环境污染成为关乎人类生存和发展的关键问题，生态环境是世界最大和最重要的公共物品，"贫困是等级制的，化学烟雾是平等的"，生活在同一片天空下的所有人，无论信仰民族，无论贫富阶层，无一能幸免污染灾难，生态环境的改善则使大家平等共同享受优质资源。正如习近平视察海南时指出："良好生态环境是最公平的公共产品，是最普惠的民生福祉。"①

　　综上所述，文化的公共属性和生态环境的公共属性从双重意义上决定了生态文化的公共性。由于生态文化产品具有公共产品属性，而对公共文化产品正常生产、运营的维护，离不开政府职能的发挥。就纯公共文化产品而言，其同时具有非排他性和非竞争性，任何人都无法排除他人而独占其精神享受，消费者共享同一文化产品也不会产生利益冲突。纯公共文化产品的这些特征，决定了市场经济主体很难从中得到合理的回报，因为消费者可以实现共享，用户无须负担任何成本就可以"搭便车"，因而私人部门对提供这类文化产品缺乏积极性。再加上文化产品前期投入或固定投入巨大，一般的企业或者不具备雄厚的经济实力，或者不具备相关的技术能力，因而私人部门很难生产和提供文化公共服务。就准公共文化产品而言，其也具有部分公共产品属性，供给者在生产的过程中不仅要考虑经济效益，还要考虑文化产品本身的社会效益，而追求社会效益就有可能造成文化产品在市场中收益有限，如果完全交由市场承担其供应，不仅可能出现负外部性、资源配置失衡、垄断等问题，同时其供应也不一定能得到保证，尤其是供应的质量方面。可见，无论是纯公共文化产品还是准公共文化产品，市场都不愿意或者很难提供足够的产品，而公众又对其有较为强烈的需求，公共文化产品的市场失灵问题就由此而生。这就客观上要求政府或者直接承担起纯公共文化产品的供应职能，或者对准公共文化产品的生产进行扶持，才能满足公众对生态文化产品的强烈需求，更好地发挥文化产品的社会效益，而且政府所拥有的强大财力、物力以及资源支配能力，也决定了政府能起到保证充足供给的作用。

---

① 中共中央文献研究室：《习近平关于全面深化改革论述摘编》，北京：中央文献出版社2014年版，第107页。

第二节　生态文化公共服务的主要内容

生态文化的公共服务是指在政府主导下，通过以公共财政为主、其他社会资源为辅，公共文化机构为主、其他文化机构和社会组织为辅的共同建设，为全体国民提供普及生态文化知识、传播生态文化理念、满足人民群众生态文化需求的各种生态文化公共产品和服务能力的总和。依据文化服务的形式和载体，生态文化公共服务的内容大致包括生态文化公共基础设施和生态文化公共服务能力两个方面。

一、生态文化公共基础设施

基础设施是文化服务的硬件条件和物理载体，所有的文化活动和文化服务都是在基础设施的平台上开展。没有基本的文化设施，文化建设就是无米之炊、空中楼阁。依据硬件设施的历史基础和现实功能，著者认为生态文化公共基础设施包括以下三类。

（一）生态文化科普场所

生态文化科普场所是指以提高公众生态素质为目的、常年对外开放、设有专门的科普小标识、科普宣传栏、科普馆等生态知识教育设施和场所。包括以森林、海洋、湿地、荒漠等典型的生态系统为特色的博物馆、科普馆、标本馆、体验中心，以及科普步道、科普长廊、宣传亭等。比如海洋博物馆，陈列虾、蟹、海星、海参、牡蛎、海葵等各种珍奇的海洋动植物；陈列世界上各个民族各式各样奇特的捕鱼工具，以及从各个海洋捕获的有经济价值的鱼类、海兽、海鸟的肉、动物油、皮及其化学制剂，用于农业的鱼肥、可当饲料的鱼粉等；以直观的方式展示着不同深度下水的特性、水温、水压和气体状态，展示地球上各大海洋的立体模型，全方位展示人与海洋的共生关系，帮助人们树立海洋文明价值观。再比如，位于杭州市余杭区的中国江南水乡文化博物馆，建设总面积8000余平方米，这是一座既反映余杭历史，又以闻名于世的良渚文化为切入点展示中国江南水乡文化和民俗风情的博物馆，是人们了解良渚文化和余杭历史、解读整个江南水乡文化现象及其成因的重要窗口。江南水乡文化博物馆陈列包括"吴越春秋""江南市镇""水乡风情"三部分内容。采用"感性入、理性出"的手法，把江南地区有代表性的纹案、构件的造型转化为设计要素，成为陈列评议的一部分，再与相关器物相配合，介绍了江南水乡形成的原因、地理景观特征及对文化的意义，并通过历史叙述的方式介绍江南如何从一个最荒凉落后的地区变成中国最繁荣、最发达和最文明、最具现代感的地区，以及这一地区在中国文明构成中的地位。

（二）生态文化遗迹地

文化遗迹地是指具有一定科学、文化、历史、教育、观赏价值的自然或人文景物、现象及其保留或遗迹地。按形成原因，可分为人类改造利用自然过程中留下的自然遗迹和昭示人与自然和谐关系的人文遗迹。比如，体现生态农业和循环农业的传统农耕景观。稻田养鱼在浙江青田县至少有1200年的历史，这种耕作方式，不施化肥，不打农药，稻鱼双收。在田里，水稻可为鱼类提供遮阴和有机物质，而鱼类又通过搅动增氧、吞食害虫、排泄肥田而有益于水稻生长。这种传统农耕景观对于可持续农业发展提供了一条可借鉴之路。天坛和地坛是古代帝王祭拜天地、祈祷风调雨顺的设施，体现了农耕文明时期朴素的生态观，也是生态文化遗迹的重要组成部分。再比如，云南红河州有1300多年历史的哈尼梯田。哈尼人的村寨都建在半山腰，村寨的上方有茂密的森林作为水源地，村寨的下方是梯田。森林中渗出水流，通过自成一体的灌溉网络通向村庄，再流入梯田，最后再以田为渠流向河谷。哈尼梯田的壮观、美丽和梯田建造与维护中的巧夺天工令世人瞩目，而哈尼人的宗教习俗、乡规民约、民居建筑、节日庆典、服饰歌舞、饮食文化等，也无不以梯田为核心，处处渗透出天人合一的梯田生态文化理念。在传统生态文化遗迹中，值得一提的还有风水林。风水林的产生是古代人基于培护"龙脉"的目的，进行人工栽植或保护天然生长的林木而形成和保留下来的。风水林主要有村落宅基风水林、坟园基地风水林、寺院风水林等基本类型。在我国56个民族的传统文化中，对树的崇拜无处不在。几乎所有的民族都在自己居住的村寨边，选定一片葱绿茂密的树林或山林作为风水林或神山。村寨的男女老幼对神山和风水林至尊崇拜，严禁任何人砍伐和破坏。村中的参天古树也往往被选为风水树和神树，加以崇拜和保护。

这种悠远的文化通过村规民约传承下来，体现了中国民族朴素的自然观，客观上保护了森林资源的完整性，促进了森林文化的保存和延续，是生态文化的重要载体。

（三）生态文化休闲园地

将生态文化的理念融入休闲游憩园地建设中，具有潜移默化和寓教于乐的效果。生态文化休闲园地包括具有重大生态功能的自然保护区、湿地保护示范区、国家公园等，富有地域特色的城郊森林公园、湿地公园、沙漠公园、草原公园、海洋公园、湖泊公园、地质公园等，城市生态养生园林、文化休闲街区、健身步道等，以及美丽村落、乡村休闲旅游示范区，提供人类亲近自然的场所、清洁的空气和水源、绿树成荫鸟语花香的宜居环境，让游客通过亲身体验，从中感受到大自然的乐趣，树立热爱自然、尊重自然、保护自然的感情和理念。比如，规划面积 1700 亩的西安城市生态公园，主要分为生态涵养区、城市公共服务区、台塬坡地运动休闲区、森林湿地游赏区和城市阳台活动区五大功能区，公园中间是一个可以容纳上万人的绿色草坪，四周星罗棋布几十个不同植物种类的园区，花草品类多达上百种，兔子、刺猬等小动物在公园中休闲自得地蹦跳穿越，折射出人与自然和谐共生的喜人局面。

二、生态文化公共服务能力

如果说公共基础设施是生态文化公共文化服务的硬实力，那么服务能力则体现生态文化公共文化服务的软实力。仅有基础设施，没有与之匹配的服务能力，不仅达不到生态文化的育人效果，而且还会导致生态文化基础设施的荒废，造成国家物力和财力的大量浪费。任何服务都是在一定空间内围绕具体活动开展的，依据文化活动的基本要素，生态文化公共服务能力包括以下几个维度。

（一）生态文化公共服务形式的丰富性

活动的形式是衡量服务创新的重要指标，也是保持服务吸引力的重要因素。生态文化公共服务形式与服务内容、服务对象等密切相关，不同的生态文化展示内容和对象，要求的展示形式不同。比如，根据不同年龄层次和知识需求的人群，和高校等科研单位搭建交流平台，在社区、学校、农村，有针对性地结合热点环境问题开展生态科普活动，让这些地方成为生态科普场馆的延伸，实现提高公民生态素养的目的；在植树节、国际森林日、世界环境日、湿地日、荒漠化日、生物多样性日、全国低碳日等重要纪念日，组织开展生态文化主题活动；开发本地区的生态文化资源，组织绿化博览会、林博会、花博会和生态旅游节、竹文化节、海洋文化节、海上丝绸之路国际艺术节等大型公益活动；开展保护母亲河、中华环保世纪行等主题活动；推进国树、国花、国鸟和市树、市花等评选命名活动；联合文联、作协、美协、音协、影协等文化团体，组织文艺工作者深入基层，开展人民群众喜闻乐见的生态摄影、文学、书画、影视、动漫、音乐等各类文艺作品展演活动，支持优秀生态文化作品的收藏和推介，全面展示生态文化建设的优秀成果。

（二）生态文化公共服务内容的周密性

服务内容尤其是服务细节的细致度，直接关系人们的体验感受，关系文化产品的服务质量。比如，公共基础设施运行安全，场内厕所、长椅等设施整洁和便利，人们到达生态文化公共场地交通便捷，生态公园、生态科普馆等生态文化准公共产品收费合理，餐饮卫生，导游业务素质过硬，解说内容细致深入，解说语言生动有趣，人均空间合适等。总之，活动场地应提供优美、舒适、便利的参观环境，力图让人们在体验自然之美之余，欣赏科学之美、感受人文关怀。

（三）生态文化公共服务手段的先进性

科学技术的发展使得人们对包括生态文化在内的文化服务提出了更高要求，传统的单一陈列式展示方式已经不能满足人们对生态设施体验的渴求，必须利用现代先进技术，实现多手段集成控制技术和综合演示技术的突破，利用集成技术把各种信息媒体技术、声光电及其控制技术、数字内容创意策划等综合在一起，通过演示、体验、感受等手段表现出来。比如，把经典展品与新的展示形式经过数字化处理后制成多媒体知识库，通过提示讲解、知识测试、表演示范、互动参与、人机交互等方式，注重方法引导和过程实践，通过观众与生态文化展品的交流使人们更全面地体验自然、了解生态，让公众在接受生态知识的同时，接受切身深刻的生态价值观教育。

第三节　我国生态文化公共服务的现状和问题

　　生态文化公共服务是文化公共服务的一部分。我国文化公共服务是在文化体制改革的基本框架中应运而生的。改革开放之前，我国没有公共文化的概念，所有文化事业都是沿袭苏联计划体制在政府自上而下的指令性包办模式下运行，形式单一、内容单调，再加上经济水平十分落后，在物质需求尚未满足的情况下，群众文化参与性不高。改革开放之后，尤其是党的十四大之后，社会主义市场经济体制的确立使我国文化政策进入战略调整期。文化市场政策相继出台，文化事业单位职能进一步分化，这又走入了另一个极端，一些地区唯产业马首是瞻，使得公益性文化服务职能减弱甚至丧失，纯公益性的文化事业单位数量锐减，文化馆、纪念馆、群艺馆、图书馆等公共设施大多挣扎在生死存亡线上，还有的地方采取"两张皮"措施，既有公益又有产业，弄得不伦不类，既没有使文化自身的公益职能得到发挥，也没有在市场竞争格局中获得一席之地，造成了资源的极度浪费。而这一时期，在城乡居民收入水平大幅度提高、温饱基本满足的基础上，人民群众的精神文化需求日益觉醒，群众日益增长的文化需求与落后的文化供给之间的矛盾凸显。那么，如何正确认识文化产品的社会属性和商品属性的关系，如何科学划分文化建设政府职能与文化市场建设的界限，形成多层次、多元化的文化发展格局，满足不同群体日益增长的文化需求？在过去两种极端文化政策的反思中，我国提出了公共文化服务的理念。

一、我国生态文化公共服务的成就

　　2002 年 3 月 5 日，时任总理朱镕基向第九届全国人民代表大会所作的《政府工作报告》中提出"要加强图书馆、博物馆、文化馆、科技馆、档案馆等公共文化和体育设施的建设"①，表明政府在市场经济的条件下开始重视公共文化服务体系的建设。2002 年 11 月，党的十六大明确了发展文化事业的重要性，特

---

　　①　朱镕基：《政府工作报告——2002 年 3 月 5 日在第九届全国人民代表大会第五次会议上》，北京：人民出版社 2002 年版，第 31 页。

别提出"大力发展公益性文化事业，加强公共文化基础设施建设，为全社会提供更加完备的公共文化服务，保障人民群众的基本文化权益"①。2005 年，党的十六届五中全会通过的《中共中央关于制定国民经济和社会发展第十一个"五年规划"的建议》明确提出了"逐步形成覆盖全社会的比较完备的公共文化服务体系"② 的战略规划，标志着我国全面系统提出"公共文化服务"的内涵，并将加强公共文化服务作为文化建设的重要组成部分。2006 年 9 月，《国家"十一五"时期文化发展规划纲要》指出："以实现和保障公民基本文化权益、满足广大人民群众基本文化需求为目标，坚持公共服务普遍均等原则，兼顾城乡之间、地区之间的协调发展，统筹规划、合理安排，形成实用、便捷、高效的公共文化服务网络。"③ 2007 年，党的十七大报告中将"覆盖全社会的公共文化服务体系基本建立"确立为实现全面建设小康社会奋斗目标的新要求之一。2007年，《中共中央办公厅、国务院办公厅关于加强公共文化服务体系建设的若干意见》进一步明确了公共文化服务体系建设的指导思想、基本原则与目标任务，进一步确立了公共文化生产供给、设施网络、资金人才、技术保障、组织支撑与运行评估五大基本框架。2012 年 2 月，《国家"十二五"时期文化改革发展规划纲要》提出要加强公共文化产品和服务供给，特别指出要"制定公共文化服务指标体系和绩效考核办法，明确服务标准和服务规范，加强评估考核"④。总之，在国家公共文化服务政策的支持下，我国加快了城乡公共文化基础设施建设，城市博物馆、科技馆、图书馆等得到明显改善，农村农家书屋、广播电视、基层文化站基本实现全覆盖，客观上为我国生态文化公共服务奠定了基础。

尽管国家在推动公共文化服务的进程中也建设完善了海洋馆、生物博物馆等生态文化公共服务，但是生态文化公共服务作为文化公共服务的细分类别被专门提出，则是十八大以后的事情。党的十八大首次将生态文明建设作为中国特色社会主义事业总体布局中五大建设的重要部分，2015 年 4 月和 9 月，中共

---

① 《十六大以来重要文献选编（上）》，北京：中央文献出版社 2008 年版，第 375 页。
② 本书编写组：《〈中共中央关于制定国民经济和社会发展第十一个五年规划的建议〉辅导读本》，北京：人民出版社 2005 年版，第 489 页。
③ 《国家"十一五"时期文化发展规划纲要》，北京：人民出版社 2006 年版，第 17 页。
④ 《国家"十二五"时期文化改革发展规划纲要》，北京：人民出版社 2012 年版，第 11 页。

中央、国务院先后印发《关于加快推进生态文明建设的意见》《生态文明体制改革总体方案》，对生态文明建设做出顶层设计，其中首次提出"坚持把培育生态文化作为重要支撑"。2015 年底，国家出台生态文化建设的专门文件《中国生态文化发展纲要（2016—2020 年）》，提出"以共享发展成果为目的，推进生态文化基本公共服务功能建设均等化"，"打造优质规范的生态文化教育、科普、体验基地和生态科普展馆等生态文化公共服务业"，"全面提升生态文化的引导融合能力和公共服务功能"①。2015 年底，我国共有"国家生态文明教育基地"76 个，"国家森林城市"96 个，全国生态文化村 441 个，全国生态文化示范基地 11 个，全国生态文化示范企业 20 家，森林公园、湿地公园、沙漠公园 4300多个，林业自然保护区 2189 处②。我国生态文化公共基础设施和服务能力得到明显提升，尤其是农村生态文化建设进步显著，截至 2019 年，全国生态文化村1047 个③。以森林、海洋、湿地、荒漠等典型的生态系统为特色的博物馆、科普馆、标本馆、体验中心以及富有地域特色的城郊森林公园、湿地公园、沙漠公园、草原公园、海洋公园、湖泊公园、地质公园、国家公园等相继建立完善，生态文化遗迹地得到修复保护，各级各类生态文化高峰论坛、生态文明论坛及林博会、绿化博览会、花博会、森林旅游节、茶文化节和竹文化节等活动，发挥了弘扬生态文化、倡导绿色生活的引导作用。

二、我国生态文化公共服务的突出问题

由于我国有意识地加强生态文化公共服务起步较晚，在实践中还存在很多有待改进的问题，甚至存在一些观念上的认识误差与理解偏差，主要体现为以下三个方面。

（一）生态文化公共服务资源的区域发展极不平衡

目前包括生态文化在内的文化资源配置方式主要是按照行政区划分，而不是采取人均享有的方式予以配置，如此难以确保区域之间人均享有文化资源。中心城市尤其是省会城市、直辖市的生态文化设施与资源过度集中，如城市公园、动植物博物馆、生物科技馆等基础设施建设得到较高重视，而其他城市、

---

①②　国家林业局：《中国生态文化发展纲要（2016—2020 年）》，2016 年 4 月 7 日。
③　著者依据中国生态文化协会官网数据统计得出。

区县、街道以及农村地区的现代生态文化资源十分薄弱，需要人们付出较高的时间成本和交通成本。值得说明的是，我国生态文化公共服务与一般意义上的公共文化服务还有所不同，一般意义上的公共文化服务在区域配置上呈现出省、市、区县、乡镇"倒金字塔"的失衡格局，但是生态文化公共服务则呈现出"两头多、中间少"的格局。由于城市环境污染较为严重，社会影响较大，社会群体环境治理的呼声较高，国家高度重视城市生态文明建设，城市生态文化建设随之得到快速发展；由于农村是生态资源和生态服务的主要提供者，再加上农村是国家扶贫脱贫和影响全面建成小康社会的重点区域，近年来农村生态环境改善问题也得到越来越多的重视，国家出台了一些关于农村人居环境整治、农村生态环境建设方面的文件，传统村落民居、传统农耕文化得到保护和弘扬，农村生态文化建设也成效明显；而处于大中城市和农村之间的县城则是生态文化建设最为薄弱的地带。一方面，巨额的县级财政赤字和沉重的债务负担以及县域经济发展需求等现实因素，使得县城现代生态文化公共服务得不到足够重视；另一方面，县城本身缺乏森林、草原等自然资源，因而传统的生态文化资源也先天不足。生态文化公共服务资源的区域发展极不平衡，导致公共文化服务的公共性和均等性两大基本原则难以实现，制约了生态文化公共服务整体水平的发展与提升。

（二）生态文化公共服务内容的有效供给不足

作为一种独特的精神性产品，公共文化服务的目的最终要通过具体的文化产品与服务得以实现，因此，文化内容的生产与供给是决定公共文化服务满意度的关键因素。提供什么样的文化产品与服务内容、能否满足百姓需求，不但是公共文化服务能力的体现，也是公共文化服务引领社会理念的责任所在。目前，我国生态文化公共服务的内容供给计划经济配给色彩较浓，政府供给与民众需求之间脱节明显，出现生态文化公共服务的结构性短缺，导致不少生态文化公共服务活动成为走过场的形式主义。比如，动植物博物馆的常设展览、生态文化节的节目安排等普遍存在同质化严重、类型单一的问题。以茶文化博物馆为例，中国是茶的发祥地，中国茶文化源远流长，茶文化和茶道精神是最具中国特色和影响最广泛的生态文化，近年来很多地方创办了茶文化博物馆，如四川省雅安市的世界茶文化博物馆、浙江省杭州市的中国茶叶博物馆、云南省丽江市的茶马古道博物馆，这些茶文化博物馆对于推广生态文化、培育生态理念具有积极作用，但是这些茶文化博物馆大体停留在趋同性的文字与图片展示，茶叶背后的文化内涵和历史故事没有挖掘出来，因而容易使参观者产生审美疲劳，来过一次的游客很难再次光临，而且游客也仅仅把其作为旅游景点而没有充分认识到背后的生态文化和生态教育价值。还有不少地区，生态文化公共服务的内容品质堪忧。比如，作为衡量城市生态文化的重要指标动物园建设问题，一些动物园管理混乱，很多动物受困于狭小的混凝土斗室或铁笼之中，生存环境非常恶劣；不能给动物提供足够的食物，大量动物出现严重疾病，甚至死亡；把动物的嘴鼻用铁链锁起来，任人拥抱拍照；园中设施设备简陋，很容易遭到游人的滋扰，这些问题不仅没有体现人与自然和谐共生的生态文化，反而折射出人类凌驾于自然生物之上的人类中心主义，没能发挥生态文化公共服务的教育功能。

（三）生态文化公共服务的标准化程度较低

公共文化服务的生命力取决于内容和服务两个因素。二者相比较而言，优质服务可能更加重要。因为公共文化除了让人们获得知识文化以外，更重要的功能是通过切身的文化体验，为民众提供多元开放、舒适健康的人文环境，给予广大民众深远影响的文化塑造。公共文化服务如果不能提升服务水平和质量，那么，其吸引力必然无所依附，公共文化服务难免成为食之无味、弃之可惜的"鸡肋"。有内容无服务是当前生态文化公共服务的突出问题，表现为政府对被服务对象的需求缺乏深入细致的了解，缺乏以人为本的便利性，服务内容、方式、时间等关系到公共文化服务满意度的诸项指标缺乏相对统一的标准，难以达到人均享有、优质享有的服务质量与效果。比如，近年来一些地方争先举办园艺博览会，一些园区停车场没有标识、离园区入口很远，售票处人山人海，园内垃圾桶、游客座椅、卫生间设置不足，讲解文字空洞抽象，园内餐饮物价极高、卫生状况欠佳，这些问题都严重影响民众的生态文化体验。此外，生态文化公共文化服务的参与机制、需求反馈机制的缺失，制约了公众主动享有生态文化公共服务的参与性和社会意见的表达，也不利于政府部门有针对性地改进生态文化公共服务，影响社会民众生态文化权益的实现和改善。总之，重建设、轻管理，重投入、轻效益，服务能力尚未充分开发的问题使得生态文化公共服务基础设施空置或利用率较低。

以上问题的产生既有客观因素，也有主观认识不到位的原因。从客观原因来看，我国生态文化建设的公共财政预算投入总量不足、投入不均等；生态文化公共服务的政策尚不完善，具有可持续性的生态文化公共服务长效机制尚未真正建立；文化管理体制中市场和政府的关系尚未理顺，导致生态文化公共服务提供主体比较单一，监管主体、实施主体、运营主体尚未形成合理布局，政府主导、社会参与的灵活机制尚未真正确立，政府在生态文化公共服务方面不同程度地存在着越位、错位和缺位的现象。从主观原因来看，政府部门对生态文化公共服务的理解还存在偏差，如将生态文化公共服务等同于文化宣传，热衷于大型节庆宣传活动，使日常化的生态文化服务处于比较模糊的自发状态，缺乏明确的规划及相应的制度设计与保障，在生态文明建设的政策文件中鲜有集中表述或清晰界定生态文化公共服务的条文。再比如，将生态文化公共服务等同于生态文化基础设施建设，等同于生态工程建设，物质投入大于内容建设和制度建设，对规模效应的追求替代了传播文化、普及科学、教化民众、培育文明的价值取向，导致"重技术轻内容""有网络没平台"的体系失衡状态。这说明推动我国生态文化公共服务体系建设需要政策支持、财政投入，也离不开对公共文化、政府职能、社会管理等更广泛意义的社会问题的深入思考。

第四节　我国生态文化公共服务机制的建设路径

生态文化公共服务作为生态文化建设的重要支撑，作为公共文化服务的重要组成部分，是政府责无旁贷的公共职能。目前，我国已经出台关于生态文明建设和公共文化建设的战略规划，如《中共中央 国务院关于加快推进生态文明建设的意见》（2015）、《关于加快构建现代公共文化服务体系的意见》（2015）等，其中零星提及要加强生态文化建设，关于生态文化公共服务的政策支持更是很少。可见，关于生态文化公共服务在战略规划和制度设计上相对较弱，这也是实践中生态文化公共服务存在诸多问题的重要原因。我们应该利用国家加强生态文明建设和公共文化服务体系建设的重大契机，高度重视和积极加强生态文化公共服务体系建设，这既是为保护自然生态、建设生态文明提供强有力的精神支撑，也是对现代公共文化服务体系的细化、深化和完善。

一、加强生态文化公共基础设施建设

传承和弘扬生态文化离不开一定的物质载体。加强生态文化基础设施建设，是繁荣生态文化的物质保障，诸如能够弘扬生态文化理念、对公众进行生态文化教育的各类国有博物馆、图书馆、文化馆、森林公园等。这些基础设施关系到社会大众的福利且投资巨大，私营部门无力承担也不愿意承担。这需要政府加大公共财政投入力度，把完善生态文化公共服务网络、主要生态文化公共产品和服务项目、公益性生态文化活动经费纳入公共财政经常性支出预算，保障群众广泛享有免费或优惠的生态文化公共服务，满足人民群众日益增长的对生态产品和生态文化服务的需求。

（一）加强生态文化科普场所建设

在省会城市、自治区首府、直辖市、计划单列市，已经有一批自然博物馆、海洋馆、标本馆、科技馆、文化馆等生态科普教育基地。对于这些地区，要以国际标准进一步加强硬件和软件建设，丰富生态文化内涵，如提高场馆科技水平和互动参与程度，比如利用现代多媒体技术，将自然标本的信息输入电脑程序，点击标本旁的按钮，就会有一个娓娓动听的声音介绍相关的生态知识；将与自然生态有关的社会政治、经济、音乐、诗歌、绘画、舞蹈、宗教等元素有机地串合起来，讲好生态环境背后的中国故事；设置与场馆主题相关的生态环境知识问答多媒体触摸屏，观众点击屏幕即可得知是否正确，让观众在娱乐中接受生态文化教育；对场馆环境进行精心设计，利用植物、山川、岩石等生态系统的特色配置将生态文化从单一的视觉展示中解放出来，向周边环境延伸，形成可观、可触、可感的新体验，以吸引更多国内和国际参观者，向全社会传播生态文明理念、生态科学知识，以及中国的生态环境形势、大政方针、建设成就、未来建设规划展望等，逐步提高我国生态文化的国际影响力。要重点关注县城和地级市的生态文化科普场馆建设，尤其是自然生态科普场所几乎处于空白状况的西部县城和地级市，对于这些地区要拨付专项经费，以当地森林、海洋、湿地、荒漠等典型的生态系统为依托，建设一批规模适当、独具特色的自然生态博物馆、标本馆、科技馆等，在"小而精""小而深""小而特"上下

功夫，开展区域独特生态资源的信息资料搜集和学术研究。这些县级和地级市的生态科普场馆从无到有、从弱到强，生态文化教育的社会效益十分明显，不仅填补了小城镇居民和青少年生态科普教育的空白，而且还能提高当地群众对家乡的自豪感，从而更加注重保护所在区域的生态环境，生态文化教育的实践成效更为明显。

（二）加强生态文化休闲游憩园地建设

根据当地自然保护规划，因地制宜新建一批森林、湿地与荒漠绿洲类型的自然保护区，尤其要规划建设一批小规模的富有地域特色和自然与人文景观的森林、鸟类、珍稀濒危野生动植物自然保护区，在非核心保护区适当扩大对公众开放的范围。在靠近城市及周边的适宜地区，结合大中城市建设，进一步完善城市公园基础设施建设，科学保护好古树名木。同时规划新建一批不同类型、各具特色的森林公园、湿地公园、草原公园、海洋公园、湖泊公园、地质公园等生态文化休闲游憩园地，确保县级以上大中城市至少拥有 1 个自然生态公园，并增设生态文化教育馆，完善公园解说体系，培训提升导游业务素质，争取做到全部免费对公众开放，让全社会共享改革开放和生态文明建设的成果。扩建城区及周边公共开放绿地，按照"让森林走进城市，让城市拥抱森林"和"森林进城、园林下乡"的新理念，利用城市工矿拆迁、遗弃矿山废墟、垃圾填埋场等土地资源，扩地建绿、见缝插绿、拆墙透绿，使全国大中城市草地覆盖率、森林覆盖率、林木绿化率大幅提升，力求做到贴近自然状态，达到复层、异龄、混交的要求，对公共绿地要开放式管理，方便人们自由出入，满足人们生态休闲需要。

（三）加强我国传统生态文化遗迹地修复和保护

中国农耕文明历史悠久，我国劳动人民在长期的农业生产实践中，在幅员辽阔的国土上创造并不断发展了许多农业文化遗产，这些传统农业生产方式与所处的自然生态系统，早已达成了高度的相互兼容，形成既具有历史价值、更具有现实意义的传统生态文化。但是在工业化和城镇化的进程中，这些历史悠久的生态文化面临衰落甚至消失的境地。加快修复和保护传统生态文化遗迹是当代政府的历史责任，也是生态文化公共服务的重要内容。要安排一定规模资金，对自然遗产和非物质文化遗产、国家考古遗址公园、国家重点文物保护单位、历史文化名城名镇名村、历史文化街区、民族风情小镇等生态文化资源开展资源普查、搜集、分类和鉴定工作，摸清传统生态文化遗迹地底数，全面调查生态文化遗迹地内传统建筑分布情况，广泛收集建设年代、材料结构、建筑风格、使用功能、资料照片等基础资料，"一地一档"组织编制生态文化遗迹地档案，编纂生态文化遗迹地志。组织开展生态文化遗迹地认定和挂牌工作，对生态文化遗迹地内城墙、城（堡、寨）门、牌坊、古塔、园林、古桥、古井、古树、古道水渠（道）、排水沟及其附属物等重要历史环境要素进行认定，统一设置生态文化遗迹地保护标志，实行挂牌保护，加强动态管理。制定生态文化遗迹地保护修缮计划，保护生态文化遗迹地内自然植被、山体绿化、河流水系及河塘沟渠，维护好与传统村落相互依存的自然景观和环境，依法严禁开山、采石、伐木、填湖等一切破坏山水格局的工程建设活动。建立传统生态文化专家队伍，系统整理民间生态文学、传统生态技艺、生态民俗等各类非物质文化资源，提炼历史建筑传统生态文化要素，精心打造高质量、有特色、有创意、文化科技含量高的生态文化乡情村史陈列室、数据库、档案馆和数字博物馆建设，对不同时期、不同地域、不同民族、不同内涵的生态文化实行专项分类保护，深入挖掘有关自然界和宇宙的典籍史志、民族风情、民俗习惯、人文轶事、手工技艺技能、建筑古迹、古树名木等中的生态文化故事，促进传统生态文化传播和传承。要积极通过组织申报世界自然和文化遗产、全球重要农业文化遗产等方式来提高生态文化遗迹地的保护意识和保护力度，保存原汁原貌，充分发挥生态文化遗迹地的文化和科普价值。特别要重视西部地区、民族地区、贫困地区和革命老区的特色生态文化保护与传承工作和濒危生态文化的抢救、修复和传承工作，着力落实文化惠民的扶贫政策和生态效益补偿政策，实现文化保护与消除贫困的双赢。

以上生态文化公共基础设施建设可以结合国家生态文明建设、乡村振兴战略等重大工程，逐步推进生态文化活动品牌工程建设，有计划地在全国乡村、县城、大中城市分别分类培育一批重点工程，制定实施方案或专项行动计划，明确责任部门、实施步骤、时间表和路线图，有目的、有计划、分阶段地扎实展开，如每年培育100家传统生态文化遗迹地、100家生态文化休闲游憩园地，100家县城生态文化科普场馆，以这些具有创新性、带动性、导向性、科学性的生态文化公共服务示范项目，为全国生态文化公共基础设施建设探索路径和提供经验。

二、推进生态文化公共服务标准化和均等化

生态文化服务的标准不仅是合理配置基本生态文化公共服务资源的基础依据，也是衡量、监管、评估、考核生态文化服务水平的重要工具。鉴于我国目前区域发展不平衡、各地财政保障能力差异较大的因素，应研究制定基本生态文化服务标准，明确当前生态文化服务的范围、最低供给规模和质量标准，促进生态文化公共服务制度化、标准化、均等化，这是满足群众广泛享有免费、优质的基本公共文化服务的有效途径，也是实现城乡文化一体化、体现社会公平正义的内在要求。

推进生态文化公共服务标准化和均等化，首先要明确生态文化公共服务的组织协调机制。生态文化公共服务仅从字面意义理解，就能看出其属于多部门的交叉职能，既可以归属于生态环境管理部门，也可以归属于文化管理部门，因此，生态文化公共服务标准规划务必要明确牵头部门，避免产生互相推诿、无人无责的局面。

其次，牵头部门组织专家学者和公众代表，根据国家经济社会发展水平和供给能力，分类研究提出国家基本的生态文化公共服务标准指标体系，将其作为各级政府开展生态文化公共服务的规范、面向公众的服务承诺和监管生态文化公共服务过程的依据。比如生态文化公共服务第三方评价规范、城市自然博物馆服务规范文化、生态特色小镇建设规范等。指标体系要具有可操作性，并尽量实现量化，使生态文化公共服务成为可衡量、可检查、可考核的对象。如场馆的数量、人均资源、服务半径、开放时长、基本服务设施、卫生标准、收费标准、安全标准，生态节目等文化活动的开展频次等，做到生态文化公共服务基本统一规范。标准的设定可以参考已有相关公共文化服务或者生态资源保护的基本规范，如《中华人民共和国森林公园总体设计规范》《生物标本室的建设规范》《城市公共厕所卫生标准》等，也可以参考国际标准，并根据经济社会的发展变化，适时调整提高具体指标，建立生态文化公共服务标准动态调整机制。如随着数字技术的高度发展，在自然生态博物馆、图书馆、生态公园等场地设置数字化设施设备是现代生态文化公共服务的基本要求。再比如，在自然保护区和森林、湿地、海洋、沙漠、地质等公园、动物园、植物园、风景名胜

区，要设置科普步道、科普长廊、宣传亭、标识牌等生态文化宣教设施；规范导游词、解说词的科学性、教育性和趣味性，普及自然生态系统和生物多样性保护的基本常识、功能作用、演替规律和相互关系，而不只是简单的休闲场所和旅游胜地。

再次，在国家统一的最低保证标准基础上，确定人员编制、日常运行费用等人力、物力和财力投入，无法实现这个标准的地区，通过财政转移支付，保障其实现这一标准的服务。财力较强的地区可以根据国家指导标准，制定与当地经济社会发展水平相适应、具有地域特色的生态文化公共服务标准，提供更高水平的特色生态文化公共服务。

最后，要加强对生态文化公共服务供给、投入等方面完成情况进行考核，争取将生态文化公共服务纳入各级政府部门生态文明绩效考核范畴，使生态文化发展真正成为硬任务、硬指标。

三、扩大生态文化公共服务多元供给主体

生态文化公共基础设施建设和公共服务标准化，必须要有足够的财政投入作为物质保障。如前分析，生态文化公共服务的非排他性和非竞争性以及基础设施建设的巨大投入决定了政府首先要承担起生态文化公共服务的投资主体责任。要建立稳定增长的生态文化公共服务财政保障机制。我国文化事业费占国家财政总支出的比重长期在 0.4%以下，即使十八大以来全国文化事业费增速每年都超过 10%，2018 年全国文化事业费占财政总支出比重也仅为 0.42%①，而发达国家文化产业财政预算占的比重超过了 1%②。可见，我国公共文化财政支出与文化在现代社会中的重要作用不匹配，跟国际上一些经济文化比较发达的国家相比存在较大差距。其中，生态文化公共服务的财政投入更低。因此完善生态文化公共服务体系首先要提高财政预算来保证文化投入，落实和完善生态文化建设的经济政策，明确生态文化公共服务投入经费占政府财政支出的比重，或者明确生态文化公共服务投入经费占整个文化事业财政支出的比重，保证公

---

① 《2018 年文化和旅游发展统计公报显示全国文化事业费约 930 亿元 人均同比增长 8.1%》，《人民日报》，2019 年 06 月 04 日，第 12 版。

② 邹东涛：《以民为本：中国全面建设小康社会 10 年（2002—2012）》，北京：社会科学文献出版社 2012 年版，第 110 页。

共财政对生态文化建设投入的增长幅度与财政经常性收入增长幅度相当，如设立国家生态文化建设发展基金，提高生态文化建设支出占财政支出比例。

特别是我们要看到，1994年开始实施的分税制和2004年农业税的取消，使县、乡、村财源不断减少，而我国基本公共服务的事权主要由县、乡基层财政承担。二者的矛盾加大了县级公共文化服务体系建设的难度，尤其是中西部欠发达地区的文化建设往往处于"巧妇难为无米之炊"的停滞局面。因此要健全完善中央财政转移支付制度在生态文化公共服务中的重要作用，以农村和基层、边疆民族地区、贫困地区为重点，优先安排和设计关系人民群众切身利益的文化项目，重点保障基层公益性文化单位开展基本生态文化服务所需的经费，扶持公益性文化单位的技术改造和设备投入。中央、省、市三级设立农村生态文化建设专项资金，保证一定数量的中央转移支付资金用于乡镇和村生态文化建设，或者采取省级财政直接对县级地区生态文化公共服务投入的机制，把地市级财政和县级财政的生态文化公共服务投入视为同一预算级次，尽量减少政府间财政关系的层级，避免地市级对县级财政的控制，提高生态文化公共服务财政资金的使用效率。

同时，我们也要认识到，在市场经济条件下，包括生态文化公共服务的公共文化服务建设模式已完全不同于计划经济下"大包大揽"的文化事业发展模式。虽然公共文化服务体系建设主要靠政府财政来支持，但是单一国有资本投资体制会带来机制僵化、服务质量普遍较差的问题，过去那种由政府统包统揽的文化事业发展方式，恰恰并未有效地履行政府的职责。改革开放以来的实践表明，在公益性文化事业发展中要坚持社会效益和经济效益相统一，适当引入市场机制，开拓多元化投入渠道，挖掘一切社会资源以提高公共文化的供给能力和效率，这样不仅可以解决公益性文化事业发展中"统得过死"的问题，而且也使政府有更多的精力集中于公益性文化事业的管理，从而提高工作效率，因此引入市场机制不仅没有削弱反而强化了我国公益性文化事业的功能。目前，我们对文化部门、事业单位及其附属企业以外的社会资源和资金的吸纳还很不够，公共文化事业的投资主体也比较单一，非营利性组织和民间资本的进入门槛还较高，渠道也不够畅通。公共文化服务的核心是保证公民的文化权益，只要是有利于这个目标的，都应该尽可能地鼓励。依据近年来国际国内公共文化服务市场机制的成功经验，健全完善我国生态文化公共服务的多元主体投入机制，可以通过以下四种方式。

（一）政府购买方式

公共文化服务领域政府购买是指政府将原来直接提供的文化产品或服务交给政府以外的有资质的社会组织来完成，并根据提供服务的数量和质量支付其相关费用。政府购买模式把公共文化服务支出从单纯的财政管理手段，上升为通过财政杠杆有效调控社会组织发展的公共政策工具。这一工具已经为发达国家普遍采用。政府向社会组织购买生态文化公共服务，可以发挥多方面的作用，既能通过政府资金支持为文化社会组织提供发展空间和发展平台，还能通过政府制定的文化服务质量标准和公平竞争规则，推动社会组织的专业化建设步伐；既能利用社会组织的市场灵敏性，提供满足公民多样化需求的生态文化产品，不断完善和创新生态文化公共服务内容和方式，还能营造社会力量参与生态文化服务的浓厚氛围，使社会组织在提供文化服务的过程中接受深刻的生态文化教育。

在具体操作上，要建立以项目选定、信息发布、组织采购、项目监管、绩效评价为主要内容的规范化购买流程。政府部门在官方网站发布生态文化采购的项目信息，制定内容明确、操作性强、便于考核的生态文化公共服务标准，方便承接主体掌握，便于购买主体监管；采用公开招标、邀请招标、竞争性谈判、竞争性磋商、单一来源采购等竞争方式，选择能够最好提供生态文化公共服务的社会组织；政府与社会组织之间通过签订合同来明确双方的权利和义务，合理确定购买价格；政府加强对服务提供全过程跟踪监管和服务成果检查验收，检查验收结果应结合服务对象满意度调查，作为付款的重要依据。若中标的社会组织对项目的执行达不到合同的要求，政府有权停止对其的资助，另外选择其他的合作伙伴。要建立政府向社会力量购买生态文化公共服务的信用档案。对在购买服务实施过程中，发现承接主体歪曲服务主旨、弄虚作假、冒领财政资金等违法、违规行为的，记入信用档案，并按照相关法律、法规进行处罚；对造成社会重大恶劣影响的，取消参与政府购买生态文化公共服务工作的资格，这样可以使各社会组织之间产生良性竞争，有利于提高生态文化公共服务与产品的品质。

（二）政府授权委托方式

授权委托方式指政府通过法律授权和行政授权将生态文化公共服务中一部

分具体的管理职能或服务提供转交给社会组织执行，政府向社会组织提供支持一定的财政补贴，并依法对其进行监督、管理。社会组织接受授权后，要认真履行政府授予的各种管理职能，并且要向政府传达公众及社会各界对生态文化公共服务的需求及意见，对政府进行反馈。

授权委托一般是与生态文化基础设施有关的某些服务，如设施、场地开放、售票和收费服务等。政府部门依然对这些设施的管理和维护承担全部责任，为固定资产筹资、提供流动资金，并以管理费的方式向社会组织提供日常运营所需的经费。政府部门与社会组织签订协议，约定在一定期限内由社会组织提供服务。这种方式既可以改变政府面对公众不断增加的生态文化公共服务的需求时力不从心的困境，又能通过减少政府的职能缩小政府规模，实现各文化行政组织的简政放权和社会化。

政府授权委托要放宽受委托的社会力量范围，让更多的社会组织、团体参与进来，参与管理基层生态文化设施的社会力量可以是具备法人资格的企业或社会服务机构等社会组织，也可以是在文化部门登记备案的社会文化业余团体或协会，还可以是文化志愿者团队。通过放宽受托方的准入条件，进一步激活社会力量参与生态文化公共服务的热情，如温州市鹿城区滨江街道文化中心，原来就一直受限于管理人员不足、开放时间不正常、设施得不到充分利用，但辖区内艺术团平时活动又缺乏场地，现通过将该文化中心场地委托给辖区艺术团管理，将文艺团队的需求和公共文化设施的使用结合起来，一方面团队的日常排练场地有了保障，另一方面整个文化中心开放正常有序了①。

生态文化公共基础设施委托社会力量进行管理，必须坚持公共文化服务公益、免费的原则，保障公共文化设施面向群众免费开放，被委托的公共文化设施不能成为盈利或者变相盈利的经营场所。对于受委托管理的社会组织和团队，政府主管部门要建立优胜劣汰的动态调整机制，加强对日常管理的监督。对于免费开放补助资金，不能定额一次性地给予，而是采用动态的补助方式，通过日常的明察暗访、年终的综合评估，评定其服务等级再给予相应的补助。

---

① 《借鉴温州经验 推进公共文化服务标准化均等化的调研与思考》，http：//www. zjdx. gov. cn/info/4644. jspx。

（三）政府特许经营方式

特许经营供给方式本质上就是把特定资产产权束中的所有权、经营权、使用权和收益权分离，通过出让一定期限的生态文化公共服务的使用权、经营权和收益权来吸引其他部门参与生态文化公共服务基础设施的建设。目前我国公共文化特许经营的方式主要应用于初始投资巨大、回收期长的基础设施项目，一般采取所有权不转移的方式。特许经营有以下几种类型：BOT 形式，即建设—经营—移交，是指政府部门通过特许权协议，授权项目发起人（主要指企业）为某个项目（主要是基础设施项目）成立专门的项目公司，负责该项目的融资、设计、建造、运营和维护，在规定的特许期内向该项目（产品或服务）的使用者收取相应费用，由此回收项目的投资、经营和维护等成本，并获得一定的经济利润，特许期满后项目公司将项目（一般免费）移交给政府；BOOT，即建设—拥有—经营—移交，指民营机构融资建设基础设施项目，建成后在规定的期限内拥有所有权并进行经营，期满后将项目移交政府；BT 形式，即建设—移交，政府按照特许协议向企业或项目公司支付项目投资及其他合理的利润，企业或项目公司按照特许协议要求对基础设施或其他项目进行建设；TOT 形式，指政府以特许经营的方式将已建成的基础设施的经营权（收费权或综合服务开发经营权）在一定期限内出让给民营企业，期满后民营企业将保持完好的基础设施无偿归还给政府。

（四）建立国家生态文化公共服务发展基金

当前我国一些地区建立了非物质文化遗产基金振兴民间戏曲基金、农村文化出版专项基金等，这些做法对于生态文化公共服务供给主体的多元化具有现实启示意义。政府可以设立生态文化公共服务基金，通过制定合理的财税优惠政策，引导、鼓励市场和社会组织投入资金支持生态文化公共服务。如对企业的公益捐款，按相关比例抵减税收；通过认购大型文化活动的举办权、买断文化活动和文化项目的冠名权、合资合作开发文化资源等多种形式，由企业承担生态文化公共服务的运营成本；面向全社会文化机构和个人进行资助和奖励，支持生态文化艺术领域优秀作品创作和人才培养。

四、创新生态文化公共服务内容和形式

创新是提供文化发展动力、激发文化发展活力的有效手段。加强生态文化

公共服务体系建设，必须把机制创新、管理创新、内容创新、服务创新渗透到每一个领域，不断为公共文化服务注入新的理念、内涵和方式。比如，在服务方式上，依托传统节日、重大节庆和民族民间文化资源，利用现有的文化科技卫生"三下乡""心连心""送欢乐""下基层"等公益性文化活动，组织文化志愿者为社区、乡村、学校等送书、送戏、送电影；在公共图书馆开设生态文化讲座；地方政府组织生态文化高峰论坛，提高本地区生态文化的社会影响力。在服务内容上，以鲜活的故事情节和震撼人心灵的典型案例，利用影视、音乐、书法、绘画等艺术形式，或者表达对生态环境恶化的反思，提醒人们尊重自然和爱护自然，或者反映人与自然和谐互动的美好生态意境，激发人们优美自然生态环境的强烈追求；除了反映本国本民族的生态文化以外，还可以传播国外优秀生态文化作品，增长群众的见闻，激发民间创作灵感，树立生态文化创新和生态文明建设的追赶比的标杆和目标。当然，无论开展何种形式、何种内容的生态文化公共服务，其最终目标是使生态文明观念深入人心，形式和内容都是围绕这个根本目标而服务的，因此，在实践中创新生态文化公共服务关键要做到以下三点。

（一）紧密把握群众的生态文化需求

随着我国经济社会的高速发展，人们生活水平逐渐提高，文化资源日益丰富，群众的文化选择空前广泛，欣赏水平也日渐提升，如果生态文化公共服务供给更新缓慢、不对群众胃口，自然会导致吸引力不足。当前一些基层公共文化服务设施利用率不高，如农家书屋"只见房子不见读者"等现象在一定范围存在，就是公共文化服务"供需错位"的直观写照。生态文化公共服务要避免出现类似情况，关键在于找准群众的生态文化需求，让服务内容更加贴近群众生活，才能提高生态文化公共服务基础设施的利用效率和生态文化公共服务的教育效能。当群众呼唤动态的、社交化的文化服务时，生态文化公共服务就不能全都是静态的、非社交化的读书、看报、看电影；当群众习惯于从移动互联网上获取资讯和娱乐时，生态文化公共服务就不能仅停留在物理空间。要畅通民众生态文化公共文化需求表达渠道，通过民间走访、调查问卷、座谈会等，了解当地群众的生态文化需求，如开展生态文化公共服务的便利地点、内容主题、表现形式等，找出最大公约数作为开展生态文化公共服务的决策依据；要强化群众在生态文化公共服务中的监督评估权，将群众满意度作为生态文化公共服务考核的核心指标，以利于其他地方和下次公共文化服务的改进和完善。可以借鉴浙江公共文化服务"超市式"供给、"菜单化"服务的模式，政府将可以提供的生态文化公共服务做成"菜单式"目录，由基层群众根据自身需要进行选择，如此不仅对接和满足了群众的生态文化需求，也有利于生态文化准确把握社会文化心理，促进生态文化本身的发展。

（二）注重生态文化公共服务的群众参与

目前，我国很多地区的公共文化服务供给的组织形式还停留在组织送文化、群众当观众的层面，这种"迎检式""形象式""蜻蜓点水式"的短期文化点缀，表面上热热闹闹，但是群众热情度并不高。数据显示，选择广场健身活动和公园广场文化活动的人数占群体总数的 85.8%，这表明公众更愿意参与文化活动，而不是仅仅充当观众①。生态文化作为地域内居民基于长期生活体验创造出来的文化谱系，与当地社会生产、民风习俗、自然环境等相嵌共生，必须通过身体实践的互动才能激发出深刻的情感共鸣。现实中有一些成功经验和做法，对于如何强化生态文化公共服务的群众参与具有启示意义。比如盐城某县级市，组建了 210 多家农民文化合作社，自编自导，说自己的事、唱自己的歌，深受欢迎，当地自豪地称之为"中国土声音"②；比如广西柳州市利用"柳州音乐网"开设了"鱼峰山歌台"，为广大山歌爱好者搭建一个对歌、赛歌、交流山歌的"网上歌圩"，激发群众热爱自然山水的情感，音乐家走进校园教授小学生唱山歌、编山歌等，在青少年心中播下山歌文化的种子③。因此，生态文化公共服务只要能够促进群众积极参与，其内容和形式的创新就有源源不断的生命力，诸如将以往的送书下乡改为将有关生态文化的图书购书权还给公众，用于购买自己想要的图书，看完再将图书上交至基层文化书屋；组织开展群众乐于参加、便于参与的自然生态书画摄影比赛、讴歌当地自然生态的文艺演出等活动。

---

① 民进江苏省委公共文化服务体系建设调研组：《关于提升公共文化服务公众满意度的思考》，《群众（决策咨询版）》，2018 年第 2 期。

② 胡税根，陶铸钧：《中国公共文化服务的发展逻辑研究》，《华中师范大学学报》（人文社会科学版），2018 年第 5 期。

③ 童政：《网上歌圩人气高》，《经济日报》，2019 年 6 月 8 日，第 3 版。

（三）充分发挥现代科技在生态文化公共服务中的作用

人工智能、大数据、云计算等信息技术的飞速发展，不仅全面提高了生产生活领域的运营效率，也改变了文化的组织结构和运营模式。基于互联网的科技和文化企业提出"新文创"构思，汇集影视、游戏、文学、动漫、音乐等众多内容业务，启动了一场"面向未来的文化生产新实验"。生态文化公共服务也要紧随科技时代的步伐，让每个人在享受科技的乐趣中提升生态文化获得感。比如北京石景山区建设"石景山文化 E 站"在线平台，百姓只需通过网站或者"石景山文 E"App，就可足不出户了解全区文化资讯，线上挑选自己喜爱的文化活动诸如 DIY 树叶画、插花手工、自制梅子酒等，群众多样化文化需求得到充分满足。再比如，很多地方戏曲表现了古人对自然的敬畏之情，在送文化下乡以及送文化进社区的活动中，可以利用现代 AR 技术对自然现象和区域独特地貌进行全真模拟，在开展生态文化公共服务的同时也促进了传统非物质文化遗产的现代弘扬。

第三章

生态文化建设的产业促进机制

从产品的属性而言，文化既有公共文化产品，也有私人产品，故此，生态文化亦非都是公共文化，并非所有的生态文化都能被纳入国家生态文化公共服务的范畴。随着人们生活水平和审美水平的提高，生态文化的需求越来越多元化和差异化，服务对象的多样性给生态文化公共服务的精准性和有效性增加了难度。生态文化公共服务体系主要是保障人民群众基本的生态文化权益，至于那些多样化、多层次的生态文化需求，属于私人产品范畴，应该由市场来满足。由于私人物品具有收益的竞争性和消费的排他性，只要市场形成需求和竞争，市场主体就会对自己的交易和竞争进行成本—收益计算，进而理性做出市场决策，由此使得私人物品的生产、分配和消费基本可以通过市场这只"看不见的手"自发调整来形成资源的均衡配置。党的十八届三中全会指出，要使市场在资源配置中起决定性作用，我国生态文化建设也必须充分发挥市场机制，把社会效益、经济效益和生态效益结合起来，把尊重文化规律、遵循自然规律和遵循市场规律结合起来，加快发展生态文化产业，不断引导、满足和提升人民群众的生态文化需求，这是我国生态文化大发展大繁荣的必由之路。

第一节　生态文化产业的概念、内涵与功能

长期以来，人们认为，文化作为人类精神财富的结晶，仅属于思想、精神及道德范畴，不能与经济、物质和利益相联系，否则会使文化充满"铜臭味"，甚至会引导文化为了迎合市场的需求向低俗、平庸的方向发展。工业革命以来，社会生产力高速发展，人们的物质需求基本得到满足之后，对于精神文化的需

求快速增长。与此同时，一些西方学者注意到文化创作已经搭上了现代科技手段和大众传媒的快车，如同工业制成品一样被大量复制和批量生产，文化越来越成为大众消费的对象。如本雅明在《机械复制时代的艺术作品》中指出，收音机、留声机、电影等复制技术使文学艺术作品出现质的变化，艺术品不再是一次性存在，而是可以批量生产的。阿多诺和霍克海默在《启蒙的辩证法》一书中首次提出了"文化工业"的概念，认为资本主义的发展已经使文学、音乐、绘画等不再需要作为艺术，而转变成了"工业"，以标准化、规格化的方式被大量生产出来，并通过电影、电视、广播、报纸、杂志等大众传播媒介传递给消费者。早期人们对这种文化工业的现象是持否定性的批判态度。随着文化逐渐渗透到人们生产生活的各个领域，人们对文化的内在认识也在不断深化，阿多诺和霍克海默对文化工业现象进行了重新思考，1963 年他们在联合撰写的文章《文化工业再思考》中认为，文化不仅具有意识形态属性，也具有经济属性，更有可能成为与科技并肩驱动经济发展的另一内生动力。"文化工业"一词最初产生的语境被新的语境所置换，它渐渐发展成为一种中性概念，也就是我们今天普遍使用的"文化产业"。

一、文化产业的概念和内涵

1980 年初，欧洲议会所属的文化合作委员会首次组织专门会议，召集学者、企业家、政府官员共同探讨"文化产业"的政治与经济意义①。西方学者认为，社会文明的进步使得文化现象中的经济价值不断体现，经济现象中的文化含量不断增加，呈现出明显的"文化经济化"与"经济文化化"，文化与经济的融合可以引导社会各方面增加对文化的投入，可以实现文化工作者的独立分工，提高创作激情和动力，从而丰富文化市场的产品供给，使更多的人以较低的成本更加便利地接受到文化产品与服务的熏陶，在文化得到更广阔发展空间的同时也推动民众素质提升和经济发展实现新转向。在世纪之交，为知识经济所推动的全球化发展已经进入"后工业时代"，非物质的、符号的交换与消费已经成为超越民族国家的传统增长领域，文化竞争在综合国力竞争中的地位和作用越来越突出，世界主要国家都把文化发展上升为国家发展战略，作为文化发展的

---

① 蔡尚伟，温洪泉，等：《文化产业导论》，上海：复旦大学出版社 2006 年版，第 5 页。

重要策略，文化产业的理念迅速被人们所认可和接受。目前，文化产业已经成为美国、日本等发达国家的重要支柱产业。

关于文化产业的概念，联合国教科文组织界定为，"文化产业就是按照工业标准，生产、再生产、储存以及分配文化产品和服务的一系列活动"①。从文化产品的工业标准化生产、流通、分配、消费的角度进行界定，这一定义只包括可以由工业化生产并符合四个特征，即系列化、标准化、生产过程分工精细化和消费的大众化的产品，如书籍、报刊等印刷品和电子出版物有声制品、视听制品等及其相关服务，而不包括舞台演出和造型艺术的生产与服务②。2003 年 9 月，文化部发布《关于支持和促进文化产业发展的若干意见》，将文化产业界定为："文化产业是指从事文化产品生产和提供文化服务的经营性行业。文化产业是与文化事业相对应的概念，两者都是社会主义文化建设的重要组成部分。文化产业是社会生产力发展的必然产物，是随着我国社会主义市场经济的逐步完善和现代生产方式的不断进步而发展起来的新兴产业。"③

文化产业的内涵非常广泛，而且内容相互交叉。为了界定和规范我国公益性文化活动和经营性文化活动，2004 年国家组织相关部门研究出台了《文化及相关产业分类》的文件，并应用到 2004 年底开展的全国经济普查之中。为适应我国文化产业发展的新情况、新变化，我国不断完善文化产业统计分类标准，《文化及相关产业分类（2018）》将文化产业生产活动范围分为两部分：①以文化为核心内容，为直接满足人们的精神需要而进行的创作、制造、传播、展示等文化产品（包括货物和服务）的生产活动。具体包括新闻信息服务、内容创作生产、创意设计服务、文化传播渠道、文化投资运营和文化娱乐休闲服务等活动。②为实现文化产品的生产活动所需的文化辅助生产和中介服务、文化装备生产和文化消费终端生产（包括制造和销售）等活动。简而言之，文化产业可分为 9 个大类，分别是新闻信息服务、内容创作生产、创意设计服务、文化传播渠道、文化投资运营、文化娱乐休闲服务、文化辅助生产和中介服务、文化装备生产、文化消费终端生产。根据活动相似性，在每个大类下再设置若

---

① 庄晓东：《传播与文化概论》，北京：人民出版社 2008 年版，第 271 页。
② 韩骏伟，胡晓明：《文化产业概论》，广州：中山大学出版社 2009 年版，第 3 页。
③ 《文化部关于支持和促进文化产业发展的若干意见》，《文化市场》，2004 年第 1 期。

干中类和小类①。

二、生态文化产业的概念和内涵

通过以上对文化产业的产生、发展和概念的阐释，我们可以看到，生态文化产业是文化产业发展的分支。依据文化产业的概念界定，我们可以将生态文化产业定义为：以反映人与自然关系为主题，为社会公众提供体现人与自然和谐发展理念的文化产品和文化服务，并取得经济利润的经营性行业。生态文化产业是与生态文化公共服务相对应的概念，两者都是生态文化建设的重要组成部分。

关于生态文化产业的概念，有些概念需要值得厘清和辨析。有人认为，生态文化产业就是那些符合生态环保要求的产业。这种定义将生态文化产业与生态产业画等号，没有突出产业的文化性质。还有人将生态文化产业定义为取材于自然资源的文化产业。正如马克思所说，自然为人类生产提供生产资料、劳动场所和劳动对象，所以包括文化产业在内的所有产业都取材于自然资源，只是程度的不同，因而这种定义也没有抓住生态文化产业的特性。只有那些在内容上反映自然环境的文化产品和服务并以营利为目的的产业才能称为生态文化产业。人与自然关系的主旨、文化范畴、经营性活动，三者构成生态文化产业概念的基本要素，缺一不可。

生态文化产业的范围与一般文化产业范围的 9 个方面大致相同，更倾向于其中的 6 个方面：①生态内容创作生产，如生态文学、生态音乐、生态影视等；②生态创意设计服务，如园区风景规划、生态文化节活动设计、装潢装饰等；③生态文化传播渠道，如网站、App、书籍、报纸等；④生态旅游等文化娱乐休闲服务；⑤为生态文化产业组织提供法律咨询、投融资等中介服务；⑥生态文化消费终端生产，如生态工艺品等。

有学者将生态文化产业分为生态型文化产业和文化型生态产业两大类。生态型文化产业在形式上与一般的文化产业相同，但在内容上具有自然生态的价值取向，主要包括生态影视制作、出版发行、数字内容和动漫、工艺品、广告、

---

① 《文化及相关产业分类（2018）》，国家统计局官网，http://www.stats.gov.cn/statsinfo/auto2073/201805/t20180509_1598330.html。

演艺娱乐、文化会展、生态景观设计等；文化型生态产业与一般的生态产业相同，但同时又承载着人与自然和谐的文化信息，包括生态旅游、生态休闲养生、茶文化产业、花文化产业、竹文化产业等①。

本文依据文化产业的载体形式，将生态文化产业分为生态文化产品生产业和生态文化服务业两个大类。生态文化产品主要包括图书印刷品、工艺品、创意农产品等实物形态的产品；生态文化服务包括生态创意、传媒传播、生态旅游、生态休闲餐饮、生态文艺表演、形象设计、生态会议会展等文化服务。

三、生态文化产业的多重功能

与一般产业相比，生态文化产业的功能是多方面的。除了具有文化功能、生态功能以外，还具有经济功能、社会功能乃至政治功能。这使得发展生态文化产业具有特别突出的独特作用和意义。

第一，生态文化产业的文化功能。生态文化产业的文化功能是由其所提供的文化产品与文化服务的"文化性"所决定的。生态文化产业从宏观上看是产业，从微观上看，构成生态文化产业的基础与首要元素是文化内容、文化文本。不管人们发展生态文化产业的主观动机如何，客观上都具有重要的文化意义。从文化的传承而言，发展生态文化产业激发了社会办文化的积极性，将吸引众多的投资者、经营者进入文化市场，使得生态文化的发展获得雄厚的物质基础，文化生产者可以梳理和挖掘传统既有生态文化，将传统生态文化以现代形式展示出来，使传统生态文化得到弘扬和关注，从而继续代代流传，甚至可以使一些濒临灭绝的小众生态文化遗产得到激活。从文化的创新而言，发展生态文化产业引入竞争机制，价值规律的作用促使文化生产者为了求得一定利润，想方设法在内容和形式上不断开拓创新，创造出具有市场竞争力的生态文化产品和服务，进而催生无数新的价值观。从文化的发展而言，这些新的生态文化产品无疑丰富了既有的文化体系，站在人类历史长河的视角，这些生态文化产品作为一种新的文化积淀，会对以后的文化发展产生影响，表现出长久的历史性文化功能。

---

① 江泽慧：《生态文明时代的主流文化——中国生态文化体系研究总论》，北京：人民出版社 2013 年版，第 305 页。

第二，生态文化产业的生态功能。生态文化产业生产的是具有生态属性的文化符号，这些文化符号在大众中传播，被大众接受吸收内化，获得娱乐或审美的满足，使得消费者在潜移默化中改变着有关人与自然生态的知识结构、思想观念、生活情趣和精神状态，在生产生活实践中能够按照自然美的规律，自觉保护和改善人居环境，形成人与自然和谐共生的美好局面。发展生态文化产业还扩大了与环境保护相关的人才需求，推动了环保人才的教育培训，必然促进生态环境保护的创意、信息、知识、技能等交流，为全社会生态文明建设提供智力支持。此外，生态文化产业的发展还使生产者从实际的经济利润中切身感受到自然生态的价值，尝到保护和改善自然生态的甜头，只有依托生态才有产业，只有绿水青山才有金山银山，从而牢固树立尊重自然、顺应自然、保护自然的生态文明观念，更加积极主动地涵养和提升自然生态环境。

第三，生态文化产业的经济功能。既然是一种"产业"，生态文化产业自然应当具有经济功能。过去人们认为文化是纯花钱的活动，所以特别强调"经济搭台，文化唱戏"，随着文化从贵族阶层的奢侈品转变为普通大众的消费品，文化产品开始在市场上作为商品进行交换，文化就成为盈利的活动，"文化搭台，经济唱戏"成为文化发展的新趋势。事实上，文化产业是现代经济利润的主要增长点，目前西方发达国家文化产业在 GDP 中的比重都普遍高于 10%，美国则高达 25%以上，在其国内产业结构中仅次于军事工业，位居第二。正如美国学者沃尔夫所言，文化——而不是那些看上去更实在的汽车制造、钢铁、金融服务业——正在迅速成为新的全球经济增长的驱动轮①。生态文化产业作为文化产业的分支，同样具有文化产业的普遍性经济特征，再加上良好生态环境是现代社会的稀缺品，生态文化产业的经济功能会更加显著。生态文化产业还有利于带动其他产业的发展，比如生态文化旅游产业可以带动基础设施建筑业、交通、餐宿、工艺品等相关行业的发展，对地方经济整体发展的推动作用非常明显。此外，生态文化产业还有利于优化经济结构，文化产业属于较高层次的第三产业，生态文化产业又作为文化产业中的较高层次，能进一步提升产业附加值，促进区域经济向绿色高端发展。

此外，生态文化产业还具有社会功能和政治功能，如能满足公众的精神生

---

① 蔡尚伟，温洪泉，等：《文化产业导论》，上海：复旦大学出版社 2006 年版，第 104 页。

活需求，减少人们因无所事事、寻衅滋事引致的社会矛盾；提供大量就业机会，促进社会和谐稳定；推动文化体制改革，提升政府"善治"水平。

第二节 我国生态文化产业的发展现状

我国对文化的认识在改革开放的时代变迁中逐步深化。改革开放后，我国开始建立社会主义市场经济体制，在文化事业方面也不再因循苏联计划经济体制下政府全包全揽的文化管理模式，要求建立与市场经济体制相适应的以市场为导向的文化体制。1991 年，由国务院批转的《文化部关于文化事业若干经济政策意见的报告》中提出"文化经济"概念，标志文化建设与经济发展的关系有了政策依据。1992 年，国务院办公厅综合司编著的《重大战略决策——加强发展第三产业》一书中首次提出"文化产业"一词；1998 年，文化部文化产业司成立；2000 年，十五届五中全会通过《中共中央关于制定国民经济和社会发展第十个五年计划的建议》中，提出"完善文化产业政策，加强文化市场建设和管理，推动有关文化产业发展"[①]，标志着中国政府把发展文化产业正式纳入政府工作体系。2002 年，党的十六大报告把"文化事业"与"文化产业"区分开来，明确了文化建设中政府与市场的界限。国家制定了一系列推动文化产业发展的指导性文件，如《文化产业振兴发展规划》（2009 年）、《中共中央关于深化文化体制改革、推动社会主义文化大发展大繁荣若干重大问题的决定》（2011 年）、《文化部"十三五"时期文化产业发展规划》（2017 年），要求"将文化产业建设成为国民经济支柱性产业之一"，其中"促进文化生态旅游融合""保护乡村原始风貌、自然生态，承载文化记忆和乡愁"[②] 等政策要求客观上推动了生态文化产业发展。

党的十八大以来，党中央高度重视生态文明建设，生态文化作为生态文明建设的重要支撑得到了前所未有的关注，国家为此专门出台《中国生态文化发

---

① 中国共产党第十五届中央委员会：《中共中央关于制定国民经济和社会发展第十个五年计划的建议》，北京：人民出版社 2000 年版，第 37 页。

② 《文化部"十三五"时期文化产业发展规划》，文化部官网，http：//zwgk. mct. gov. cn/auto255/201704/t20170420_ 493300. html？keywords＝。

展纲要（2016—2020年）》，将"推进生态文化产业发展"作为单列篇章。国家和地方相继出台更为细化的生态文化产业发展规划，如《全国生态旅游发展规划（2016—2025年）》《贵州省生态旅游发展战略总体规划》《滇西北香格里拉生态旅游区发展规划》等，各地利用独具的自然资源优势和传统农耕文化特色，结合市场需求，在青山绿水上做文章，探索出一批发展生态文化产业的经验和模式，尤其是西部地区显现出强大的资源潜力和后发优势，生态文化产业甚至成为当地的支柱产业，呈现出蓬勃向上的发展态势。分析比较当前我国生态文化产业的现状以及面临的挑战与机遇，是加快发展生态文化产业和加强生态文化建设的基本依据。

一、我国主要的生态文化产业

生态文化产业的范围很广，目前我国比较有影响力的生态产业主要集中在以下六种类型。

（一）生态旅游休闲业

1983年，世界自然保护同盟（IUCN）特别顾问赫克特首次提出了"生态旅游"的概念，他提出人类应该到相对未受干扰或污染的自然区域去旅行，体验或欣赏其中的野生动植物景象及区内文化特色，摆脱日常工作、都市生活的压力，然后慢慢成为一个关心环境保护、自然保育的人①。此后，肯尼亚、巴西、美国、澳大利亚等世界各国纷纷开展以野生动物参观、原始部落之旅、生态观察、河流巡航、森林徒步、赏鸟、动物生态教育以及土著居民参观等为主题的生态旅游，生态旅游成为西方休闲文化的主流。我国生态旅游休闲业发展相对较晚但速度较快。1993年9月在北京召开的第一届东亚地区国家公园和保护区会议通过的《东亚保护区行动计划纲要》，标志着生态旅游的概念在中国第一次以文件形式得到确认。我国的生态旅游是主要依托于自然保护区、森林公园、风景名胜区等发展起来的。我国生态旅游开发较早、开发较为成熟的地区主要有香格里拉、西双版纳、长白山、澜沧江流域、广东肇庆鼎湖山、新疆哈纳斯等地区。

---

① 陈玲玲，严伟，潘鸿雷：《生态旅游——理论与实践》，上海：复旦大学出版社2012年版，第7页。

　　按照生态旅游的类型划分，我国著名的生态旅游景区可以分为以下九大类：①山岳生态景区，以五岳、佛教名山、道教名山等为代表；②湖泊生态景区，以长白山天池、肇庆星湖、青海湖等为代表；③森林生态景区，以吉林长白山、湖北神农架、云南西双版纳热带雨林等为代表；④草原生态景区，以内蒙古呼伦贝尔草原等为代表；⑤海洋生态景区，以广西北海及海南文昌的红树林海岸等为代表；⑥观鸟生态景区，以江西鄱阳湖越冬候鸟自然保护区、青海湖鸟岛等为代表；⑦冰雪生态旅游区，以云南丽江玉龙雪山、吉林延边长白山等为代表；⑧漂流生态景区，以湖北神农架等为代表；⑨徒步探险生态景区，以西藏珠穆朗玛峰、罗布泊沙漠、雅鲁藏布江大峡谷等为代表①。

　　目前，我国生态旅游的形式已从原生的自然景观发展到半人工生态景观，从一般形式的观光游览拓展到科考、探险、狩猎、垂钓、田园采摘及生态农业主体活动等，呈现出多样化的格局。生态旅游反映了人们亲近自然、感受自然的文化消费潮流，提供了大量就业机会，成为农民脱贫增收的新渠道，成为扩大内需的新引擎，对于拉动区域经济增长和实现转型升级的作用日益明显。以森林旅游为例，据统计，森林旅游直接收入从 2012 年的 618 亿元增长到 2017 年的 1400 亿元，年增长率保持在 18% 以上；5 年来全国森林旅游游客量累计达到 46 亿人次，年均增长 15.5%；依托森林旅游实现增收的建档立卡贫困人口达到 35 万户、110 万人，年户均增收 3500 元②。森林旅游文化产业实现了从"砍树"到"看树"、从"卖山头"到"卖生态"、从"卖木材"到"卖景观"、从"把林产品运出去"到"把城镇居民引进来"的历史性转变。

　　（二）生态影视业

　　伴随着信息技术、媒体技术的革新，以及文化开放程度的增强，影视文化作为典型的文化传播形式，以其形式、内容、题材以及传播途径的多样性特点，受众面广、传播度高，成为当前最为大众化、最具影响力的媒体形式之一。在广袤的中华大地上，数不胜数的美丽生灵与人类共生，谱写一曲曲壮美的生命

---

①　张广瑞，魏小安，刘德谦，等：《2001—2003 年中国旅游发展：分析与预测》，北京：社会科学文献出版社 2002 年版，第 104 页。

②　《2017 年森林旅游直接收入 1400 亿元》，人民网，http：//env.people.com.cn/n1/2018/0126/c1010-29789037.html。

之歌，自 1981 年央视引入《动物世界》开始，富有情趣、画面唯美的自然类纪录片就倍受中国观众的喜爱。

近年来，广大文化工作者深入神农架原始丛林、可可西里荒原、西双版纳、塔里木河等生态建设第一线，采撷丰富鲜活的创作素材，制作播出了一批优秀的自然影视片，有关自然生态的影视片成为影视文化产业发展的亮点，如《家园——生态多样性的中国》借助多样化的物种形象、罕见的动物行为以及拟人化的表现手法，展现了中国五大生态系统丰富的生物多样性以及人与自然之间不断改善的关系；《本草中华》以轻松幽默的基调呈现富有传奇色彩的中华本草，讲述与人们生活息息相关的本草故事，寻访与中药有着深厚情感和羁绊的人物，展现他们截然不同的生活方式和处世态度，探究根植于中华文化中的生存智慧；《第三极》展现了生活在全球海拔最高地区青藏高原上的人类在这种极端严峻的自然环境中人类生命的坚韧；《了不起的村落》以"存档百个东方村落"为使命，用影像记录 100 个村落的美好，让那些在城市化大潮下濒临消逝的村落有迹可循；《航拍中国》是一部以空中视角俯瞰中国，全方位、立体化展示中国历史人文景观、自然地理风貌及经济社会发展变化的纪录片，该系列片覆盖全国 23 个省、5 个自治区、4 个直辖市和 2 个特别行政区，以故事化的叙事方式展现一个观众既熟悉又充满新鲜感的美丽中国、生态中国、文明中国。这些自然影视片有力发展和弘扬了中国的生态文化，具有广泛的社会影响，如由陆川导演执导，历时三年摄制的自然电影《我们诞生在中国》在北美上映，票房跨越千万美元大关，达到了 1094 万，不但超越了该片在中国大陆的票房纪录，而且成为北美自然类纪录片中影史票房第 8 名，在国际媒体和影评人中获得"有趣、深刻而美丽""展示了中国无穷的魅力和大自然的魔法"等极高评价①。再比如，原创动漫电影《天堂飞鸟》将鄱阳湖的优美风光与童话故事相结合，描述一个"同在蓝天下，人鸟共和谐"的感人故事，在妙趣横生的情节中展示了鄱阳湖优美的生态环境、丰富的自然资源和深厚的文化底蕴，创新发展了我国生态文化精神产品的形式与内容。

---

① 《〈我们诞生在中国〉北美票房破千万美元 票房第八》，新华网，http：//www. xinhua-net. com/ent/2017-05/09/c_ 1120942910. htm。

（三）生态演艺产业

文艺表演是文化产业的重要部分，我国艺术表演市场已经初具规模。面对新兴文化消费形态日新月异、消费需求持续变化、国内国际竞争不断加剧的发展环境，反映自然、生态和生态文化的艺术元素和文化载体越来越受到关注，一些生态演艺项目产生了显著的品牌效应。

如张艺谋的印象系列，《印象·刘三姐》《印象·丽江》《印象·西湖》《印象·海南岛》《印象·红袍》《印象·月潭》等大型山水实景演出，以蓝天、白云、雪山、湖水等自然实景为舞台，加上现代声、光、电技术，演出天人合一、情景交融，将自然生态、文化情怀与大众审美完美结合，独创了新的艺术形式，极大拓展了生态文化的市场空间。《印象·刘三姐》从 2003 年开始运营，截至 2017 年 12 月 31 日，累计观看人数达 1611 万；累计场次已达 5860 场，而在 2017 年门票销售创历史新高，累计销售门票 162 万张，票房总收入 2.1 亿元，净利润近 1 亿元①。三亚千古情、九寨千古情、丽江千古情、桂林千古情等"千古情"系列演出，展现了一幅幅水墨山水的画卷，在游客内心深处产生了人与自然相互交融的强烈共鸣，创造了世界演艺市场的五个第一：剧院数第一、座位数第一、年演出场次第一、年观众人次第一、年演出利润第一②。中国著名舞蹈艺术家杨丽萍编导的大型原生态舞蹈剧《云南映象》推动传统民族生态文化传承与现代化转化，2005 年 11 月 16 日走出国门到辛辛那提公演，这种展现中国生态文化、民族传统以及自然需求的演出震撼了美国观众，《纽约时报》等主流媒体进行了铺天盖地的宣传，在当天美国当地的电视新闻中，布什总统的一则新闻用了 1 分钟，《云南映象》的报道却达 6 分钟之久③。这些生态演艺项目的市场成功案例，充分证明了生态文化产业的强大生命力，必定激起观众心中那种人类与自然共通的感情和对生命敬畏的思考。

（四）生态康养产业

健康养生是一种休闲文化，因此生态康养亦属于生态文化的范畴。近年来，

① 王克修：《三大融合促旅游产业靓起来》，《经济日报》，2020 年 5 月 6 日，第 8 版。
② 刘芫信，魏志阳：《"千古情"系列创下五个世界第一》，《钱江晚报》，2018 年 7 月 30 日，第 2 版。
③ 《老美留下'云南映象'》，http：//ent. sina. com. cn/x/2005-11-18/1702901060. html。

随着我国老龄化人口的增多，以及越来越多的中青年陷入"亚健康"状态，康养产业面临前所未有的历史机遇，得到了迅猛发展。在众多康养类型中，森林康养、阳光康养等生态康养由于把自然环境中的生态条件作为主要康养手段，遵循自然规律和生命学原理的自然修复、循序渐进的过程，明显有利于生理机能调节与心灵怡情滋养的有机融合，受到了人们的追捧。

生态康养产业还成了一些地区经济发展新的增长点，比如四川攀枝花市提出六度理论（温度、高度、湿度、洁净度、绿化度、优产度）作为支撑发展阳光康养产业，每年平均接待 3 万人来"晒太阳"；贵州六盘水市大力宣传"凉都"这一城市名片，以凉爽的天气加清新的空气为核心资源发展夏季康养产业。广西、广东、海南等华南地区夏季高温多雨、冬季温和湿润，四季常绿，热带、亚热带林业资源极为丰富，区域内含有充沛的热量和水分资源，此外，它还拥有广阔的热带海域，海洋性景观、海洋资源别具一格，这些地区依托得天独厚的自然优势发展滨海康养、海岛康养产业。如广西巴马瑶族自治县利用青山环抱、绿水长流的自然生态和含有丰富微量元素的水源，打造安静从容的"世外桃源"，全力发展康养产业，走出了一条脱贫致富的可持续发展道路。海口、三亚、珠海、昆明、丽水等地级市以发展大健康医疗产业为康养产业的支柱，以提供良好的养生、养老、休闲度假服务为市场定位，纷纷引进国际先进保健生理论或方法，并结合传统中医药理疗方法，建设国际医疗健康养生城或康养综合体。

2016 年中共中央、国务院印发了《"健康中国 2030"规划纲要》，将"健康中国"上升为国家战略，提出要将健康与生态旅游、文化休闲相融合，催生健康新产业、新业态、新模式。可以预见，在未来康养需求进一步扩大和国家政策的倾斜扶持下，生态康养产业具有巨大的发展潜力，将成为弘扬和发展我国生态文化的重要力量。

（五）生态会展产业

会展产业是通过举办大型国际会议和展览来带动当地旅游、交通运输、饭店及相关服务业的一种新兴产业，是直接宣传推介当地文化的重要途径。我国是展览业大国，围绕自然资源的生态会展一直是我国会展业的核心主题，如林业产业博览会、竹文化节、花卉博览会、中国生态文化高峰论坛、中国城市森林论坛等活动，为生态文化宣传推广和交流互鉴提供了平台，同时为相关企业和地方经济的发展提供了巨大商机。

茶文化节就是生态会展产业的典型形式。中国是世界上种茶、制茶、饮茶最早的国家，经过数千年的积淀，形成了茶艺、茶礼、茶道等内容丰富的茶文化，且各地的茶文化形式有所不同。依托本土特色茶类，全国各地开展了独具匠心的茶文化节，如湖南安化黑茶文化节、福建漳平水仙茶文化节、浙江新昌大佛龙井茶文化节、四川崇州枇杷茶文化节以及中国贵州国际茶文化节暨茶产业博览会等。茶文化节以茶为载体，以古曲音乐、诗词、对联、绘画、书法等多种艺术形式向观众演示茶的冲、泡、饮等技艺；在园内以图文并茂的形式，翔实介绍茶文化的起源发展、风土人情等茶知识；将文化创意用于茶的品牌、包装、营销策略中，大大提升了茶的文化品位和市场形象，使茶叶市场不再单纯卖茶叶，而转型成为生态文化创意产业。

再比如，北京世界园艺博览会、中国国际园林博览会、中国花卉博览会等生态会展，不仅充分展示了我国与花草园林相关的诗词绘画、趣闻轶事、地理文化等，还有效地将现代先进科技和群众喜闻乐见的奇思创意融入园林会展，拓展了生态文化的内涵，丰富了生态文化的表现模式，人们从中品味花草园林的内在风韵、品格、特性，给人以联想、启迪和美感。

二、我国生态文化产业存在的问题

生态文化产业的振兴与发展过程，实质上也是生态文化研究、挖掘、修复、传承和创新建设的过程。在产业模式下，我国博大精深的传统生态文化以及具有鲜明地域特色、浓郁民族特色的生态文化在新的历史条件下获得继承发展和广泛弘扬，并催生了新兴的生态文化产业形式。但是我们也看到，生态文化得到重视和关注不过是近几年的事情，囿于观念创意、市场定位、资金匮乏、管理经营、科技水平、宏观政策等种种主客观因素的制约，我国生态文化产业在现实中存在诸多问题，面临可持续发展的严峻挑战。

（一）过度开发生态资源，严重破坏生态文化产业的发展根基

生态文化相比一般文化产业的特殊性体现在它不仅仅是思想的产物，还必须以生态景观作为物理背景，否则就体现不出生态之意，自然资源和生态环境

是生态文化产业赖以存在和发展的基础条件。但是，在我国生态文化产业的发展过程中，一些企业过分关注产业的经济效益，只注重眼前的利益，不顾生态效益和长远利益，掠夺式过度开发自然环境，使生态文化产业不仅没有达到推广和普及生态文化的初衷，反而成为破坏生态环境的罪魁祸首，这种竭泽而渔的行为将动摇和挖断生态文化产业的根基，这是我国生态文化产业面临的最大潜在风险。

以生态旅游为例，一些地方缺乏生态旅游产业规划，仓促上马，盲目兴建各类旅游设施，未进行环境影响评价，单纯以吸引消费者、追求市场利润为导向，这种人类中心主义的文化发展观，直接造成自然景观被严重破坏，与生态文化建设背道而驰。如长白山自然保护区为开展旅游业，竟然违反河道管理规定，在二道白河上游河段拦河修建综合旅游馆，迫使河流改道、水质污染、水土流失、植被破坏①。云南省香格里拉市的下给温泉，是近代热泉形成的典型地质景观，极具观赏性和科考价值，景区内的喷气孔尤为罕见，但在旅游开发过程中，在不了解喷气孔的地质构造及规律的情况下，开发者企图将喷气孔变为"桑拿浴"场，结果严重破坏了稀有旅游地质景观，该县的另一处地下泉——天生桥"彩泉"，因被"现代化"装饰而失去了"彩泉"再现的自然条件②。这种过度开发还表现在：有的景区游客严重超容量、超负荷运作，对区内生态环境造成过度干扰，导致生态环境逆化；有的景区置植物发芽、动物繁殖的生态敏感期于不顾，仍然照常开展旅游活动；一些自然保护区违反有关管理条例，在缓冲区甚至核心区内开展生态旅游活动；有的只考虑商业需要，在旅游区大造道路、索道、宾馆饭店、停车场、桑拿室、歌舞厅及人文景观，降低了植被覆盖率，破坏了自然美。管理监督不善，一些游客的不文明行为，如乱扔垃圾、随意踩踏花草、攀折树木、戏弄野生动物等，也加剧了对生态的破坏。中国"人与生物圈国家委员会"一份调查资料显示：在已开展生态旅游的自然保护区中，有44%的保护区存在垃圾公害，12%出现水污染，11%有噪声污染，3%有空气污染，22%的自然保护区由于开展生态旅游而造成保护对象受到损害，11%

---

① 鲁小波：《自然保护区生态旅游开发与管理》，北京：旅游教育出版社2010年版，第131页。

② 王保真：《原生态旅游开发严重破坏原生态》，《中国产经新闻》，2009年08月28日，第6版。

出现旅游资源退化①。

此外，在拍摄自然纪录片、开展生态演艺会展的过程中，人们为了追求视觉效果，也存在不同程度破坏自然环境的行为。如何科学合理地规划生态文化产业项目，树立生态文化产业发展的生态导向，保持生态文化产业的生态本色，涵养生态文化产业的发展根基，使人们在娱乐休闲中无时无刻不接受生态文化的滋养和教育，这是我国生态文化产业亟待解决的现实问题。

（二）内容创意不足，生态文化市场影响力较小

创意是文化发展的灵魂，包括生态文化产业在内的文化产业面向市场，必须拥有创新的内容和形式才能吸引观众，进而获得发展的动力，形成产品创新—观众热捧—市场盈利—实力雄厚的良性循环。我国生态文化产业存在低端化、同质化文化产品产能过剩与原创型高端文化产品有效供应不足的结构性矛盾，突出表现为投资大、影响小；重景观、轻剧情；跟风多、原创少等现实窘境。

以自然纪录片为例，21 世纪以来，我国自然和环境类的纪录片呈不断增多的趋势，其中不乏《拯救大白鲟》《我们诞生在中国》等优秀作品，但无论是国际影响力还是口碑票房都与国际高端自然纪录片存在很大差距。究其原因，我国在这类题材上的片子大部分还是缺乏故事性，或者说能做到故事化，片中缺少情节和悬念，不能完全吸引观众。确实，我国自然纪录片注重宏大叙事，展现了大气磅礴的山水画面，给观众带来视觉的盛宴，但是这种单纯的风景展示难免会使人产生审美疲劳，而且还有些纪录片解说词说教意味很浓，不能触动观众的兴奋点，因而我国自然纪录片大部分"叫好不卖座"，使得自然纪录片的发展积极性和后劲不足。反观英美国家的自然纪录片，2005 年吕克·雅克执导的《帝企鹅日记》火爆全球，凭 800 万美元的成本取得了十几倍的票房收益②；由英国 BBC 和德国联合制作的《地球》，聚焦了 3 个动物家庭的迁徙路线，展现动物锲而不舍的精神，将自然世界从自然层面上升到精神层面，甚至有观众评价"灵魂都洗通透了"；拍摄于 1996 年的美国自然纪录片《微观世界》，以非凡的摄制技术，别具匠心地捕捉了昆虫互相较劲、忙碌勤劳、依偎友爱的奥秘世界，在陌生的微缩生命体中发现人类情感的共鸣，给人以奋进的力

---

① 吴学安：《生态旅游莫破坏生态》，《人民日报》，2007 年 11 月 20 日，第 9 版。
② 喜平：《文化微议》，《中国科学报》，2013 年 2 月 1 日，第 13 版。

量和来自微小生命的深刻启迪。可见，如何从细微入手，讲好深藏于大自然的神奇故事，讲好中国美丽山河背后的精彩故事，从平凡朴实的自然生态中寻找打动人心的灵感，是我国生态文化产业创意创新的现实要求。

当然，创意创新的主体是人，我国生态文化产业的创意不足反映了相关人才的匮乏。生态文化产业的人才素质包括对自然的态度以及对自然的感知敏锐程度。比如，国际自然电视节组织主席帕萨·萨拉斯曾说："自然类纪录片绝不只是动物、鸟、树和昆虫的近镜头、非常近的镜头和放大镜头，还要有被称为自然精神的东西。"① 所谓自然精神，就是指对自然的博爱的心和对自然生命的感悟，在拍摄过程中把爱的情感和思想灌注到作品中去。《帝企鹅日记》的导演吕克·雅克用了12年的时间进行筹备，观察帝企鹅的生活状况，《微观世界》则有长达20年的研究准备与拍摄过程，从这一简单的数字中就能看到创作者的态度。自然界无比丰富，选取哪些自然对象表达拍摄主旨？拍摄对象的自然习性是否适合拍摄？诸如此类的问题都必须经过细致而慎重的思考和论证。再加上自然纪录片被摄主体的特殊性，一旦场面错过，就不可能重新出现，不可能存在补拍等环节，这对创作者的反应能力和镜头捕捉能力都提出了很高要求。

（三）缺乏品牌竞争力，生态文化产业管理水平亟须提高

品牌是企业最持久的资产，比企业的产品、生产设备、资产寿命都长。在全球化时代，品牌象征着资产价值，并逐渐成为企业和产业核心竞争力的重要标志。"农业时代竞争土地，工业时代竞争机器，到了信息时代就要竞争品牌。"② 品牌是用抽象化、特有的、能识别的心智概念来表现产品差异性，从而在人们的意识当中占据一定位置的综合反映，它代表着消费者对产品与服务的认可度和信任度。品牌建设是现代产业发展的核心战略，生态文化产业的发展同样需要品牌建设。生态文化产业品牌能够在社会中树立起较高威望，吸引更多忠实的受众目标群、政府政策倾斜乃至国际管理经营人才，使品牌产业进一步稳固实力，扩大规模，不断发展壮大。

尽管目前我国已经初步形成了一些生态文化的产业品牌，如宋城千古情、

---

① 杨铮，赵羡彩：《自然类纪录片的思维品格》，《新闻爱好者（下半月）》，2010年第12期。
② 杨茂盛，郑悦：《外资并购所引起的品牌危机》，《统计与决策》，2003年第11期。

印象系列、江苏古镇周庄水乡文化旅游产业、杭州西湖龙井休闲品茗茶文化产业等品牌典型，但是总体而言，我国生态文化产业呈现"小而散"或"大而不强"的困境，企业规模较小、实力偏弱、抗风险水平不高，文化产业品牌的国际影响力微乎其微，甚至还有一些生态文化产业建设盲目跟风、一哄而上，缺乏品牌战略的长远规划，因而文化附加值不高，盈利经营困难。还有一些生态文化产业品牌寿命很短、昙花一现，如在全国颇具影响力的生态文化创意品牌"印象·刘三姐"一度风光无限，但由于经营不善，于2017年8月申请破产①。

对比国外的生态文化产业品牌，以生态康养产业为例，瑞士利用优良的自然环境和风景，打造抗老养生文化品牌，吸引了曼德拉等众多时代精英踏上瑞士的抗老养生青春之旅，诸如此类的还有日本的温泉养生文化、法国的庄园养生文化、德国的森林养生文化等。再比如，英国BBC环球公司旗下的BBC Earth出品的自然类纪录片以其优美的画面、翔实的资料、生动的解说被人们津津乐道，打造了具有60多年历史传承的生态文化品牌，该品牌旗下的自然类影片在全球130个国家和地区播出，观众超过数十亿人，拥有非常高的影响力，在与包括我国中央电视台等在内的全球各大平台中建立了极高的品牌忠诚度。

通过国际比较，可以看出我国生态文化产业的品牌建设与国际高端品牌还有很大差距，其中的原因是多方面的，如生态文化产业起步较晚、生态文化产业政策不完善、经营管理人才匮乏、文化产业中介组织发育不良等都一定程度制约了生态文化产业的品牌建设。

第三节　我国生态文化产业促进机制的建设路径

我国生态文化产业发展具有良好前景和广阔空间。从现实需求而言，随着我国经济社会的发展和人民生活水平的提高，人们对精神文化和生态环境的需求越来越高，为生态文化产业提供了巨大的消费市场；从政策支持而言，国家对文化产业的发展越来越重视，先后出台了多部关于文化产业发展的重大文件

---

① 《"印象·刘三姐"破产：公司估值1.7亿 债务达15.8亿》，腾讯财经，https://finance.qq.com/a/20180124/002304.htm。

以及推动生态文化发展的专门规划《中国生态文化发展纲要（2016—2020年）》，为生态文化产业发展提供了良好的政策环境。同时，我国拥有十分丰富的生态文化资源，我国自然地貌复杂多样，以自然生态为基础的农耕文明源远流长，孕育形成了森林文化、草原文化、茶文化以及生态工艺、生态饮食文化、生态建筑文化、生态文艺、生态文学、生态哲学等深厚博大的原生态文化底蕴，为我国生态文化产业发展提供了丰厚的土壤和取之不尽的源头活水。基于以上机遇和优势分析，针对目前我国生态文化产业存在的主要问题，著者认为，壮大发展我国生态文化产业重点需要从以下四个方面着手。

一、加强政府对生态文化产业的引导和扶持

有人认为，生态文化产业属于私人产品的范畴，主要依靠市场经济规律来解决供给和运营的问题，与政府无关。这种看法是不正确的。因为，私人文化物品生产部门也要符合国家法律法规，政府需要对其做到最基本的监管和规范，避免生产出质量低劣、内容违规等危害社会和消费者的文化产品，比如有些生态文化企业以破坏生态环境为代价追求市场利润，无法体现甚至摧毁生态文化产业的生态功能。而且，生态文化产业传播的是主流社会主义核心价值观，政府理应对其进行扶持，以激发和弘扬社会正能量。

学界的研究表明政府的引导和扶持对文化产业的生存和发展起到强大的制度支撑作用①，胡安源等从文化产业链的角度分别分析了创意阶段、生产阶段、销售阶段的政府角色定位②。即使是在西方资本主义国家，私人文化产业也得到国家政府的扶持，并形成了完善的文化产业促进政策体系和文化产业保护法律体系。习近平指出，"在继续大胆推进改革、推动文化事业全面繁荣和文化产业快速发展、建设社会主义文化强国的同时，把握好意识形态属性和产业属性、社会效益和经济效益的关系，始终坚持社会主义先进文化前进方向，始终把社

---

① 黄玉蓉：《被资助的文化：中外文化资助体系及制度设计》，北京：社会科学文献出版社 2018 年版，第 4 页。

② 胡安源，王凤荣，赵志恒：《文化产业中政府角色定位分析》，《山东社会科学》，2016年第 5 期。

会效益放在首位。无论改什么、怎么改，导向不能改，阵地不能丢"①。政府在生态文化产业的发展过程中不能缺位，也不能越位管理，主要通过制定生态文化产业政策，发挥宏观调控、市场监管和制度建设等方面的作用，为生态文化生产企业营造公平竞争的外部环境。

（一）制定生态文化产业发展的战略规划

"上兵伐谋，规划先行。"思深方益远，谋定而后动。生态文化发展是一项长期的历史性任务，也是一项复杂的系统工程，需要做好顶层设计和战略规划。国家的战略规划不仅是各级政府的价值取向和直接动力，也是政府职能运作的重要基础和依据。任何一项事业或具体工作的兴衰成败，都是外部环境和内部多种因素交织作用的结果，必须具体问题具体分析，但其中起关键作用的往往是领导决策是否正确，这是因为决策规定了群体行为的方向和目标，它必然关系到组织的全局和发展方向。

国家要组织相关专家、社会各界开展我国生态文化产业战略规划的前期调研和论证起草工作，在掌握我国生态文化产业现状和整体发展态势的基础上，制定纲领性文件，明确指导思想、发展原则、规划编制依据、总体发展目标、发展思路、阶段性目标、实施步骤、具体指标、重点规划项目、保障体系等，表明国家发展生态文化产业的政策趋势和战略方向，以引导和鼓励市场主体投资生态文化产业，或推动其他文化产业积极向生态文化产业转型。特别是生态文化资源丰富的地区，地方政府要率先出台促进生态文化产业发展的综合规划，也可以根据区域特点制订专项计划，使得生态文化产业成为推动本地经济社会发展的支柱产业，成为全国生态文化产业的示范典型，为吸引全国乃至全世界的文化投资者提供政府支持，为获得国家政策倾斜赢得先机。比如《贵州生态文化旅游创新区产业发展规划》《安吉县森林康养产业发展总体规划（2019—2025年）》《天门市茶及茶文化产业发展规划》《攀枝花甲级生态文化产业规划方案》以及内蒙古政府致力于打造以"草原文化"为精髓的文化产业发展格局等，就体现了政府致力于促进生态文化产业发展的决心。

---

① 中共中央文献研究室：《习近平关于全面深化改革论述摘编》，北京：中央文献出版社2014年版，第85页。

（二）制定规范和保护生态文化产业发展的法律法规

文化产业的发展离不开法律法规的保驾护航。美国、英国和韩国等国家发展文化产业都以完善的法律制度作为保障，如美国颁布了《特别合同法》《娱乐版权法》等作为改善文化产业建设的法律依据。其中，最为关键的是知识产权保护。文化产品具有研发成本高、复制成本低、可重复使用的特点，如果忽视了知识产权的保护，盗版侵权行为泛滥，就会损害原创者的利益，从而挫伤原创者的积极性，动摇文化产业发展的根基。一直以来，国际上对版权的保护都非常重视。以音乐产业为例，在国际唱片业协会的组织协调下，全球反音乐盗版行动已形成合力，并通过培训观察员和调查员、采用先进的追踪技术、与各国执法部门开展合作、监督世界各地的光盘生产厂等措施，打击音乐产业方面的盗版行为。可以说，打击侵权盗版行为，已经成为各国文化产业发展的共识。

我国生态文化产业发展过程中存在"傍名牌"、抄袭创意等严重的侵权行为，如知名生态文化"千古情"系列的演艺商标"宋城"，被其他企业盗用注册为"汴梁小宋城"；再比如现在很多地方都在搞生态旅游类演出节目，但是很多节目设计大同小异，抄袭"印象"系统的商业模式，对于此类生态文化商业模式的专利保护，我国相关法律规定还处于空白状态。

因此，我国要完善包括生态文化在内的文化知识产权保护范围；加大生态文化侵权假冒行为惩戒力度，大幅提高侵权法定赔偿额上限，研究采取没收违法所得、销毁侵权假冒商品等措施；开展生态文化关键领域、重点环节、重点群体行政执法专项行动；建立生态文化知识产权执法信息报送统筹协调和信息共享机制，建立生态文化市场主体诚信档案"黑名单"制度，以及建立重复侵权、故意侵权企业名录社会公布制度等，以统一公平的法治环境鼓励生态文化创意迸发，鼓励生态文化产品创新，不断繁荣生态文化市场。同时，推动企业提高生态文化知识产权的保护意识，在进入市场经营生态文化产品和提供生态文化服务之前，及时进行专利申请，进行商标注册、版权注册等，以保证后续的法律保护。

此外，政府规范生态文化产业发展还要注重促使企业保护和改善生态环境，至少保证基本的生态底线，如制定生态文化具体行业的环境保护规范，为生态文化设施的建设、生态文化产品和服务的供给制定可供参考的尺度，促进在生态文化产业开发的所有过程和行为都符合相关的环境保护要求，提升生态文化供给的整体水平；要求生态文化产业规划和建设前必须进行环境影响评价，尽可能减少人为景观，最大程度保留当地的生态植被样貌；限定环境容量范围内的游客数量；建立经营范围内企业及服务对象的环境负面清单，坚决禁止破坏生态环境、伤害动植物等现象；定期开展企业运营过程中的环境监测等，使生态文化产业在发展中始终坚持生态导向，保留生态本色，保存生态文化产业可持续发展的后劲。

（三）完善生态文化产业的资金扶持政策

根据结构转换理论，由低级产业向高级产业的转换过程，不能单纯依靠市场进行，而必须具有政府的调控和扶持。实际上，许多发达国家都意识到文化产业对于经济转型的重要作用，并制定支持政策推动文化产业的发展。比如，法国政府规定特定文化产业企业可享受3%左右的税收优惠；丹麦政府为电影和媒体争取创投资金，推动建立区域化的电影基金，为文化创意产业的出口企业争取信用贷款，并为文化产业全国性国际性会议、事件和活动筹措资金；意大利于2000年颁布了"资助文化产业优惠法"，规定企业投入文化资源产业的资金一律不计入企业应缴税款的收入基数，有效地激励了私人企业投资文化资源产业①。另外，文化产业通过市场融资较难，因为银行贷款要求抵押物，而文化企业拥有的多是无形资产，具有"轻资产"的特点，缺少固定资产抵押物，知识产权、创意模式等都难以评估和判断，再加上绝大部分的文化产业企业属于初创期的中小微企业，在信用等级、抵御风险能力和经营效益等方面与大型企业还存在巨大的差距，导致大部分文化企业的银行贷款困难重重。生态文化产业是文化产业的新兴业态，以上有关文化产业融资难的困境同样在生态文化产业中存在，而且生态文化受天气、气候等不可抗拒的客观自然状态的影响更大，因而市场融资难的情况更为严重。

政府加强对生态文化产业的资金扶持首先要拓宽生态文化产业的融资渠道，推出信贷、债券、信托、基金、保险等多种工具相融合的一揽子金融服务，做好生态文化企业从初创期到成熟期各发展阶段的融资方式衔接。如建立专门针

---

① 欧阳坚：《文化产业政策与文化产业发展研究》，北京：中国经济出版社2011年版，第110页。

对生态文化产业金融服务的考评体系，为生态文化产业获得市场融资提供依据；将生态文化产业纳入《文化产业投资指导目录》"鼓励类"的文化产业项目，金融机构优先予以信贷支持，提供利率优惠服务，并适当延长贷款期限；鼓励风险投资基金、私募股权基金等风险偏好型投资者积极进入处于初创阶段、市场前景广阔的生态文化产业。

其次，要对生态文化产业给予税收优惠。我国目前文化产业的税率相对较高，以出版业为例，通常销售出版物的销售税为6%，而中国图书销售税率为13%，是国际水平的两倍①，出版业是一个高投入、低利润的行业，其税收标准要低于其他行业才能维持基本的运营。我国有关生态文化的出版产业发展较慢，与税收较高不无关系。因此，政府引导、鼓励和支持民营企业及社会各界力量投资生态文化建设，可以在选址、立项和税费方面给予优惠。

最后，可以建立扶持生态文化产业发展的专项资金，如设立生态文化产业投资基金，由财政注资引导，鼓励金融资本依法参与；特别注重扶持具有区域民族特色的传统生态文化产业和一些濒危民间生态文化创意产品的传承和开发；选择一批具备实施条件的重点项目给予支持，加快建设一批具有重大示范效应和产业拉动作用的重大生态文化产业项目，着力培育一批有实力的骨干生态文化企业，支持推动符合条件的生态文化企业上市，探索开展生态文化产业项目的资产证券化试点。

二、推动生态文化产业集团化和品牌化

把若干单体的组织或个体集而"团"之，使之发挥"团"的优势，即集团化。集团化不是简单的企业合并，而是将与某一产业领域相关的企业及其他相应支撑机构，依据研发、采购、生产、销售、管理等环节进行专业化分工和协同运作建立起来的组织形式。早在1776年亚当·斯密就从分工协作视角对集聚经济现象有过描述，熊彼特的"创新产业集聚论"、胡福的"产业集聚最佳规模论"、波特的"企业竞争优势理论"等都从不同角度分析了产业聚集的成因以及发展机理。集团化既是产业发展的重要途径，也是产业发展的必然趋势，世界

---

① 欧阳坚：《文化产业政策与文化产业发展研究》，北京：中国经济出版社2011年版，第113页。

500强企业几乎都是集团化运作的产物。集团化可以实现资源共享、优势互补，降低企业技术创新、市场营销、信息交易成本，增强市场交易话语权，而且产业集团一旦形成，便进入内部自我强化的良性循环过程，一方面不断细化刺激相关产业和后续产业的发展，衍生出更多的新生企业，如科研机构、商会、协会、中介机构等，另一方面吸引更多的资源、相关企业向该集团聚集，产生专业知识、生产技能、市场信息等方面的累积效应，从而为企业发展提供实现创新的物质基础和人才支持。

如果说集团化是企业做大的过程，那么品牌化则是企业做强的过程。任何一个文化产业，除了要整合资源、搭建平台、集聚要素外，还面临着塑造品牌并进行策划推广的任务。一个著名的文化产业集团，其品牌价值、品牌知名度、品牌美誉度、品牌忠诚度会通过品牌资产的效用和品牌联想的传播向这个企业生产的所有文化创意产品扩展，减少了文化企业的品牌传播成本，提升文化产品的品牌附加值，进一步提升文化集团的资产总量。因此，集团化和品牌化是一个硬币的两面，两者相辅相成，"大而不强"和"强而不大"都不会使企业长期生存和可持续发展。

目前，我国生态文化产业还处于起步阶段，"小、散、弱"问题比较突出，多数生态文化企业规模较小、经济效益不高、竞争力不强、资源不集中、同质化现象严重。面对企业既不大也不强的尴尬局面，积极推动产业集团化和品牌化，提高要素配置效率，扩大经济规模，打造能与国际同行竞争的生态文化品牌，是做大做强我国生态文化产业的必由之路。

（一）推动生态文化企业兼并重组

我国生态文化产业的各个行业都存在几个企业规模、企业实力等方面具有领先优势的大企业，这些企业建立生态文化集团具有一定基础。要按照现代企业制度的要求，对经营不善的弱小生态文化企业实施破产拍卖，通过股份制、股份合作制、联合兼并等形式，实施强强联合、跨地区兼并重组、境外并购和投资合作，以处于领先优势的大企业为母公司，成立跨地区、跨部门、跨所有制和跨国经营的具有规模性、主业突出、核心能力强的大型生态文化集团，使分散在各地的生态文化资产从粗放型的数量优势转变为集约型的质量提高。如将西南地区的生态旅游企业进行整合，成立西南生态旅游集团，对西南地区的生态旅游基地进行统一规划。

生态文化产业集团的成立不仅要联合并购经营范围同类型的企业，还要注意吸纳与生态文化核心业务相关的上下游企业，围绕生态文化产品和服务生产，打造覆盖投资、生产、制作、分发、运营等各个环节彼此呼应、承上启下的完整产业闭环，让文化产业部门之间的协同效应得到有力体现，实现"1+1 大于2"的价值创造。如西南生态旅游集团不仅要兼并西南地区的生态旅游企业，还要合并与旅游相关的法律、保险、影视等企业。

值得说明的是，生态文化企业兼并重组要遵循市场经济规则，充分尊重企业意愿，由企业通过平等协商、依法合规开展兼并重组，防止"拉郎配"。政府在其中主要是消除企业兼并重组的制度障碍，如清理限制跨地区兼并重组的规定、废止各种不利于企业兼并重组和妨碍公平竞争的规定，落实税收、土地等优惠政策，做好提供信息和搭建平台等服务。

（二）重视生态文化产业的品牌建设

文化产业的特殊性决定了"名人、名企、名牌"在产业发展中的作用比其他产业更突出。生态文化企业在创立之初就应将品牌建设作为企业发展的战略目标，牢固树立品牌培育意识。

首先，要高标准要求生态文化产品和服务的质量，并将这种高标准进行量化细化和普遍推广。质量是品牌的灵魂，反映产品的耐久性、可靠性、精确度等价值属性。如著名文化公司迪士尼对产品材料和做工的要求十分苛刻，迪士尼一个卡通屋子的造价是国内的 10 倍；管理团队的成本也特别高，一个迪士尼的高层管理人员就要 700 多万元的工资；迪士尼乐园工作人员与成人游客说话时或俯身与孩子交流时的角度、高度都有细化规定；一个卡通角色通常由数人轮流扮演，所有的人员都是根据自己的身形和特色来特定扮演某个角色，同一个角色有固定的规定动作，所有该角色扮演者的动作都要一致，甚至还要练习这个卡通人物的签名，保证笔迹都一模一样①。迪士尼将这些标准化的流程、建筑质量要求、服务规范等在全球的迪士尼公司推广，保证了迪士尼品牌的良好声誉。我国生态文化企业也要有这种高标准的质量意识，确保企业的所有生

---

① 牛维麟：《国际文化创意产业园区发展研究报告》，北京：中国人民大学出版社 2007 年版，第 148 页。

态文化产品和服务都有基本底线，如生态会展企业，无论是在云南、上海，还是甘肃等地举办生态会展，在品牌标识、场景设计、基础设施、员工服务等方面都有统一的标准和规范，作为该产业品牌的形象象征。

其次，在质量标准化的基础上开展差异化的特色服务。标准化体现的是质量方面的水准和要求，并不意味着产品内容的复制和雷同，否则不能使公众形成认知和感受上的差异，吸引不了回头客，影响企业的持续发展。全球 6 大迪士尼乐园的主题各不相同，人们即使去过法国迪士尼，也愿意再次去日本迪士尼、上海迪士尼等。消费者的文化需求和生态资源的区域差异性更是决定了生态文化产品和服务内容在不同地区、不同时期的差异性。宋城演艺的千古情系列和张艺谋的印象系列就是生态文化品牌差异化战略的典范。再比如，某生态康养集团在海南需要侧重阳光康养，在云南则要侧重温泉康养，这种差异化经营将提升品牌张力和扩大辐射范围，也是品牌建设的重要策略。

最后，我们要认识到，品牌资产的作用在于可以为企业投入的资产带来未来超额收益，而现期的投入是未来收益的基础，所以，生态文化企业的品牌建设应该有长远的眼光和打算，眼睛不能只盯在眼前利益上，要舍得去投入人力、物力和财力，更不能以破坏生态环境为代价去博得昙花一现的品牌效应。

（三）提升生态文化品牌的市场营销战略

企业品牌被公众知晓和认可，需要市场推广营销，传统"酒香不怕巷子深"的观念在市场经济时代已经很难迅速占领市场，尤其是作为发展历史较短的新兴业态，生态文化产业要尽快做强做大必须要用高超的市场营销战略以传递生态文化服务的核心价值，影响社会公众的生态文化消费心理和动机，使客户形成对生态文化服务的感知价值和品牌忠诚度，从而增强和保持生态文化企业的市场竞争优势。其中，营销渠道是企业把产品提供给消费者的至关重要的纽带环节，要充分利用互联网、手机、数字电视、户外媒体及车载媒体等新媒体平台，发挥各自的传播优势，通过提高曝光率提升生态文化产品在大众之中的知名度，以低成本、高效率的方式繁荣生态文化市场；要以广告投放、公共关系维护等多种策略强调生态文化产品的生态内涵；要充分利用博览会、研讨会、交流会等平台，采用网络直销、赛事冠名等推拉结合的方式，使生态文化产业的品牌形象、文化内涵和生态价值达到全方位的立体市场渗透效果，提升生态文化产业的国内国际知名度和影响力。

三、创新生态文化产业的内容创意与商业模式

文化产业是以知识为基础的现代服务经济，生态文化产业则是聚焦以生态知识为基础的现代服务经济。同文化产业的内核一样，内容创新是生态文化产业的核心基础，没有内容、没有故事，自然环境就只是一片单调重复的风景，只有把动态的人类创意和静态的自然环境完美地结合起来，创造出满足人们审美、休闲、娱乐、教育等高层次的精神文化需求，才是生态文化产业发展的根本。与文化内容相对应的是文化商业模式，商业模式是企业为实现所确认的文化价值定位，所采取的各种资源要素的组合和输出方式。文化创意是生态文化产业的核心内容，商业模式则是生态文化产业的呈现形式。随着时代的变化，商业模式的具体形态会发生变化，比如在旅游方面，越来越多的旅游者已经不再满足于一般形式的观光游览，而是追求更深层次的参与性旅游体验，诸如野生植物识别、野生动物观察、户外游憩活动、自然和文化传统体验等，甚至还引进吸收了西方国家盛行的边走边学（向导旅游）、专门学习性旅游计划（团体教育性旅游）等旅游项目。内容创意和商业模式的创新是产业发展的不竭动力。彼得·德鲁克在《创新与企业家精神》中曾指出创新的七个重要来源，分别是出乎意料的情况、现实与假设之间的不一致、以需要为基础的创新、产业结构和市场结构的改变、人口结构的变化、认知情绪和意义的改变、科学的及非科学的新知识①。依据以上创新理论，著者认为生态文化产业的内容创意和商业模式创新可以从以下三个方面入手。

（一）广泛利用高新科技

纵观人类文化发展历程，文化的创新与繁荣背后都有科技进步的推动，如造纸术的发明和改进是书写材料的一次伟大变革，大大促进了文化教育的普及，让更多普通人接受文字和文化启蒙，受过教育的人们通过思考、交流、碰撞产生了更多思想。现代科技对文化发展的作用尤为突显，现代科技与文化的深度融合不仅产生了层出不穷的文化创意，更是产生了无数文化新业态，拓展和丰

---

① 董薇，刘吉晨：《文化产业商业模式创新》，北京：中国传媒大学出版社 2015 年版，第 22-23 页.

富了文化的内涵与外延，比如在新闻出版行业，随着数字技术、信息技术、网络技术全面普及，出现了以数字出版、数字印刷、数字发行为代表的新业态，电子图书、数据库出版物、手机出版物等很大程度上改变了用户的传统阅读习惯；电影堪称科学和艺术的完美结晶，作为与科技发展关系最为密切的一种艺术表现形式，电影自诞生之日起，数字特效等高新科技使影视屏幕上呈现更多的唯美视听效果，刺激着人们的想象力和创造力。

就生态文化产业而言，全球较为有名的生态文化企业和项目都是最新科技与生态文化结合的典范，BBC 在《蓝色星球 2》的拍摄过程中运用了军事潜水技术、高清无人机、吸盘摄像机等"黑科技"，拍下了其他纪录片里难以拍下的场景，将海底微生物、望而生畏的森林凶猛动物等日常生活鲜活呈现在人们面前，"紧跟拍摄技术的发展潮流，每当有新技术出现时，总是不遗余力地使用，成为 BBC 制作高分纪录片的法宝"①；瑞士的生态康养产业不只是让人沉浸在优良的生态环境中，而是以世界顶级医疗科技为支撑；即使是传统的生态旅游景点黄石公园，也及时新增最新科技带给游客人性化的细节服务。我国生态文化产业内容创意和商业模式创新可以借鉴国外灵活运用高科技的经验，并主动追踪人工智能、云计算等技术变革的前沿，努力找寻高新科技与生态文化产业的结合点，或者创新探索大自然中以前尚未发现的事物，或者创新构思自然资源和生态环境的利用方法，不断传递生态环境更多的文化内涵。

（二）讲好中国大自然的美丽故事

故事是文化的基础。文化产业内容创意的过程就是编织故事的过程，即文化产品的具体结构、剧情、人物设计、音乐、场景等的独特构思。如果生态文化产品没有故事情节，只是自然风光的直接展示，不会给人留下长久的深刻印象；相反，如果故事情节别具一格，剧情洞察人心，感人肺腑，作品自然广为流传，产业必然蓬勃发展。我国生态文化产业创新内容创意可以通过以下三种方式开展。

一是使人们熟悉的自然要素陌生化。创意的本质是通过思维模式、思维习惯的改变或颠覆，构想出仅有的、一般人没意识到却又合乎常理的事物，这就需要有与众不同、出人意料的思维方法，但是这种创新思维不是凭空捏造、无

①　李文：《解析 BBC 的全媒体发展之路》，《传媒评论》，2014 年第 1 期。

中生有，而是根据生活经验的积累，对已掌握的知识进行重构，达到出人意料的效果。即使是再平常不过的蚂蚁、树木等自然物，只要善于观察，也能从中发现新奇之处并构思新奇故事。

二是为传统生态文化注入时代精神。创意作为一种文化创新活动，既是一个取其精华、去其糟粕的改造传统文化的过程，又是一个推陈出新、革故鼎新的创造新文化、发展先进文化的过程，既是一个民族文化相互交流融合的过程，也是一个借鉴汲取人类一切优秀文化成果、发展民族文化的过程。生态文化创意要广泛收集国内外一切有关利用、改造大自然的历史故事和神话故事，讲述和编写人类以及其他动植物在地球上繁衍发展的独特习性和风土人情，从生生不息、代代流传的生态智慧中获得启迪。

三是体现出独一无二的原创性品格。原创性要求创意不因循守旧、不墨守成规，要善于标新立异、独辟蹊径。这种原创性的知识既可以是某种点子、想法，也可以是某种策划、思路或解决方案；既可以是某种新发明或新技术的内心感受，也可以是对某种新的要素组合方式、新的商业模式或某种新的市场需求的前瞻性判断与敏锐洞察。

值得说明的是，无论如何创新，生态文化故事创意有一个永恒的宗旨，就是从人性的视野和深度来展示美丽自然的魅力，才能引起共鸣。因为，无论文化差异、人种分别、观念分歧，那些真善美的人性是相通的，只有贴近人性、贴近现实生活，将爱情、友情、亲情等人性因素融入自然世界，创作出一系列反映自然界优胜劣汰、共荣共生等客观规律，有温度、有思想、有品质的生态故事，给人以心灵的震撼和智慧的启发，才能满足人们自我实现的精神文化需求，而这才是生态文化存在和发展的终极意义。

（三）积极谋求生态文化产业跨界合作

创新的灵感每每产生于思想的碰撞、移植和借用过程之中。21世纪以来，在高速全球化潮流的影响下，原本毫不相干的产业开始跨界合作，创造了新的商业模式、新的商业创意和新的审美形态，并涌现出大量成功案例，如食品行业的奥利奥公司与电影《权力的游戏》合作用奥利奥饼干搭建维斯特洛大陆场景，摩拜单车×QQ音乐＝"音乐骑行"等。跨界合作以现有业务为基础，横跨不同行业、不同领域，将自己企业的经济活动渗透到其他企业，加强与其他企业的知识和品牌共享，丰富了产业内容，延长了产业链条，形成新的竞争优势和新的价值链。目前，"文化+""+文化"已成为文化产业的发展趋势，确切地说，文化产业只有与实体经济、高端服务业等跨界合作和深度融合，无形的文化创意才能有可以依托的物理实体，才能转化为高附加值的文化资产。借鉴文化产业和其他产业跨界合作的实践经验，生态文化产业的跨界合作可以通过以下三种方式展开。

一是跨国界合作。各国文化的交流日益频繁，很多中国传统故事都已经被外国进行了改编，张家界国家森林公园等国内风景区被国外影片取景利用，我国生态文化产业可以将国外生态文化资源注入本土生态文化的核心价值观，完成外来生态文化的本土化改造。比如，与英国 BBC 联合摄制展现我国野生动植物和自然人文景观的纪录片；生态演艺与国外艺术团队合作，展现与我国自然环境相契合的异域风情，讲述人类文明来源于自然启发的共性。诸如此类的合作，既能通过吸收借鉴国际先进经验，提高我国生态文化产业的品质，还能促进我国生态文化产业对外宣传，提高我国生态文化的国际影响力。

二是跨产业合作。生态文化产业可以与制造业、食品行业、服饰行业、美妆行业、房地产等产业合作，将生态文化融入这些产业的设计、生产、包装、营销、消费等各个环节中，既为这些产业增添了文化感，也为生态文化产业多元发展和结构优化拓展了空间，实现产业合作的双赢局面。尤其是新成立的生态文化企业，可以通过与其他产业的知名企业合作，降低受众接受陌生产品的门槛，迅速提升知名度，打开市场。

三是生态文化产业之间的合作。如生态旅游与生态演艺、生态康养、生态会展、生态出版等行业合作，因为都有生态文化运作的共同经验和产业背景，可以整合生态创意，互相激发文化灵感和商业思路，有利于在产业内部产生鲶鱼效应，从而提升整个生态文化产业的活力。

四、培育壮大生态文化产业中介组织和人才队伍

一个产业的发展不可能仅仅依靠核心企业的一己之力，还需要专业化的服务机构为其提供选题、策划、组织、联络等各种中介服务活动。大量高水平的文化中介机构及经纪人、代理人，是促进文化产业发展的必要条件之一。中介机构是指依法通过专业知识和技术服务，向委托人提供公正性、代理性、信息

技术服务性等中介服务的机构，如各种行业协会、商会、创业中心等组织机构和各类代理公司、担保公司、专业咨询公司等各种形式的中介组织。文化中介服务机构是链接文化产业的创作、生产、流通、消费的全部环节的纽带，它们本身并不直接参与文化产业的生产经营，但却起着重要的辅助和促进作用。

文化中介组织可以在企业之间、企业和其他机构之间穿针引线、铺路架桥，起到沟通信息、传播信息的桥梁作用，为文化企业提供最新资讯和协作信息；可以对文化产业进行数据搜集、分析，判断整个行业的发展态势和未来趋势，帮助企业开展风险评估，为企业指引发展方向；可以处理法律服务、成果转化、资本投资等事务，节约企业时间和人员成本，促使文化企业将主要精力聚焦于文化内容的创意创新。国外文化产业的繁荣发展很大程度是各类文化中介代理服务机构、各种经纪人、代理人等培育和推动的结果，发达国家文化产业中介包括政策服务、组织管理、法律服务、投融资服务、技术服务、人力资源服务以及合作交流等，形成了包括人、财、物、信息在内的内容涵盖广泛、服务环节全面的全要素体系。文化中介体系的完善程度反映出文化产业的发展程度。

我国中介服务行业的发展较晚，市场化水平比较低，且大多停留在局部环节或某个行业，文化企业对中介服务机构的作用认识不够，企业的经营决策大多依靠领导者的经验和智慧，聘请专业咨询机构的意识不够，这往往容易造成市场定位失误、企业长远发展后劲不足等问题。生态文化产业作为新兴产业，要高度重视文化中介在产业发展中的重要作用，利用后发优势实现弯道超车。

首先，引导传统的文化中介组织拓展业务范围。通过政府宣传、政策讲解等渠道，使文化中介组织充分认识到生态文化产业的发展前景，促使专门从事演出、影视制作和节目策划文化公司等文化经纪公司开拓生态文化节目演出市场；促使会计师事务所、律师事务所、咨询公司、创业投资服务机构、税务师事务所、专利商标事务所、产权交易中介等中介组织加强对生态文化产业的研究，加深对生态文化产业的认识，积极开发生态文化产业行业报告、生态文化资产评估方法、生态文化企业财务报表重构等，为生态文化企业明确主业方向、发现市场商机和获得信贷融资等提供信息知识和技术支撑。

其次，培育新兴的生态文化中介组织。国家制定对生态文化中介服务机构的具体扶持措施，鼓励非公有制经济成立各类生态文化中介服务企业，为生态文化中介服务机构营造良好的政策环境。如对新成立的生态文化中介企业在一定时期给予所得税优惠、营业税优惠等多种形式的倾斜政策；政府主动搭建平台，推动生态文化中介组织之间的交流沟通与协调合作，组织行业培训、技术咨询交流、项目招商等服务；政府组织策划一系列有影响的生态文化产业中介活动，扩大生态文化中介机构在文化产业发展中的影响和作用，推动相关生态文化企业了解该行业的中介组织，主动寻求咨询服务，为生态文化中介组织的前期发展开辟市场。

最后，加强对生态文化中介组织的监督与规范。我国很多产业缺乏中介咨询意识或者不愿意主动寻求市场中介服务，其主要因素与中介组织内部没有建立自我约束机制，职业道德、行业自律缺失有很大关系，一些中介机构和执业人员弄虚作假、违规操作、非法执业等违法违纪现象严重扰乱了市场秩序，破坏了中介组织的市场形象。因此，生态文化中介组织的良性发展必须规范市场运作秩序，改善中介执业环境，使生态文化中介机构成为自我约束、自我发展、平等竞争的经济组织。

具体而言，国家要建立健全包括生态文化中介组织在内的所有文化中介组织的法律规范体系，明确文化中介组织的性质、权利、义务、运营范围、从业人员的资格标准等；开展生态文化中介经纪人从业资格认定，除了文化中介经纪人的基本职业要求以外，还必须强调具备从事生态文化经纪活动所需的生态保护意识和生态保护知识；鼓励建立生态文化中介组织行业协会，建立一套相互制衡、相互配合、协调发展的生态文化中介行业管理体制，建立执业人员执业规范和职业守则细则以及生态道德、职业操守等教育长效机制；在对现有生态文化产业中介组织进行摸底、梳理、调研、分析的基础上，对从事生态文化产业的中介组织的各种执业资格进行撤并、规范和清理，加强执法力度，净化中介市场，对严重违规行为的人和组织进行停业整顿；各种新闻媒介对生态文化产业中介组织的环境破坏、扰乱市场秩序等违法行为予以及时曝光，对推动生态文化建设的先进中介组织进行宣传和弘扬，促进生态文化产业中介组织健康发展。

第四章

生态文化建设的消费引导机制

　　生态文化建设的根本目的是通过文以化人，使社会民众在日常生活中时时处处体现生态自觉，以强大的社会生态惯性，不断推动形成建设更高层次的生态文明的社会力量。消费是日常生活的最基本环节，因为如果没有消费，人类就无法维持生命并使劳动力得以发挥。马克思说："人从出现在地球舞台上的那一天起，每天都要消费，不管在他开始生产以前和在生产期间都是一样。"[①] 如果生态文化建设没有表现在人们日常消费上，如果人们日常消费不仅不能有助于生态环境建设，反而是严重破坏生态环境的，那么说明生态文化建设并没有起到广而化之的作用，生态文化建设就是失败的，就是一种纯粹的理念和姿态。

　　人的消费与其他动植物一样，其消费过程本质是人的新陈代谢与大自然之间进行物质循环和能量交换的过程。自人类产生以来，人类社会与自然界的物质循环和能量交换基本维持平衡状态，但资本主义产生和商品经济不断发展，物品的使用价值逐渐让渡于交换价值，商品、货币、资本的三重拜物教使消费的本质和功能发生了异化，导致了诸多社会问题。1992 年联合国环境与发展大会通过的《21 世纪议程》明确指出："全球环境不断恶化的主要原因是不可持续的消费和生产模式""消费问题是环境危机的核心。"[②] 消费主义文化与生态文化格格不入且尖锐对立，消费主义文化的盛行是阻碍现代生态文化建设和消解生态文化建设成果的最大破坏力。因此，开展生态文化建设，不仅要做加法，增加生态文化公共服务供给和发展生态文化产业，还要做减法，对消费主义进

[①]　《马克思恩格斯文集》（第 5 卷），北京：人民出版社 2009 年版，第 196 页。

[②]　中国环境报社：《迈向 21 世纪——联合国环境与发展大会文献汇编》，北京：中国环境科学出版社 1992 年版，第 80 页。

行批评批判，引导社会民众树立正确的消费观，减少攫取自然资源和挤占环境容量的物质消费，增加尊重自然规律的绿色消费，增加有益于丰富内心的精神文化消费，使生态文化如同呼吸空气一样，逐渐成为人类社会稀松平常的自然需要和自在文化。

第一节　消费主义是生态文化建设的主要掣肘

消费是人类生活不可或缺的活动，其实质是利用、消耗自然原料和人工物质以满足需要的过程。在我国，"消费"一词汉朝即已出现，可解释为"消磨、浪费"之意，如王符《潜夫论·浮侈》："此等之俦，既不助长农工业，无有益也，而坐食嘉穀，消费白日。"（《汉语大词典》，卷5）到唐宋时期，泛指"开销，耗费"，如唐姚合《答窦知言》诗："金玉曰消费，好句长存存"；《宋书·恩悻传·爰》："比岁戎戍，仓库多虚，先事聚众，则消费粮粟。"（《汉语大词典》，卷5）在现代社会，"消费"是与"生产"相对而言的概念，表述一种社会生产关系及与生产、交换、分配相关的一种经济形式，或者按经典马克思主义的说法，消费、生产、交换、分配是社会生产关系的四种主要形式之一，是社会再生产过程中的一个重要环节，也是最终环节。因此，现在的《汉语大词典》对消费的解释是"为了生产和生活而消耗物质财富"①。

一、消费主义：从有闲阶级到普通大众

在工业革命以前，由于生产力水平较低，社会物质产品十分有限，大多数人无力享受超过生存需要的物质消费，奢侈消费只局限于上层贵族和统治阶级，正如凡勃伦所说的，"在经济发展的初期，毫无节制的消费，尤其是高档用品的消费通常属于有闲阶级的专利"②。即使是在资本主义发展初期，以威廉·配第、亚当·斯密、大卫·李嘉图为代表的古典政治经济学家对消费也普遍持有

---

① 杨魁，董雅丽：《消费文化：从现代到后现代》，北京：中国社会科学出版社2003年版，第4页。

② ［美］凡勃伦：《有闲阶级论》，蔡受百译，北京：商务印书馆2002年版，第16页。

一种节制、贬抑的态度，他们反对非生产性的消费行为，认为节制消费、勤劳节俭是保证生产规模扩张、资本积累和国民财富增长的必需条件。马克斯·韦伯在《新教伦理与资本主义精神》中赞美，近代资产阶级奉行的是一种克制、节俭、勤劳的新教伦理和资本主义精神，"这种世俗的新教禁欲主义与自发的财产享受强烈地对抗着；它束缚着消费，尤其是奢侈品的消费"。①

随着工业社会的发展与成熟，人类凭借高速发展的科学技术对自然界进行大规模开发利用，科学转化为技术、技术转化为生产力的周期在不断缩短，人类改造自然的广度和深度在不断扩大，社会物质财富随之不断增加，"在伦敦最繁华的街道，商店一家紧挨一家，在没有目光的玻璃眼睛背后，陈列着世界上的各种财富：印度的披肩、美国的左轮手枪、中国的瓷器、巴黎的胸衣、俄罗斯的皮衣和热带地区的香料"②。客观的物质生产现状决定消费水平和生活方式，大量丰盛的物质产品被源源不断生产出来，"旧时王谢堂前燕，飞入寻常百姓家"，那些曾经在物质短缺时代为少数阶层享有的消费特权，已经被打破阶层壁垒，成为普通百姓消费的日用品。

同时，物质生产生活方式决定意识形态，人们在物质消费中产生一定的文化，比如在短缺经济下，崇尚的就是厉行节约的消费文化，而当物质极大丰盛和大量物质消费成为普遍社会现象时，也就产生了一种穷奢极侈的大众消费文化。通常我们将消费文化特指后者浪费型的消费文化。这种消费文化通过现代传媒广泛传播和蔓延，逐渐改变和形塑固化整个社会的价值观念，从前被誉为美德的节俭、勤劳等品质被追求消费的声音湮没，更多更好的物质消费成为现代社会显示财富、地位、身份、品位的主流风气。在此，消费不再是为了满足基本的生存生活需要，而是为了炫耀自己地位、权力、财力等的虚荣心需要；人们不再追求商品的使用价值和交换价值，而是去追求它的社会意义和符号价值。当然，追求商品符号价值的消费早已有之，但在匮乏的社会中，它只是少数特权阶层专有品，现在这种对商品符号价值的追求已经成为普遍性的行为。人们乐此不疲地不断追求高档消费品，无止境地向往名牌商品，即使是经济收

---

① ［德］马克斯·韦伯：《新教伦理与资本主义精神》，于晓，陈维纲等译，上海：生活·读书·新知三联书店1987年版，第134页.

② ［法］让·鲍德里亚：《消费社会》，刘成富，全志钢等，译，南京：南京大学出版社2014年版，第2页。

入并不宽裕的普通民众，也会在大众消费文化潜移默化的感召下，超出自己的经济能力而"积极主动地"消费。一掷千金、挥金如土的现象频频出现，鲍德里亚说，"今天，在我们的周围，存在着一种由不断增长的物、服务和物质财富所构成的惊人的消费和丰盛现象"①，这个社会已经成为消费社会。

我们把那种崇尚物欲，甚至将消费追求作为人生终极目标的社会意识形态称为消费主义。消费主义是以追求和崇尚过度的物质占有和消费，并以此作为幸福生活和人生的根本目标，从而在现实生活中通过大量地消耗物质财富和自然资源，以炫耀性、奢侈性、符号性消费方式来体现社会地位、身份和人生价值的一种价值观念、生活态度及其行为实践②。在消费主义的基本信念中，拥有和使用数量及种类不断增长的物品和服务就是美好的生活，消费就是可看到的最确切的通往个人幸福、社会地位和国家成功的道路。简而言之，越多越好，越新越好，这就是消费主义的突出特征。

二、消费主义的发生逻辑及其操纵机制

诚然，科学技术在物质生产中的广泛应用为消费主义的兴起提供了客观条件，现代企业管理制度和方法的创新、都市化发展和社会文化观念的世俗化等因素都是消费主义兴起的重要力量。但是，追溯消费主义产生的源头，究其根本动机，我们可以看到，消费主义文化蔓延和盛行的背后更多是人为的诱导和推销的结果。

（一）社会控制机制：消费主义是资本主义维持统治的新工具

马尔库塞认为，一个社会的续存有赖于"'必要的'补充压抑或要有有效的操纵和本能控制"③。在现代文明时期，依靠传统军事、战争、专制等赤裸裸的强制手段来维护政治统治已不可能长久奏效，新型控制需反映现存社会的经济、技术、政治和精神的要求，使得人们无意识地自觉依附于当前社会制度机器。

---

① ［法］让·鲍德里亚：《消费社会》，刘成富，全志钢等译，南京：南京大学出版社 2014年版，第 1 页。

② 纪秋发：《中国社会消费主义现象简析》，北京：北京理工大学出版社 2015 年版，第55 页。

③ 陈学明，吴松，远东主编：《痛苦中的安乐——马尔库塞、弗洛姆论消费主义》，昆明：云南人民出版社 2008 年版，第 12 页。

消费作为人的日常生活方式，因其具有必需性和长期性等特征，成为当代资本主义维护统治制度的最佳工具。

首先，从资本主义制度机器的运转原理来看，马克思揭示了资本主义生产的实质是剩余价值的生产，获取剩余价值是资本实现循环、延续和积累的前提条件。一个基本的常识是，商品只有进入市场，被消费者购买，其价值才能得到实现，"产品在消费中才得到最后完成"①。如果消费过程扩大了，那么资本的再生产也相应扩大，这样剩余价值的生产可以增长起来，整个资本主义制度也处在顺利运转的状态。反之，一旦商品滞销，固定资产、原材料、工人工资等前期资本投入得不到变现，就会产生经济危机。在现代经济中，资本家大多依靠商业信用筹集巨额资本，产品滞销使得资金回流延迟或不能回流，资金链断裂产生连锁反应，最终引致金融危机乃至整个社会经济系统的崩溃。可见，资本主义制度秩序的存在和维持依赖于商品的不断生产和消费，没有大量生产和大量消费，资本主义就无法维持下去。因此，推动大量消费以及有计划地"人为的商品废弃"，使之成为人们"正常"生活的内在要求，这是资本主义独特的生产方式和运转逻辑决定的必然趋势。最典型的是，1929年一场空前严重的经济危机在美国爆发，席卷了整个资本主义世界，为挽救资本主义的危亡，英国经济学家凯恩斯和美国总统罗斯福都提出国家干预、增加投资、扩大消费的举措，企业和商家不仅组成了庞大的销售队伍，还请专家研究人们的消费状况和消费心理，制定有效的销售战略和策略，采用各种方法推销产品，其目的只有一个，卖出产品实现资本增值和扩大再生产。再比如，1953年美国总统艾森豪威尔实行新经济政策，主张大力刺激人们多消费来促进资本的快速周转。

其次，从资本主义统治制度的合法性而言，哈贝马斯在《合法性危机》中，认为合法性意味着某种政治秩序被认可的价值，也就是该政治秩序的存在"有一些好的根据"。资本主义制度固有的不可调和的根本矛盾决定了必然会出现过度生产，最终产生经济危机，直接表现为经济指数下滑、失业率增加等，这也是马克思质疑资本主义统治合法性并预测其灭亡趋势的主要依据。但是在这里，消费对经济数字的变化具有"神术般"操作的作用，比如额外的汽油开支、砸毁汽车的维修开支等，所有这些破坏性的经济活动在国内生产总值和统计的名

---

① 《马克思恩格斯文集》（第8卷），北京：人民出版社2009年版，第15页。

义下可以作为增长和财富的指数。经济学家把包括一切有害的和有益的各类产品和服务的价值全都相加，积极的和消极的因素混加在一起是不合常情的，但是也许是合乎逻辑的，因为"这些数字是社会不良功能的自我调节费用"①，这种现代社会最不寻常的集体性欺骗掩盖着的瑕疵、危害以及罪恶，营造社会平衡和经济繁荣的丰盛假象，构成资本主义现实统治合法性的经济基础。鲍德里亚将此总结为："消费、信息和丰盛，所有这一切今天都由体制本身安排、发现并组织成新的生产力，以达成最大的荣耀。"② 当然，也许有人会提出，资本主义可以通过城市的全面重建、自然环境修复和改善、救济事业和教育事业建设等投资刺激经济增长，同时还能解决社会问题。但是如果资本主义投入这些非异化劳动，统治阶级的利益就可能得不到发展，换言之，可能会导致限制私人企业、废除市场经济、废除经常的备战政策和军事干涉政策，代之以东西方合作以及富国和穷国之间的合作。所以，既维护资本家利益又省力讨巧的浪费式消费主义被筛选作为"最优选择"，毕竟，正如艾森豪威尔1958年所说，"国家花钱永远不会像比摆脱了税赋负担的纳税人花钱那么有用"③。

最后，从资本主义社会控制的成本而言，马克思在《1844年经济学哲学手稿》中揭示了，人们在资本主义制度强迫的异化劳动中感受不到自由和幸福，如果要避免阶级矛盾激化和产生过分的革命，资本主义必须要有新的手段，暂时把人们从生理和心理两方面组织起来防止这种可能性。恩格斯在《英国工人阶级状况》提及，工人为了补偿单调乏味的、非创造性的劳动而将情绪兴奋点转而集中于追求商品消费的感官刺激。当代资本主义充分利用这种因异化劳动产生的异化消费心态，借助科技所带来的生产效率，提供越来越多、越来越新的商品，不同阶层的人们似乎都可以购买和使用同样的商品，如某名牌香水、高级轿车等，大家都分享制度的"好处"，巧妙遮盖了资本主义社会的等级差距和结构性失调。生活条件的改善消解了人们对社会现实的理性认识，物品的恩

---

① ［法］让·鲍德里亚：《消费社会》，刘成富，全志钢等译，南京：南京大学出版社2014年版，第23页。

② ［法］让·鲍德里亚：《消费社会》，刘成富，全志钢等译，南京：南京大学出版社2014年版，第43页。

③ ［法］让·鲍德里亚：《消费社会》，刘成富，全志钢等译，南京：南京大学出版社2014年版，第75页。

赐让人满足于眼前的物质生活，"平庸得到满足并得到宽恕"①，人们逐步丧失了否定性和革命性，以往那种在自由和平等名义下提出的制度抗议也就消失了。同时，个体在购买商品时，所付出的不仅是他们的劳动，而且还有他们的自由时间，"这些商品使他们忙忙碌碌，因而也不能萌生既可以少工作又可以确保自己需要及满足的思想"②，还可以为统治阶级省去社会控制中的那些陈旧机构。

总之，消费主义盛行下不合理的经济数据增长以及商品消费中的表面平等制造了"增长即丰盛，丰盛即民主"的荒谬逻辑，弱化人们的政治意识和革命意识，成为当代资本主义宣扬其统治合法性、民主性和持续性的辩词。西方马克思主义学者阿格尔指出，资本主义"合法性是以许诺高消费而获得的"③，"对消费实行操纵和调节业已延长了资本主义制度的寿命"④，消费品作为中介将人们牢牢地束缚和麻痹在资本主义制度上。

（二）符号编码机制：消费的意识形态功能构建

一个基本的事实——需求是连接消费与生产的桥梁。马克思说，消费为生产创造出新的需要，创造出生产的"观念上的内在动机""没有需要，就没有生产，而消费则把需要再生产出来"⑤。消费与需求紧密相关，因而，扩大消费的首要问题是激发更多的需求。以往对需求的分析都是建立在经济学基础上，需求被定义为"经济主体对商品或服务的效用"，通常跟消费者的财富和收入有关。效用性意义上的需求强调的是使用价值的满足，因而会随着物质增长和生产力提高而得到满足。但是显然，这无法充分阐释物质丰盛时代的消费主义现象，鲍德里亚认为，因为这种想法没有考虑社会逻辑，"消费领域是一个富有结

---

① ［法］让·鲍德里亚：《消费社会》，刘成富，全志钢等译，南京：南京大学出版社 2014年版，第 14 页。

② 陈学明，吴松，远东主编：《痛苦中的安乐——马尔库塞、弗洛姆论消费主义》，昆明：云南人民出版社 2008 年版，第 38 页。

③ ［加］本·阿格尔：《西方马克思主义概论》，慎之等译，北京：中国人民大学出版社1991 年版，第 496 页。

④ ［加］本·阿格尔：《西方马克思主义概论》，慎之等译，北京：中国人民大学出版社1991 年版，第 498 页。

⑤ 《马克思恩格斯文集》（第 8 卷），北京：人民出版社 2009 年版，第 15 页。

构的社会领域"①，"消费大众"是没有的，基层消费者也不会自发地产生任何除使用价值以外的需求，只有经过"精选包装"，它才有机会出现在需求的"标准清单"中。

首先，以符号逻辑建构商品使用价值之外的社会意指。物最初作为自然产品仅仅被人类作为一种工具使用，在劳动分工和私有制产生后，物的性质发生了根本性的多元转变，除市场交换价值的经济功能以外，物还被作为一种显现社会等级的承载者，体现在物品的形式、质料、色彩、耐用性、空间的安置等诸多细节中，比如印第安人以拥有刻有花纹的铜器来证明他们高贵的血统和社会地位，在任何时代，君主贵族阶级都是通过占有"多一点的东西"和无益的浪费来证明他们的优越感。显而易见，这里的物远不仅是一种实用的东西，甚至彻底地与某种明确的需求或功能失去了联系，它成为某种地位和身份的象征，指明某个群体与其他群体之间的关系。物被个体主体将其作为一种符号，这些差异符号以及一般意义上的个体对于符号的规范、符号的价值以及符号的社会等级性等的内化，就构成了一个基础的、决定性的社会秩序——就这一点而言，更甚于对意识形态的社会规范。

鲍德里亚认为，"在每个人内心向往的深处，都有一种出生地位，一种恩赐和完美地位的思想目的"②。可是这种命定的恩赐只有某些出身好的人才能获得，而大部分人是不可能获得的，于是人们都想在无法通过天生的恩赐拯救的情况下，以外在物来获得身份认同和体现地位。以物的符号性分析为切入点，每个商品都被附上了风格、威信、豪华和权力地位等符号价值，一切物品都根据统计学可支配性、它们受到的或多或少的限制、像价值一样按等级划分的主体来进行分类，比如假如您使用绿水牌香水，那就拥有了名士所必需的贵族气质；奔驰汽车提供 76 种不同的喷漆和 697 种内部装饰款式供您挑选，使您与众不同。鲍德里亚认为，正是通过这种差异的工业化生产，"消费系统被最有力地

---

① ［法］让·鲍德里亚：《消费社会》，刘成富，全志钢等译，南京：南京大学出版社 2014 年版，第 50 页。
② ［法］让·鲍德里亚：《消费社会》，刘成富，全志钢等译，南京：南京大学出版社 2014 年版，第 47 页。

规定了"①，因为商品被作为一种符码化的差异来占有和保留，使用价值只不过是一种对物的操持的保证。

因此，鲍德里亚物的逻辑总结为四个阶段："使用价值的功能逻辑、交换价值的经济逻辑、象征性的交换逻辑以及符号的逻辑。第一个是操持运作的逻辑，第二个是等价逻辑，第三个是不定性的逻辑，第四个是差异性逻辑。这四个逻辑还是实用的逻辑、市场的逻辑、礼物的逻辑和地位的逻辑，分别依照以上不同分类构建起来的，物在其中所对应的分别为器具、商品、象征与符号。只有最后一个界定了消费的领域。"② 只有当物自发地成为差异性的符号，并由此使其体系化，我们才能够谈论消费和今天的消费主义。比如，洗衣机被当作工具来使用并被当作舒适和优越等要素来耍弄，而后面这个领域才是消费领域。当然，物的四个逻辑阶段并非更替关系，也并不是说商品的自然用途等都不存在了，以上四个逻辑在任何社会中都是存在的，只是那种商品被普遍重组为一种符号系统的地位逻辑是消费社会的特有模式。

其次，以差序与竞争构建永不满足的心理参照范例。每个个体都把具有差别的社会利益当作绝对的利益来体验，每个个体在差别次序中都各自标明一定的点，并通过这些点本身来构成差别次序，商品就是这些点。借助于物，每个人以及每个群体都在某种序列中找寻自己的位置，同时根据个人的发展努力地挤入这一序列中。我们可以说，个人通过消费注册于社会，人们从来不消费物本身，而是当作能够突出他的符号，或让他加入视为理想的团体，或参考一个地位更高的团体来摆脱本团体。从这个意义而言，作为法定价值排列于社会等级的消费，本质是一种交流体系，是一种语言的同等物。"流通、购买、销售、对作了区分的财富及物品符号的占有，这些构成了我们今天的语言、我们的编码，整个社会都依靠它来沟通交谈。这便是消费的结构，个体的需求及享受与其语言比较起来只能算是言语效果。"③

---

① ［法］让·鲍德里亚：《消费社会》，刘成富，全志钢等译，南京：南京大学出版社 2014 年版，第 82 页。

② ［法］让·鲍德里亚：《符号政治经济学批判》，夏莹译，南京：南京大学出版社 2009 年版，第 47 页。

③ ［法］让·鲍德里亚：《消费社会》，刘成富，全志钢等译，南京：南京大学出版社 2014 年版，第 71 页。

人的消化系统是有限的，对物的量的吸收是有限的，但对物的文化需求则是不确定的，更进一步说，虚荣心的满足是无止境的。在一个规模有限的团体中，需求和竞争毫无疑问可以得到稳定，但是在一个高度城市化、人口密集的社会中，与工业集中总是带来财富增长的情况一样，城市的集中也带来了需求的无限攀升——它不是出于喜好，而是出于竞争。随着其他社会类别的相对攀升，不仅财富而且是需求本身，作为文化的不同特征，也都从一个模范团体向其他社会类别过渡。一般而言，中低产阶级的需求与物一样，总是滞后于高等阶级，形成时间上的差距和文化上的差距。需求的一系列等级，与物和财富的等级一样，在社会上是向下渗透的，而且，"由社会区分和地位要求所激活的需求和向往，在物质增长的社会里，上升的速度总是比可使用的财富和客观机会快一些"①。这种自上而下的具有区别性材料的更新规律决定着整个物的革新。因为始终要参照其他符号，消费者的心理贫困化和需求满足便永远不会终结，从而消费是一种无限的社会活动。

总之，消费是用符号社会学系统（消费的本来层次）取代了产品的生理经济系统（这是需求和生存的生理层次），用一种分类及价值的社会秩序取代了自然生理秩序。消费使用某种编码及某种与此编码相适应的竞争性合作的无意识纪律来驯化人们，使人们进入了一个全面的编码游戏规则中，在那里，所有的消费者都不由自主地互相牵连。消费的意识形态功能就是从消费作为区分价值和交流沟通体系的普遍编码机制演绎得来。

（三）媒介辐射机制：虚假需求与消费主义文化蔓延

如前所述，心理需求与生理需求不同，它是建立在有决定自由的收入和选择自由基础之上的，因而能够无情地被加以控制。但是潜在的心理需求并不等于现实的消费行为，需求具有一定的社会惰性，某种现实主义使处于某种社会地位的人从来不奢求他们力所能及范围之外的东西。如果真正从日常生活的需要的立场去看，那就意味着商品在眼下卖不出去，因此必须把他们引向幻想和欲望的原野。在这里，大众传媒手段起到了中介催化和推波助澜的作用，它们的宣传带着预先设定的情感和态度，煽动人们去购买最新的商品，使得人们相

---

① ［法］让·鲍德里亚：《消费社会》，刘成富，全志钢等译，南京：南京大学出版社 2014年版，第64页。

信自己确实需要这些商品，从而愉快地把消费者同生产者甚至同整体社会结合起来。马尔库塞说，这种被大众媒体和技术工具灌输的需求超出了生物学水平的人类需求，因而不是真实的需求，是受外界支配、由特殊的社会利益强加给个人、具有一种社会内容和功能的虚假需求，诸如按照广告来放松、娱乐、行动和消费，爱或恨别人所爱的东西等都属于虚假需求的范畴。当代社会的大众传媒主要通过以下两种方式灌输虚假意识和操纵虚假需求，以实现"强迫性"的消费。

其一，大众广告。鲍德里亚说，"媒介即信息，这是消费分析的一个基础特征"[1]。广告透过技术剪辑、戏剧化与现实相脱节而又互相承接的虚构信息提供被深深地解码了的画面，将物品重新诠释成一种伪事件。它从来不与单个人说话，也无强制压迫，"既不让人去理解，也不让人去学习，只是让人去希望"[2]。它们首先在情感上打动人、诱惑人，使人产生好感，如给商品套上卫生保健学、营养学、医疗学的光环，通过重复式的命令，"好心"地提醒人们救赎身体；制造由某明星的红唇、发型、体态等"可定向符号"组成的女性范例和男性范例，激起每个人崇拜羡慕、自我取悦、自我要求以及竞争攀比的欲望；又或者"慷慨"地赠送额外的折扣、礼品等，使消费者沐浴在"关切"的阳光中，从而发自内心地认同广告中精心设计的话语信息而将其变成日常生活的真实事件。

大众传媒还把这种商品符号的模糊性升华为"氛围"游戏，这种游戏随时随地发生着，在街道上、在墙上、在地铁候车走廊里、在广告牌和灯光招牌上。以资本为后盾的广告媒体介入日常生活，导致消费攀比的社会土壤得以形成，从而普及了物品消费亚文化，发展为泛化的消费主义。此外，杂志和电视专栏宣传和颂扬浪费者花天酒地、纸醉金迷的生活，诸如娱乐明星仅穿一次就丢弃的豪华连衣裙被大众传媒反复强调。这些大浪费者像以前的国王和英雄，对整个社会起着某种代理功能，他们以个性的、奢侈的、无度的浪费引导大众消费，进一步促进一种直接纳入经济过程的更为根本、更为系统的消费文化。

---

① ［法］让·鲍德里亚：《消费社会》，刘成富，全志钢等译，南京：南京大学出版社 2014年版，第 134 页。

② ［法］让·鲍德里亚：《消费社会》，刘成富，全志钢等译，南京：南京大学出版社 2014年版，第 138 页。

其二，橱窗摆设。"机器曾是工业社会的标志，摆设则是后工业社会的标志。"① 商品在商场橱窗中被精心布置在由和谐的形状、色彩以及优质材料营造出来的惬意环境，就像摆在一个耀眼的舞台之上，它并非单纯的展示，而是对交换前物质财富进行颂扬的前奏，显然是引诱消费者的购物冲动，进行真正的经济交换。它不把同类的商品并置在一起，而是采取符号混放，把各种资料都视为全部消费符号的部分领域，比如将洗衣机和洗碗机并排陈列，几乎所有的商品都能提供一系列能够相互呼应或相互否定的不同商品，它们强加着一种一致的集体观念，好似一个几乎无法分离的整体，相互暗示着更复杂的高档商品。消费者浏览着那些所有物，不会再从特别用途上去看这个物，而是从它的全部意义上去看全套的物，从而产生一系列更为复杂的动机。在某些情况下，为了更好地诱惑，它们还会模仿杂乱，比如将珠宝首饰和化妆品混放在一起。不过，它们总是要想方设法打开指示性的道路，诱导消费者的购物冲动，使他们逻辑性地从一个商品走向另一个商品，直至达到潜在的经济极限。

橱窗摆设展示商品丰盛的综合体就是购物中心。咖啡馆、电影院、书店、音乐厅、服装店等，购物中心都能够以万花筒的方式把它们捕获和呈现。人们可以在同一个地方一次性购买到食品、服装、住宅材料、刚问世的小说和新鲜玩意儿等所有东西，还可以看电影和用餐，艺术和娱乐与日常生活混而为一。购物中心为那些囊中羞涩的人设立信用卡交易中心，而且一周七天，日夜均可前往。商场装上了气温调节装置，服务员训练有素的微笑，让人沐浴在永恒的春天里，这种对产品、服务和社会关系总体的气氛调节有序周到，舒适、美丽和效率结合在一起，使得人们产生梦幻和诗意，难以拒绝物质幸福条件。商家"通过这些途径来唤起消费者的积极感受，并把这个感受转移到相关产品上，尽管两者之间关系是牵强附会的"②。

总之，资本主义是消费主义产生的社会根源，符号编码是构建消费主义的隐蔽伎俩，大众传媒是推广消费主义的传播手段，三者共同推波助澜，催生和发展了全球消费主义文化。

---

① ［法］让·鲍德里亚：《消费社会》，刘成富、全志钢等译，南京：南京大学出版社 2014 年版，第 187 页。
② ［加］威廉·莱斯：《满足的限度》，李永学译，北京：商务印书馆 2016 年版，第 89 页。

三、消费主义对生态文化的双重侵蚀

文化是人类社会特有的现象，是人类在生产生活的实践中深入思考的精神结晶，同时，马克思主义哲学告诉我们，存在决定意识，意识是客观物质世界的能动反映，故此，文化的形成和建设必需两个条件，即人的主动能动思考和客观的现实存在。就生态文化建设而言，则必需客观的自然生态环境以及人对自然生态的能动思考。消费主义既破坏客观的生态环境，侵蚀生态文化的客观自然基础，又异化人的精神世界，侵蚀人们主动思考的能动性，因此，消费主义是对生态文化的双重破坏，是当代生态文化建设的主要障碍。

（一）消费主义侵蚀生态文化的客观自然基础

马克思在《资本论》开篇就指出，任何商品"必须通过某种专门的、使特殊的自然物质适合于特殊的人类需要的、有目的的生产活动创造出来"①。人们消费的物品、食物、饮料等，都是以煤、矿物、森林等自然资源为原材料而制成的。在前资本主义社会，人们的生产和劳动主要是为了满足自己和家庭需要，遵循的是"够了就行"的原则，人们十分珍惜、爱护自己所拥有的每一件物品，用到不能用为止，购买物品是为了"保存物品"。但是在资本主义的经济理性和利润逻辑的驱动下，消费主义将人们的价值观念转换为"越多越好""越新越好"。对此，鲍德里亚精辟总结，"消费社会需要商品来存在，但更确切地说，需要摧毁它们"。②"生产的东西不是根据其使用价值或其可能的使用时间而存在，而是恰恰相反——根据其死亡。死亡的加速势必引起价格上涨速度的加快。"③ 获得—短暂占有—使用—扔掉—再获得，消费主义鼓吹和提倡这种预有安排的商品"自杀"，如此，人类生产产品的总量越来越多，从自然界攫取的资源也越来越多、越来越广泛。比如，在人类农业社会到来之前，地球上曾经有60亿~70亿公顷的森林，现在，如果我们将2亿公顷的种植森林也包括进来的话，只剩下39亿公顷，世界自然森林损失的一半以上发生于1950年后，1990

---

① 《马克思恩格斯文集》（第5卷），北京：人民出版社2009年版，第58页。

② ［法］让·鲍德里亚：《消费社会》，刘成富、全志钢等译，南京：南京大学出版社2014年版，第30页。

③ ［法］让·鲍德里亚：《消费社会》，刘成富、全志钢等译，南京：南京大学出版社2014年版，第29页。

至 2000 年自然森林的面积缩减了 1.6 亿公顷，约 4%①。大面积的森林受到来自木材需求、开矿、农业开垦和其他人类消费活动的威胁。弗洛姆生动形容，消费主义使得人们"贪婪地消费一切，吞噬着一切煤、矿物、森林等自然资源和原材料。世界成了填充我们胃口的巨大物品，像一个大苹果，一个硕大丰腴的乳头，我们则是吸乳者"②。

丢弃的商品侵占自然环境的容纳空间，而且商品制造中运用科学技术生产的化合物会对生态环境造成不确定性风险。比如人们日常消费最常见的塑料袋，自然界没有办法以无毒的方式消解它们，它们分解的过程可以是数十年、数百年甚至数千年。再比如，工业消费品的危险废物以其直接毒性或诱发毒性对所有形式的自然生命及其生存环境构成威胁，最为典型的就是含氯氟烃的工业物质对于臭氧层的影响。"我们消费者生活方式供应的像汽车、一次性物品和包装、高脂饮食以及空调等东西——只有付出巨大的环境代价才能被供给。我们的生活方式所依赖的正是巨大和源源不断的商品输入。这些商品——能源、化学制品、金属和纸的生产对地球将造成严重损害。"③ 因而，消费主义既攫取有限的自然资源，同时向自然界输出大量废品，破坏生态自然环境，破坏生态文化的客观物质基础。

消费主义不仅破坏消费地的生态环境，从更广阔视野而言，还破坏整个世界的生态环境。因为，源源不断的消费品需要源源不断的自然资源，但是本地自然资源毕竟是有限的，而且消费市场也是有限的。奥康纳拓展了马克思主义的资本主义根本矛盾理论，认为资本主义生产和消费无限扩张与自然生态有限承载能力之间的矛盾，也就是生产力、生产关系与生产条件之间的矛盾，是当代资本主义的第二重矛盾。当本地自然资源不足和消费市场饱和后，消费主义背后的推手资本主义不会坐以待毙，他们势必要超出自己的量的界限向外扩张，在全世界寻找自然资源和销售市场，源源不断地为资本生产交换价值输送新鲜

---

① 谷树忠，成升魁，等：《中国资源报告——新时期中国资源安全透视》，北京：商务印书馆 2010 年版，第 167 页。

② 陈学明，吴松，远东主编：《痛苦中的安乐——马尔库塞、弗洛姆论消费主义》，昆明：云南人民出版社 2008 年版，第 137 页。

③ ［美］艾伦·杜宁：《多少算够——消费社会与地球的未来》，毕聿译，长春：吉林人民出版社 2000 年版，第 30 页。

血液。他们一方面在全球范围内掠夺自然资源，比如早期资本主义国家通过殖民统治的方式，公开掠夺殖民地丰富而廉价的煤、矿物、森林等自然资源和原材料。进入21世纪，资本主义国家对原料和资源的占有需求并没有因为经济社会的发展而减少，相反，"资本主义愈发达，原料愈感缺乏，竞争和追逐全世界原料产地的斗争愈尖锐"①。当代资本主义国家从发展中国家低价进口自然初级产品，以森林为例，美国、欧洲和日本分别主要在中南美、非洲、东南亚廉价收购木材资源，近年来日本又将手伸进了拉丁美洲，它在热带森林原木的世界贸易总进口量中占一半以上。目前，资本主义国家的跨国矿业公司对已探明矿产资源的瓜分基本完成②。而且，资本主义还把咖啡、茶叶、棉花、橡胶等有经济价值的植物种子进行品种改良，利用发展中国家廉价的劳动力和土地资源大片种植，用商业化的农业单一性代替了自然的多样性，导致全球生物基因的流失和生物多样性的丧失。

生态学马克思主义将这种自然资源剥夺和环境空间挤占的现象称为"生态帝国主义"，将其作为21世纪新帝国主义在全球扩张的新形式。人类只有一个地球，消费主义通过资本扩张以生态帝国主义的方式明显缩小了整个人类生存和发展的空间。

因而，1990年，施里达斯·拉尔夫在《我们的家园——地球》一书中讲道："消费问题是环境危机问题的核心。人类对生物圈的影响正在产生着对于环境的压力，并威胁着地球支持生命的能力。从本质上说，这种影响是通过人们使用或耗费能源和原材料所产生的。"③ 1992年，巴西里约热内卢联合国环境与发展大会制定的《21世纪议程》吸收了施里达斯·拉尔夫的观点，重申："全球环境不断恶化的主要原因是不可持续的消费和生产模式""消费问题是环境危机的核心。""地球所面临的最严重的问题之一，就是不适当的消费和生产模式导致环境恶化、贫困加剧和各国的发展失衡。"④ 越来越多的学者对消费与环境

① 《列宁选集》（第二卷），北京：人民出版社1972年版，第802页。

② 谷树忠，成升魁，等：《中国资源报告——新时期中国资源安全透视》，北京：商务印书馆2010年版，第167页。

③ ［美］施里达斯·拉夫尔：《我们的家园——地球——为生存而结为伙伴关系》，夏堃堡等，北京：中国环境科学出版社1993年版，第15页。

④ 中国环境报社：《迈向21世纪——联合国环境与发展大会文献汇编》，北京：中国环境科学出版社1992年版，第82-83页。

之间的关系进行了不同角度的研究，消费者行为方式与环境污染有着密不可分的关系，多数的环境破坏可追溯到消费者的直接行为或间接行为，这已成为学界和社会的共识。

"皮之不存，毛将焉附？"当自然环境的现实存在受到破坏，反映自然生态的文化思想也就没有了客观基础，当然谈不上生态文化的创造。更进一步地，自然环境的破坏还能毁灭包括以前创造的生态文化在内的所有文化。比如，反映人类早期生态文化的苏美尔农业文明因土地盐化而崩溃，我国楼兰的绿洲灌溉文化湮灭于荒漠的吞噬下。因自然环境破坏而难逃劫命的还有玛雅文明、埃及文明、古印度文明等，可以说，上古文明的衰亡和消失无一不与自然环境的破坏和衰竭直接相关。当自然环境摧毁之时，也就是文化的枯竭和毁灭之时。所以，从更广泛意义而言，消费主义不仅是生态文化的掣肘，还会给整个人类文明带来深重灾难。

（二）消费主义侵蚀人对生态文化的能动思考

人不同于一般的动物，不能只靠面包活着，他需要思考，需要梦想和信念，以便使他的生活增添乐趣。马克思指出，只有在劳动条件下，人类活动的自主性"才能得到充分发展，才显示出它的全部力量，才获得适当的典型的表现形式"。吃、喝、生殖等等，固然也是真正的人的机能，但是，"如果加以抽象，使这些机能脱离人的其他活动领域并成为最后的和唯一的终极目的，那它们就是动物的机能"①。马克思设想未来社会中的人将拥有更多闲暇时间，并以积极的、有意义的方式自主支配利用自己的业余时间来发展自己的兴趣爱好，使自己的精神世界极大丰富，实现人的自由而全面的发展。马尔库塞说，资本主义生产为西方绝大多数人提供的生活标准乃是 100 年前许多观察家们所不可想象的，但是当大多数人已尝到物质上充分满足的滋味，却发现消费者的天堂并没有给予他们允诺的快乐，恰恰相反，物质丰盛的伟大成就导致了人的堕落，人不再能动思考，制约甚至消灭包括生态文化在内的文化创造力，社会产生的是与消费主义相伴而生的大量新的腐朽文化，抵消和侵蚀现有生态文化的积极成效。这种情况是怎么发生的呢？

首先，消费主义使人丧失生态文化创新的自我自主性。文化创新是一种人

---

① 《马克思恩格斯文集》（第 1 卷），北京：人民出版社 2009 年版，第 160 页。

的感觉、美学欣赏力、判断力积极主动参与的行动。弗洛姆说，"一个成熟和创发性的人之所以具有同一感，是由于他把自己当作一个其力量属于自身的行动。"① 很明显，在消费社会，人的价值及自我估价建立在他所无法控制的外部因素上。一方面，人们的需求被维持资本主义生产方式和政治控制的节奏所统治，人的"使命"就是购买更多的商品，把资本主义强迫他接受的东西——华服、烟酒、电影、体育运动，一股脑儿地"装进来"。在这里，可以贴切地类比，人不再是人，而是成了资本主义制度机器体系中的一部分——消费机器。另一方面，人们还面临着一股自己根本无法控制的技术力量。广告等大众媒体用被解码和曲解的信息对消费者施加影响和进行预测，消费者被那种能买更多、更好、特别是更新的物品的可能性所迷惑，他们的口味早就被外界所操纵，其趣味也日趋标准统一。在这种情况下，个人本身已经变成了一个柔软的模具，每天被市场混杂的信息重新定型。人的需要和消费都是被广告所牵引和支配的，满足需要的手段和过程都是事先被规划好的，人的活动实际上是一个被社会所训练和复制的过程，消费过程成为与人的需求目标本身无内在关联的一种程式化活动，对商品乃至生活方式的偏好和选择不过是市场暗示的结果。人们依赖于别人对其的看法来获得同一感，所以人们购买许多没有任何实用价值的东西，只不过是通过占有它们，满足自己炫耀身份或彰显与众不同的心理。此外，这种被广告牵引和迷惑的消费还抑制和扼杀人们对世界的鉴赏能力，特别是对商品中包含的对人类具有潜在危害的成分没有充分而清醒的认识。尽管人们吃得好、娱乐得好，然而却是被动的、缺乏活力和感情的，正如赫胥黎在《美丽新世界》一书所刻画的情形："人们衣足饭饱，生活满意，但是缺少自我。"②

其次，消费主义挤占本可用于自我内心充实的时间和精力。确实，现代科技和机械自动化不断降低人们在劳动中所耗费体力的数量和强度，将人从繁重的劳动中解放出来，人们比以前有了更多的闲暇时间。但是消费主义使得人并没有将这些闲暇时间用于丰富内心世界和从事精神文化创作，而是"通过忽略个人的自我实现的所有其他可能性（例如参与到创造性和令人满足的工作环境

---

① 陈学明，吴松，远东主编：《痛苦中的安乐——马尔库塞、弗洛姆论消费主义》，昆明：云南人民出版社 2008 年版，第 125 页。

② 陈学明，吴松，远东主编：《痛苦中的安乐——马尔库塞、弗洛姆论消费主义》，昆明：云南人民出版社 2008 年版，第 136 页。

中），鼓励它的市民越来越以消费活动为唯一导向获得需要的满足"①。这种价值观使得人们不再把创造性的劳动作为自我价值实现和自我价值确证的方式，而是把闲暇时间用于受广告所支配的对物质商品的占有和消费活动中。人的精神被驯化和操纵，人的情感和注意力被一切无生命的商品所吸引，他们把自己的精神生活寄托在电视、广播、报纸、商品广告的刺激宣传上，购买市场上最新式的东西成为他们满足梦想和感受快乐的唯一方式。简而言之，人们将幸福限定在消费领域。

弗洛姆说，消费领域的幸福是暂时的，因为在任何自发而富于创造性的活动中，比如，"当我读书和观赏风景的时候，某些东西就会在我内心产生，在我有这种体验后就会觉得自己和以前不一样了，总有一些什么在人们内部发生，人们于此种经历之后，就不同于前此之他们。然而在此异化消费的寻乐形式之中，在人们内部什么也没发生，他们只是消耗了这个或那个，在他们内部什么也没改变，留下的一切只是对曾经干过的事情的回忆"②。那些花样日益翻新的极端享乐主义的消遣并不给人以持久快乐的满足，生活的寡然索味又迫使人去不断地追寻新的、更加亢奋的消遣来驱散内心的空虚，或者是购物，或者是看电影，或者是其他形式的更富刺激性的消费享乐。人们永远跑来跑去消费，从不停顿下来，实际上只是为了逃避当他们面对着自己时所引起的空虚和焦虑。如此一来，人们无暇关注与自己内心、与自然生命的接触，无暇从事生态文化创作，"丧失了深层的情感体验的能力，也丧失了与这些体验相伴随的喜悦与悲伤，进而丧失他自身的力量——潜能，人已没有能力运用自己的、能使他成为真正的人的潜能"③。

最后，消费主义摧毁生态文化发展的精神品质。文化产品是创作者内心的直接反映，歌德曾经说过，"成为一个作家，需要有高尚的人格、崇高的思想方式、创造力、独特的性格、非凡的才能、纯真而有力的观照、生活在其中的文

---

① ［加］威廉·莱斯：《满足的限度》，李永学译，北京：商务印书馆 2016 年版，第28 页。
② 陈学明，吴松，远东主编：《痛苦中的安乐——马尔库塞、弗洛姆论消费主义》，昆明：云南人民出版社 2008 年版，第 143-144 页。
③ 陈学明，吴松，远东主编：《痛苦中的安乐——马尔库塞、弗洛姆论消费主义》，昆明：云南人民出版社 2008 年版，第 146 页。

化和精神的环境"①。相反，当一个人丧失作为人的基本特质的人格和尊严，何来崇高的精神思想创造引领主流社会的积极生态文化？弗洛姆说，无节制的消费必然会造就出一种以商品为宗教信仰的价值观，人"对自己价值的理解就在于占有的多少，而他如果想成为最好的，就不得不成为占有最多的"②。马克库赛说："人们在他们的商品中识别出身；在他们的汽车、高保真音响设备、错层式房屋、厨房设备中找到自己的灵魂。"③ 当物质追求成为唯一目的的时候，人可以把一切道德观念置之不理，只要能获得购买商品的金钱，什么都可以出卖，这就产生了嫉妒和贪婪。"贪婪是万恶之源"，于是资本主义市场上出现了一个新的市场——人格市场。人格市场同商品市场一样，只是前者所出卖的是人格，后者所出卖的是商品。每个人为了能顺利卖出自己并卖得好价钱，都力图使自己尽可能"讨人喜欢"，都不得不迎合市场的人格需求。当一个人完全依赖于别人对其的看法建立价值感，并迫使之继续扮演曾经使他获得成功的那个角色，他必定丧失许多尊严感，而"尊严正是人类的特质"④。比如，某些本应靠技术、正派、可靠等品质服务社会的医生、律师等被市场经济裹挟，把自己当作商品出卖，甚至昧着良心以职业尊严换取金钱。此外，弗洛姆认为，消费主义的一个必然结果还有性解放，消费主义"怂恿人们去满足自己的一切欲望，怎么能要求他们克制自己的性欲呢？在一个消费社会里，性也必然成为消费品"，"许多钱用于保持性行为的吸引力"⑤ 以及一些年轻人用贞操换取物质，都是此类人格沦落的直接表现。用人格与尊严来换取物质消费的人，连自我尊重的意识都丧失了，遑论推己及人尊重大自然，因而，从文化对创作者和接受者的精神品格要求而言，消费主义冲破和摧毁了生态文化创新和普及的基本道德底线。

---

① 袁跃兴：《作家是"包装"出来的吗?》，《天津日报》，2012 年 02 月 28 日，第 8 版。

② 陈学明，吴松，远东主编：《痛苦中的安乐——马尔库塞、弗洛姆论消费主义》，昆明：云南人民出版社 2008 年版，第 171 页。

③ 陈学明，吴松，远东主编：《痛苦中的安乐——马尔库塞、弗洛姆论消费主义》，昆明：云南人民出版社 2008 年版，第 9 页。

④ 陈学明，吴松，远东主编：《痛苦中的安乐——马尔库塞、弗洛姆论消费主义》，昆明：云南人民出版社 2008 年版，第 125 页。

⑤ 陈学明，吴松，远东主编：《痛苦中的安乐——马尔库塞、弗洛姆论消费主义》，昆明：云南人民出版社 2008 年版，第 169 页。

第二节　当代中国消费主义现象与生态消费实践

消费主义在中国的出现，至少可以追溯到 20 世纪 20 年代的上海①，但在新中国成立后不久就逐渐消失了。新中国成立初期，我国经济基础薄弱、物质资源严重匮乏，国家采取的是抑制消费、鼓励积累的政策，再加上"左"的意识形态将追求个人享受等同于资产阶级的生活方式，勤俭节约是那个社会阶段的普遍情况。改革开放以来，我国经济得到快速发展，从根本上摆脱了短缺经济的局面，居民消费需求持续增长，同时，国家对消费的积极作用认识也逐渐客观理性，毕竟没有消费需求，就没有经济增长的动力，社会生产的成果就无法实现价值转化。但是，由于我国人民群众较强的储蓄意识、社会保障体系不健全、城乡二元结构、市场消费环境不完善等多种因素的影响，我国消费需求增速长期低于国民生产总值的增速，1998 年我国商品主要市场开始出现供给过剩、商品滞销现象，需求不足对国民经济的制约作用日益明显。当时的国内贸易部对 1998 年主要商品供求情况的统计显示，供求平衡的商品有 466 种，占 74.2%；供过于求的有 155 种，占 25.8%②。特别是受到 1997 年东南亚金融危机的影响，作为拉动经济增长"三驾马车"中的投资和出口遭遇沉重打击，消费就成为当时拉动经济增长的最大希望。自此，国家提出扩大内需、促进消费的政策方向，并多次出台促进商业消费的重大文件，以激发国内经济潜力，更好满足人民群众日益增长的美好生活需要。与此同时，随着我国改革开放的深入、经济全球化进程的加快以及信息传媒技术的发展，西方消费主义价值观念和生活方式逐渐在中国传播，直接冲击"节俭""勤奋"等中国社会的传统价值核心和文化规范，尤其对我国青少年的消费价值观产生了重大影响，消费主义在我国迅速蔓延泛滥，甚至比西方的消费主义有过之而无不及。消费主义产生的多重严重负面影响，使得社会开始反思和批判，由此催生了消费生态化、节制消费、生

---

① 王儒年：《〈申报〉广告与上海市民的消费主义意识形态——1920—1930 年代〈申报〉广告研究》，上海师范大学博士论文，2004 年，第 72 页。

② 张屹山，赵杨，翟岩：《扩大内需的意义与途径的再认识》，《社会科学战线》，2011 第 9 期。

态消费、绿色消费等新理念，一定范围内带动了新的社会消费潮流。目前，消费主义与消费生态化在我国同时并存，消费主义给我国生态文化建设带来严峻挑战，消费生态化为我国生态文化建设带来重大机遇，分别分析我国在消费领域的两种对立现象，对于探究如何利用消费生态化的积极因素、抑制消费主义的消极因素，从而提出我国生态文化建设的消费引导机制具有现实意义。

一、当代中国社会消费主义现状

"每小时，中国百姓花费超过 45 亿元用于购物和餐饮消费，快递企业处理超过 615 万件快件……"①，在国内，令人瞠目结舌的消费数据和各种单笔高额消费现象频见于新闻媒体；在国外，中国人成为全世界消费金额最高的群体，联合国世界旅游组织的报告《世界旅游组织旅游亮点（2018）》显示，中国游客 2017 年在出境游上花费 2577 亿美元，继续保持世界第一，中国游客的消费接近全球总消费的五分之一②，受 2020 年初全球新型冠状肺炎疫情影响，中国人的境外消费一夜归零，让海外旅游业、零售商面临极大的挑战，甚至导致很多国际品牌关门歇业的结局。这些既反映了我国强劲的消费活力，也折射出我国狂热的消费主义乱象。总体而言，通过公开出版的各种文献资料描述，当代中国社会消费主义表现为以下三个方面。

（一）炫耀性消费

美国经济学家、制度学派的创始人之一凡伯伦在《有闲阶级论》中提出"炫耀性消费"的概念。他指出，不管承认与否，人们在不同程度上都有炫耀的倾向，这可能是生物进化的产物，人们总想要与他人不同，以标榜自己的社会地位。最早的时候，人们以有闲作为博取荣誉的一个手段，因为有闲与否体现了工作的贵贱之别。在城市化全面推进、社会分化加大、流动性增强的情况下，人们进入了一个陌生人的世界中，在这个陌生人的世界中，想要让别人推断自己的声望和地位，炫耀有闲已不可能，"一个人要使他日常生活中遇到的那些漠

① 于佳欣，王雨萧，周蕊，等：《活力凸显 潜力无限——当前中国消费形势述评》，新华网，https：//news．china．com/zw/news/13000776/20190715/36609434．html。

② 《UNWTO：2017 年中国游客境外消费 2577 亿美元》，https：//www．sohu．com/a/250620274_263856。

不关心的观察者，对他的金钱力量留下印象，唯一可行的办法是不断地显示他的支付能力"①。也就是说，人们为了在社会上获得地位与声望，只有通过消费商品（或服务）来使自己的支付能力可视化，以达到与他人做歧视性对比的目的。用来炫耀的物件主要是容易被人看见的贵重物品，比如华服、豪宅、珠宝、名家艺术品等。通俗地说，可以把炫耀性消费理解为一个有大把时间的有钱人，通过消耗贵重、高额的商品来实现炫耀自身地位和荣誉，从而获得他人尊重和妒羡的行为过程。凡勃伦所论述的炫耀性消费描述的是美国曼哈顿地区有钱人的生活状态，但是在中国这种炫耀性消费存在于各个社会阶层。无论是富裕起来的高收入阶层为了张扬自己在经济上的成功，还是骨子里自卑而急切盼望人们赞赏的中低收入阶层，都在极力地进行各种炫耀性消费，人们比车子高级、比房子大、比穿得贵、比吃得稀奇，超级婚车队伍、豪华私人游艇、一掷千金豪赌、拼烧人民币、拼吃黄金宴、卖肾买"苹果"牌手机等各种消费闹剧或丑闻都是中国人炫耀性消费的实例。"你也富，我也富，究竟是谁富，咱们斗一斗。"这是流行在群众中的一句顺口溜。最近几年受中央禁令影响，这种明目张胆的炫耀性消费现象报道不多了，但肯定不可能完全消失，只是更为隐蔽了。

（二）奢侈性消费

奢侈的概念可以追溯到古希腊时期，"奢侈"一词来源于拉丁文"*luxury*"，原意是指"极强的繁殖力"，也可以理解为极强的"感染力""传播力"和"延展力"，这种极强的繁殖力通过"奢侈生活""奢侈品"和"奢侈态度"等形式表现出来。奢侈品在国际上通常被认为是一种超出人们生存与发展需要范围的，具有独特、稀缺、珍奇等特点的消费品，是一种非生活必需品。学界从不同的角度对奢侈品进行定义，比如 Kapferer 从社会学角度认为，"奢侈品代表的是美好的事物，是应用于功能性产品的艺术。就像光可以带来光明一样，它们提供的不仅是纯粹的物品，它们是高品位的代名词"；Charles Reid 认为"这类商品有 95% 是专门提供给金字塔顶端人士使用的，也就是只有 5% 的金字塔顶端消费者负担得起的商品或服务"；Nueno 和 Quelch 从经济学的角度定义奢侈品是"功

---

① ［美］凡勃伦：《有闲阶级论》，蔡受百译，北京：商务印书馆 2002 年版，第 69 页。

能性价值"占价格比值低的产品，是有形价值占无形价值比值低的产品①。奢侈品是一个相对的概念，不同的地点和不同的时间，奢侈品的表现形式不同，如黄色服饰在古代是皇帝专用的奢侈品，但今天则是日用品；某些品牌的商品在发达国家是日用品，在落后地区则是奢侈品。奢侈性消费不等同于炫耀性消费，尽管两者有相似之处，如都有可能是超过个人财力状况而进行的消费，都有向外界显示消费者地位、身份等目的，但是奢侈性消费也有一部分用于个人享受，而且在社会生活中几乎所有人都或多或少地有些炫耀性消费的支出，而奢侈性消费则是部分人的专利。

改革开放以来，中国越来越庞大的中上收入阶层造就了庞大的奢侈品消费市场，从国内市场奢侈品销售增速看，中国市场增速始终高于世界其他地区，维持两位数的中高速增长，2011 年中国就已经超过美国成为全世界第一大奢侈品消费国②。即使在中国经济增长放缓的新常态下，中国人的奢侈品消费却并未出现疲软的迹象，继续呈现出蒸蒸日上的势头。麦肯锡咨询公司《中国奢侈品报告 2019》显示，2012 年至 2018 年间，全球奢侈品市场超过一半的增幅来自中国，预计至 2025 年这个比例将达到 65%；2018 年，中国人在境内外的奢侈品消费额达到 7700 亿元人民币，占到全球奢侈品消费总额的三分之一，到 2025 年，预计中国人在境内外的奢侈品消费总额将增长近一倍，达到 1.2 万亿元人民币，届时中国将贡献全球 40% 的奢侈品消费额③。而且，中国的奢侈品消费者呈现明显的年轻化特征，年轻一代撑起了中国奢侈品市场的半壁江山，中国奢侈品消费者平均比欧洲奢侈品消费者年轻 15 岁，比美国奢侈品消费者年轻 25 岁④；以"80 后"和"90 后"为代表的年轻一代，分别占到奢侈品买家总量 43% 和 28%，分别贡献了中国奢侈品总消费的 56% 和 23%⑤。

有人认为，奢侈性消费具有拉动经济的正功能，但企图通过部分群体或个

---

① 纪秋发：《中国社会消费主义现象简析》，北京：北京理工大学出版社 2015 年版，第 79-80 页。

② 《中国奢侈品年消费总额达 126 亿美元　居全球第一》，https：//news. qq. com/a/ 20120119/001166. htm？pc。

③⑤ 《中国奢侈品报告 2019》，https：//www. mckinsey. com. cn/wp-content/uploads/2019/ 04/McKinsey-China-Luxury-Report-2019-Chinese. pdf

④ 纪秋发：《中国社会消费主义现象简析》，北京：北京理工大学出版社 2015 年版，第 84 页。

人的奢侈性支出以推动整个社会经济的可持续发展被实践证明是一种彻头彻尾的乌托邦。在中国这样一个刚刚建成小康社会、并不富裕的发展中国家，"未富先奢"的消费心理与消费行为，不仅滋生拜金主义等不良社会习气，也容易引发权钱交易等违法犯罪行为，诱发社会矛盾和社会冲突，而且奢侈品的突出特征就是数量极其有限，为此，很多奢侈品以珍稀自然资源为原料，如某品牌的手袋以鸵鸟皮、鳄鱼皮加工而成，消费这些奢侈品对自然生物而言是灭顶之灾，生态多样性减少和生态失衡最终构成威胁整个人类的生态环境危机，因此，奢侈品消费是一种"个体的骄傲，群体的悲剧"①。

（三）离轨性消费

离轨消费是相对于常规消费而言，是社会成员偏离或违反现有消费规则而产生的消费问题，包括过量酒精消费问题（酗酒）、毒品消费问题（吸毒）、成瘾性网络消费问题、嫖娼等危害个体的离轨消费问题，以及公款消费等挑战社会机制的离轨消费问题。这类消费主义问题是由于资源使用约束机制的缺失导致的。如果说炫耀性消费、奢侈性消费的重要特征在于其炫耀性、奢侈性、浪费性，一般不涉及违反国家法律、法规的问题，需要政府和社会予以正确引导，那么，离轨性的消费则是在国家法律法规之外进行的违法消费行为，需要通过社会强制性手段加以严厉管控与惩戒。相比炫耀性消费和奢侈性消费，离轨性消费更加非理性化，或者因为生理上瘾，或者因为"花公家的钱"，不能形成消费自我约束的正常心理机制。离轨性消费极易造成对个人健康的危害，诱发青少年犯罪、艾滋病传播、社会暴力、家庭分裂、政治腐败等严重的社会问题，破坏生态文化等健康文化产生和发展的社会土壤。

二、生态消费理念的中国实践

西方消费主义泛滥及其产生的严重社会问题，引发了社会各界对消费主义的强烈关注和深刻反思，西方学者从经济学、哲学、传播学、社会学等多个角度研究消费主义现象，拓展和深化了这些学科的研究视域，也很大程度上促使马克思主义再次走进西方学者的视野，生态学马克思主义成为"二战"后西方新的社会思潮。生态学马克思主义批判的直接切入点就是消费主义，并直指消

---

① 刘飞：《审视奢侈性消费》，《中国社会科学报》，2010年第123期，第11版。

费主义、消费社会的资本主义制度，对其进行批判。1977 年，伦敦皇家社会研究委员会和联合国国家科学学会联合发表了一份关于节制消费的说明："消费是人类对自然物质和能量的改变，是实现使物质和能量尽可能达到可利用的限度，并使之对生态系统产生的负面效应最小，从而不威胁人类的健康、福利及其他和人类相关的方面"①，标志着现代生态消费文化理念的正式产生。国际上，人们也通常用绿色消费、可持续消费等词语表示消费生态化的理念。

1987 年，英国学者 John Elkington 和 Julia Hailes 发布《绿色消费者指南》，将绿色消费界定为避免使用和消费下列商品：①可能危害消费者自身或他人健康的产品；②在制造、使用或处理上会对环境造成损害的产品；③在制造、使用或处理上会消耗过多能源的产品；④因其过度包装或过短的生命周期而造成不必要浪费的产品；⑤使用来自濒临绝种动植物或环境资源的产品；⑥因毒性测试或其他目的而虐待或乱捕滥猎动物的产品；⑦对其他国家尤其是发展中国家有不利影响的产品②。1992 年联合国环境与发展大会《21 世纪议程》将消费提高到可持续发展的核心地位高度，发出了改变消费方式的呼声，号召所有国家"促进减少环境压力和符合人基本需要的生产和消费方式，加强了解消费的作用和如何形成更可持续的消费方式"③。随后的 1994 年，联合国环境署发布报告《可持续消费的政策因素》，将可持续消费定义为："提供满足基本需求和提高生活质量的服务和有关产品，同时最大限度减少自然资源和有毒物品的使用以及在这些服务或产品的寿命周期内废物和污染物的排放，从而不危及未来各代人的需要。"④ 20 世纪 90 年代末期，生态消费的文化理念逐渐深入人心，在西方社会得到一定程度的践行。

（一）我国生态消费的初步实践

我国通过参与国际交流以及全球重大环境会议，认识到消费生态化在环境保护中的作用，提出了引导和促进生态消费的政策。1999 年，国家环境保护部

---

① 周梅华：《可持续消费及其相关问题》，《现代经济探讨》，2001 年第 2 期。

② 许进杰：《生态消费：21 世纪人类消费发展模式的新定位》，《北方论丛》，2007 年第 6 期。

③ 中国环境报社：《迈向 21 世纪——联合国环境与发展大会文献汇编》，北京：中国环境科学出版社 1992 年版，第 91 页。

④ UNEP. Element of policies for sustainable consumption [R]. Nairobi, 1994.

等 13 个部门启动了以开辟绿色通道、培育绿色市场、提倡绿色消费为主要内容的"三绿工程"；2001 年，中国消费者协会将"绿色消费"确定为该年的消费主题，倡导民众选择节能和可回收商品，促进了生态消费文化理念的普及。国家将推动绿色消费纳入五年规划，2005 年国家"十一五"规划，"鼓励生产和使用节能节水产品、节能环保型汽车，发展节能省地型建筑，形成健康文明、节约能源的消费模式"；2010 年国家"十二五"规划指出，"要合理引导消费行为，发展节能环保型消费品，倡导与我国国情相适应的文明、节约、绿色、低碳消费模式"；2015 年国家"十三五"规划指出，"倡导合理消费，力戒奢侈浪费，制止奢靡之风。在生产、流通、仓储、消费各环节落实全面节约。管住公款消费，深入开展反过度包装、反食品浪费、反过度消费行动，推动形成勤俭节约的社会风尚"。国家还提出了一系列在不同领域、不同环节促进生态消费的具体法律法规，如 2003 年国家颁布《政府采购法》，首次将绿色消费的概念引入政府采购；2006 年财政部和国家环境保护部联合发布《关于环境标志产品公共机构采购实施的意见》和《环境标志产品公共机构采购清单》，进一步明确了政府部门绿色采购的原则、程序、范围等，绿色采购在各级政府普遍开展；《关于鼓励发展节能环保型小排量汽车意见的通知》（2005）、《国务院关于加快发展循环经济的若干意见》（2005）、《关于节约资源保护环境反对商品过度包装的通知》（2007）、《关于促进绿色消费的指导意见》（2016）等。国家和部委层级已发布了 101 项与推进居民绿色消费相关的政策，其中，中共中央和国务院发布的国家政策主要为推进绿色消费的通知、意见和方案，共计 26 项，占 26%；各部委发布相关政策主要为落实国家决策而开展的具体措施行动，共计 75 项，占 74%①。

在我国绿色消费的政策推动下，以及我国进入上中等收入国家行列，特别是一些城市的人均 GDP 已经达到发达国家水平，过去那种物质匮乏的消费补偿心理逐渐淡化，再加上个人消费主义的切身之害，人们的生活态度悄然改变，开始崇尚和追求资源节约、环境友好的生活方式。比如崇尚"乐活"方式，"乐活"意为以健康及自给自足的形态过生活，强调"健康、可持续的生活方式"；

① 崔晓冬，刘清芝，周才华，等：《中国绿色消费的政策和实践研究》，《中国环境管理》，2020 年第 1 期。

崇尚"断舍离"生活方式，"断绝"不需要的东西，"舍弃"多余的东西，"脱离"对物质的执念。这种精简生活考虑两个维度，一是关系轴："我"与物品的关系；二是时间轴：着眼于"当下"，简言之，取舍关键词是"我""现在""需要"，不是为了炫耀而购买，不持有超出自己财力的物品、与自己的生活方式不相符的物品、不适合自己的物品，而是为了需要而购买，只精心筛选或保留自己最需要、最合适、最舒服的物品，因而既减少了物品的数量，又提高了物品的品质，当每天使用自己钟爱的物品时，会更加珍惜这些东西，内心的满足感也大为提升。

（二）我国生态消费的误区与问题

我们也认识到，绿色消费是我国21世纪以来的新生事物，由于民众关于生态的认知水平不高，对生态消费有一些认识误区，一定程度上存在盲目跟风的心理，以及企业的绿色生产水平有限、绿色消费的市场体系不完善等因素影响，再加上琳琅满目、包装精美的商品诱惑和众多传播媒介极力鼓吹消费主义的推波助澜，生态消费还未成为我国社会普遍认同和自觉践行的生活方式。

第一，将生态消费等同于消费生态。消费者对生态消费概念的理解只停留在字面，他们常常把"绿色""生态"同"天然"联系在一起，以为生态消费就是吃天然食品、穿天然原料的服装、用天然材料装饰房间、到原始森林旅游等等。这样就形成了一个误区，即绿色消费变成了消费"绿色"，生态消费变成了消费"生态"。这种所谓的生态消费方式只是从人们自身的利益和健康出发，而并不去考虑对生态环境的保护，反而违背了绿色消费的初衷。如果沿着"天然就是绿色"的思路开展消费活动，生态危机的结果将会比现在的消费主义更为严重，比如，热衷纯天然的羊绒衫，会掀起山羊养殖热，而山羊对植被的破坏力惊人，将造成巨大的水土流失危害；热衷去人迹罕至的地方旅游，会对野生动物的栖息地和生活习性造成干扰；热衷于吃野生人参、用原始森林的纯实木装饰房屋，会造成森林减少、动物灭绝以及衍生出臭氧层破坏、温室效应等环境问题。其实，天然的并不一定就是健康的，现代科技可以改变物质的性能，减少和剔除自然物质固有的弊端，使其比天然状态下的性能更为合理和有效。比如，我们可以享受比天然织物优秀得多的合成纤维，以氯纶为原料制成的衣服比纯羊毛制成的衣服更保暖、耐晒、耐磨、耐蚀和耐蛀，还有一些合成纤维的导热系数比纯棉织物高出数倍，夏天穿这种衣物会凉快很多，也节约了空调电能。真正意义上的生态消费不是消费"绿色"，而是保护"绿色"、保护生态，即消费行为中要全面考虑到对生态环境的影响并且尽量减少负面影响。

第二，生态消费主要集中于自我保护的物质消费层面。改革开放以来，中国经济持续高速增长，城乡居民的生活水平不断提高，但是总体消费层次还是偏低，主要表现为居民用于食物消费的比重较高。尽管 2017 年我国城乡居民的恩格尔系数降至 29.3%，是历史上首次降至 30% 以下，按照联合国粮农组织（FAO）的规定，恩格尔系数在 0.6 及以上为经济发展的贫困阶段，0.5~0.59 为勉强度日的维生阶段，0.4~0.5 为小康生活水平阶段，0.2~0.4 为富裕阶段，0.2 以下为极富裕阶段，但是，这并不意味着我国就进入发达国家水平了。由于地域发展不平衡，东部地区和中西部地区、发达地区和贫困老少边穷地区的恩格尔系数差异较大，西部地区和农村地区的恩格尔系数比重仍然偏高，而且我国美食种类丰富，中国人有爱吃、重吃的生活习惯，这也使得食物消费在家庭支出中的比重较高，例如，广东省作为我国经济总量排名第一、人均可支配收入和人均 GDP 均列于全国前茅的省份，2017 年全省居民恩格尔系数却为 33.51%，这一数字不仅超过了 30% 线，还高出全国平均水平 4 个百分点，专家认为，这的确与广东人爱吃有大关系[1]。

这种消费特征在绿色消费中的反映则是居民的生态消费结构比较单调，主要还是集中于日常食品，智研数据研究中心 2013 年的调研数据表明，绿色食品、饮料（占比95%）是消费者购买率最高的产品类别，其次为服装（57%）和个人护理产品（53%）[2]。这表明，我国的生态消费还处于"自我保护型"阶段，与欧美的"自然保护型"和日本的"反公害型"绿色消费还有一定差距。也就是说，我国国民绿色消费的意识仅仅局限于自己生活的空间，消费者愿意支付高价格购买的是那些直接关系到自身生活质量和身体健康的生态产品，如绿色食品、绿色家具等，这类绿色产品的受益对象具有明显的排他性，只提供直接有利于消费者本人的绿色效用。而其他间接有利于消费者的绿色产品，如

---

① 蒋婷婷，等：《城乡差异视角下我国居民消费价值观对绿色消费行为的影响研究》，《云南农业大学学报（社会科学）》，2019 年第 6 期。
② 龙飞：《2013 年中国绿色消费市场发展分析》，智研数据研究中心网，2014 年 1 月 22 日。

无磷洗涤剂、无氟冰箱等产品的绿色效用并不直接作用于消费者本人，主要体现为对大气、土壤及水资源等公共环境的保护，其受益对象不具有排他性，受益人为社会公众，当这些绿色产品的效用与传统产品差不多的情况下，消费者会主要考虑价格因素而选择相对便宜的传统产品。调研数据显示，我国居民对于减少环境损害的家具清洁用品，可支付的溢价只有13%①。此外，我国居民的生态消费还主要是物质产品的消费，那种无须消耗太多自然资源且不会破坏生态环境的精神文化消费占很小比例，如2015年，全国人均购书费为1.43元，占当年全国居民人均消费支出的万分之一②。

第三，生态消费的外在动力不足。尽管我国绝大多数民众有生态消费的良好愿望，但是客观上存在一些现实因素制约了民众生态消费的动力，其中生态消费的成本和生态消费的环境是最主要的两个因素。一方面，绿色产品的生产和销售需要企业更多前期投入和流通成本，如购买节能设备、引进和研发清洁生产技术、提高零农药农产品的物流效率等，这些都会抬高生态产品的市场价格，消费者当然倾向于购买价格相对便宜又能满足基本需要的普通产品，即便他们可以偶尔消费生态产品，也没有能力长期消费。目前，我国生态消费的主力军是大中城市收入水平和受教育程度较高的民众，但这部分群体毕竟比例太小，中低收入者生态消费的支付能力不足，使得我国生态消费市场的有效需求不足，生态产品"叫好不叫座"是影响民众生态文化日常实践的明显现象。

另一方面，良好的市场环境是促进生态消费的必要条件，但是，由于我国市场经济体制尚不完善，商家利用消费者对绿色产品的偏好心理以及产品信息的不对称，进行虚假宣传，把未经过专门机构认证甚至环境危害巨大的假冒伪劣产品冠以"绿色"名号进行宣传，导致消费者权益受到损害，从而降低了消费者对生态产品的信任度和消费热情。调查显示，57%的消费者怀疑绿色认证的真伪；消费者对外国和中国香港的节能环保认证的信任度较高，分别有89%和71%，但对内地认证的信任度只有42%；82%的消费者表示，如果能确认企业或品牌是注重环保的，他们会更积极地购买这些企业或品牌的产品；对于同

① 龙飞：《2013年中国绿色消费市场发展分析》，智研数据研究中心网，2014年1月22日。
② 杨信宏：《积财千万 无过读书》，《光明日报》，2017年2月24日，第01版。

类的节能环保产品，若是外国的企业投资，并在外国生产，消费者愿意支付最高的溢价为 16%；若是香港公司投资及在香港生产，消费者愿意支付 11% 的溢价；若产品是在内地生产，不论是外国或香港的公司投资，消费者则只愿意支付 4%~6% 的溢价①。可见，生态消费市场的不完善不仅不能培育良好的生态消费文化，而且还使得社会贬低生态消费的价值效用，直接扼杀生态消费文化的萌芽，阻碍生态消费文化的进一步发展。

第三节　我国生态消费文化建设的机制创新

如前所述，消费主义是生态文化建设的最大社会阻碍，"人的满足最终在生产活动中而不在消费活动"②，消费是人的基本生活需要，但不是人的全部生活，如果过分追求个人的物质消费，只会给经济、政治、文化、社会、生态和人的发展带来全面的危机。但是，我们批判消费主义并不是否定追求富裕的物质生活，更不是要回到刀耕火种、食不果腹、衣不蔽体的原始文明中去，而是拒绝过度消费和异化消费以及由此导致的单向度社会，拒绝以不健康的自然、不健康的人和不健康的社会为代价换取暂时表面的经济增长。消费主义与消费不是同一个概念，消费作为一种需求是推动社会正常运转和发展生产力的强大动力，我们不是反对消费，而是要引导形成一种更高层次、更有利于社会可持续发展和文明进步的生态消费方式。因此，建设生态消费文化既要批判和节制消费主义，也要促进和扩大生态消费内需，如此才能双管齐下，牢固形成生态文化建设和践行的日常形态。

一、建立引导科学消费理念的社会机制

首先，要批判消费主义，宣传适度消费的正确理念和做法。把节约消费、生态消费纳入全国节能宣传周、科普活动周、全国低碳日、环境日等主题宣传活动，各主要新闻媒体和网络媒体在黄金时段、重要版面制作发布公益广告，

①　龙飞：《2013 年中国绿色消费市场发展分析》，智研数据研究中心网，2014 年 1 月 22 日。
②　［加］威廉·莱斯：《满足的限度》，李永学译，北京：商务印书馆 2016 年版，第 106 页。

及时宣传报道绿色消费的理念经验和做法，加强舆论监督，曝光奢侈浪费行为，营造良好社会氛围。社会培训和学校教育要帮助人们理顺需要、商品、消费和幸福的关系，使得全社会认识到物质消费并不能带来真正和持久的幸福，利用现实生活中的真实案例，生动阐释过度消费、炫耀性消费带来内心空虚、经济困顿甚至招致杀身之祸的严重问题，让全社会对消费主义的消极影响认识更为深刻。当前，我国有一些催生消费主义的新媒体平台如小红书、直播软件等App，要促进这些新媒体平台开展生态化转型，可通过网民现身说法等方式，或者批判消费主义给自身带来学业下降、浪费金钱、伤害亲情友情爱情等教训，或者介绍自己适度消费、"断舍离"生活的做法、经验和益处，帮助消费者树立理性消费观念，形成"浪费可耻，节约光荣"的正确价值观。

其次，要引导民众追求积极向上的精神文化消费。有人或许会问，如果社会都节制消费，那么经济发展的需求动力从何而来？十八大以来，党中央厉行节约，强化反腐倡廉，有人甚至错误地认为，反腐败冲击了很多行业，尤其是高端消费领域，阻碍了经济发展，是导致经济下行的重要原因。持有以上观念的人将消费狭隘地局限于物质消费领域。事实上，精神文化消费对经济发展的拉动作用更为有效和明显，当人们的消费超出满足基本生存需要的功能层次阶段，对教育、文化娱乐、体育健身、旅游观光等精神文化消费的需求也随之增加。文化在国民经济发展中正扮演着举足轻重的角色，日本以及欧美发达国家都已经将文化产业作为发展国民经济的支柱产业。2019年上半年，居民参观免费场馆、观看演出或电影时，对购物、餐饮、交通等相关消费的拉动作用显著；85%左右的受访者认为，文化消费可带动购物、餐饮、住宿、交通等相关消费增长20%以上；35%以上的受访者认为文化消费可带动相关产业消费增长50%以上[1]。我们批判过度物质消费，提倡和鼓励丰富多样的精神文化消费，如把戏剧、音乐、舞蹈、绘画等文化融入人们的日常生活中去。马克思说，未来社会物质财富极大丰富，在共同富裕和普遍有闲的前提下，只有充分利用闲暇时间丰富头脑和内心，人们才有真正的自由和全面发展。一旦社会消费达到理性消费、适度消费、绿色消费的"像样的标准"，"生产力朝着社会的真正人道的

---

① 《2019上半年全国文化消费拉动作用显著》，https：//www. sohu. com/a/332346086_100188742。

方向发展，人朝着自由而全面的方向发展就有了希望，并变得指日可待"①。

最后，要严厉打击过度消费和非法消费的行为。政府和企业要细化明确各类公务活动标准，严禁超标准配车、超标准接待和高消费娱乐等行为。各级党政机关及党员领导干部带头做好表率，坚决抵制生活奢靡、贪图享乐等不正之风，大力破除讲排场、比阔气等陋习。严厉打击非法捕杀、贩卖、运输、走私珍稀濒危野生动物的行为，包括开办交易场所、网上销售、销售加工食品等行为，要从立法层面完善野生动物保护法律法规，扩大野生动物保护范围，依照刑法规定确立准确适用的罪名、追诉时效期限和量刑，彻底打消违法经营者存在的侥幸心理，坚决阻断卖方市场。联合辖区工商、食药部门开展联合检查专项行动，查处是否有非法猎捕、杀害、经营和销售珍稀野生动植物的犯罪行为和窝点，通过宣传食用和消费野生动物的直接严重后果，提高广大群众健康消费的意识和认知。

二、创新完善生态消费政策体系

首先，利用价格杠杆调节民众消费行为。调节国民经济的手段有多种，而价格是最灵敏、最有效的调节手段。价格杠杆对消费的调节作用主要表现在两个方面：一是消费价格水平的高低，直接影响民众的购买抉择，影响社会的消费总量，影响消费总水平；二是不同商品之间的比价，影响社会的消费结构。促进生态消费，一方面要抑制高能耗消费。把高耗能、高污染产品及部分高档消费品纳入消费税征收范围，建立更好反映市场供求、资源稀缺程度、生态环境损害成本和修复效益的资源阶梯价格政策，完善居民用电、用水、用气阶梯价格。事实证明，价格杠杆在抑制高能耗消费方面效果明显。以阶梯电价政策为例，广东省自 2012 年 7 月 1 日起全面推行居民生活用电阶梯电价政策，阶梯电价政策实施后，广东省居民售电量增长率逐年递增的趋势得到扭转。据统计，2012 年 8—12 月全省居民电量增长率为 6.55%，较 1—7 月份下降 7.43%；2013 年，全省居民售电量增长率进一步下降至 2.95%，比 2011 年下降了 10.51%。从售电量结构来看，居民阶梯电价政策在引导用电量多的居民调整用电行为，

---

① 陈学明，吴松，远东主编：《痛苦中的安乐——马尔库塞、弗洛姆论消费主义》，昆明：云南人民出版社 2008 年版，第 217 页。

促进科学合理用电方面也起到了积极作用。据统计，第一、二档居民电量占比分别提高4.78%和0.2%，第三档居民电量占比下降4.97%，居民合理用电、节约用电的意识明显增强①。另一方面，要创新完善生态消费的奖补政策。如目前我国为鼓励民众购买新能源汽车，实施了购置补贴、购置税减免等政策，一定程度上使消费者消费偏好发生变化，新能源汽车的消费市场占比明显提升。对此，还应继续完善培育新能源汽车市场消费的内生动力，不仅重视购买环节的相关优惠政策，还可以细化考虑使用阶段的政策优惠，诸如增加路权优先、减免公共停车场停车费、减免过路过桥费等；还可以根据居民消费能力和交通承载压力，制定差异化促进政策，消费能力及车辆承载压力较低的城市以购买环节优惠政策为主，消费能力及车辆承载压力较高的城市则以使用阶段的政策优惠为主，精确提高生态消费奖补政策的实施效果。

第二，创新建立生态消费积分制度。消费积分计划诞生于1981年的"美利坚航空公司常客项目"，其形式是按乘客的飞行里程奖励里程分，并将里程分兑换为免费机票，以此作为培养顾客忠诚度的一种手段。此后，消费积分制度推广到其他消费领域，主要是指企业许诺经常购买或大量购买企业产品的客户，以虚拟的积分换取诸如折扣、累计积分、赠送商品等奖励服务的一种方式。利用积分消费通常会给消费者带来优惠和较好的消费体验，也可以增加消费者黏性，使企业能留住客户、保持市场份额，从而维持利润、赢得竞争。将消费积分制度应用于生态消费领域还尚未推广普及，在这方面日本已经先行先试，可为我们提供借鉴。

日本从2009年5月开始，实行家电生态积分制度，以推动民众购买绿色家电；2010年3月启动住宅生态积分，以推动新建或装修有利于节能的住宅。日本的生态消费积分制度非常细化，比如，根据住宅积分制度，如果使用国家规定的标准绝热材料，那么外壁、天花板、地板装修分别可获10万分、3万分、5万分（1分相当于1日元）；窗子分为大、中、小三类，安装防止噪声污染的双层窗户获得的分数各不同。积攒的分数交换的商品十分丰富，除了节能和环保商品外，还包括可以获取在全国使用的商品兑换券、购物卡、地区商品兑换券、

---

① 《广东省居民阶梯电价政策保民生促节约成效明显》，《市场经济与价格》，2014年第6期。

地区特产等。住宅生态积分制度对于日本生态消费的效果评估显示，2010 年度节能住宅相关消费达到 1740 亿日元，在 2011 年度达到 4300 亿日元①。上海推行垃圾分类，实行绿色账户积分制度，市民通过垃圾分类获得的积分兑换各种生活用品，极大提高了居民垃圾分类的积极性。由此可见，消费积分制度对于促进生态消费作用明显，我国要具体细化衣食住行不同领域的生态消费积分制度，使生态消费成为人们日常生活的一种乐趣，使生态消费文化蔚然成风。

第三，全面推进公共机构带头生态消费。公共机构特别是政府机关、事业单位和大企业的影响力强、信誉高，他们的消费倾向具有广泛的示范效应，因为一般而言，公共机构对产品的信息了解更为全面，消费抉择相比个人更加理性科学，他们的消费产品意味着更可靠的质量和更耐用的性能。公共机构的消费生态化本身就体现了一种消费文化，既为大众消费者提供了正面的产品参考，也为企业的绿色生产树立了信心，这种示范引导作用对于消费者的生态消费激励甚至比直接的消费资金补贴效果更好。要完善绿色采购制度，严格执行政府对节能环保产品的优先采购和强制采购制度，扩大政府绿色采购范围，健全标准体系和执行机制，提高政府绿色采购规模；各级政府及公共机构推广和应用新能源汽车；使用政府资金建设的公共建筑执行绿色建筑标准，凡具备条件的办公区要安装雨水回收系统和中水利用设施；中小学校试点校服、课本循环利用；合理控制室内空调温度，推行夏季公务活动着便装；组织开展绿色家庭、绿色商场、绿色景区、绿色饭店、绿色食堂、节约型机关、节约型校园、节约型医院等创建活动，表彰一批先进单位和个人等。

三、推动促进生态消费的供给侧改革

生产是消费的前提，市场提供绿色产品是生态消费的先决条件，可得性是影响民众生态消费的重要因素。消费者的生态消费行为主要取决于是否有多样化的生态产品可供选择，包括绿色产品种类是否齐全、质量是否可靠、销售渠道是否畅通以及价格是否合理。学者研究表明，66.7% 的爱尔兰非绿色产品消费者表示，如果绿色产品很容易买到，他们将选购绿色品牌；16% 的英国消费

① 蓝建中：《日本的生态消费》，《金融博览》，2010 年第 6 期。

者认为其不购买绿色食品的原因是受到食品供应限制的影响①。因此，推动消费生态文化建设不仅要从消费者方面发力，还要着力推动生态消费的供给侧改革。

首先，加强对生态产品生产企业的扶持，增加生态产品市场供给。政府应将生态产业列入国家支持产业范围进行政策扶持，增加对生态产业的投资，特别是对关系人民群众日常消费的生态产品生产企业给予积极支持和鼓励，在信贷、税收等方面给予优惠政策，因为在功能相同但对环境影响不同的条件下，生产生态产品往往需要环境革新的成本，消费者需为生态产品支付一个更高的价格才能补偿环境变革的成本，而生产成本与商品价格呈正比，消费者在购买绿色产品时首先会考虑绿色产品和非绿色产品价格的差异，国内学者实证表明，价格是城市消费者对绿色蔬菜购买行为有显著影响的指标之一②，通过政策扶持可以一定程度上降低生态产品的生产成本和商品价格，提高消费者的购买意愿。要引导和支持企业利用大众创业、万众创新平台，加大对生态产品研发、设计和生态的投入，丰富生态产品服务种类，增加绿色产品和服务有效供给。大力推广利用"互联网+"促进生态消费，推动电子商务企业直销或与实体企业合作经营绿色产品和服务，鼓励利用网络销售绿色产品，减少生态产品的流通成本，拓展生态产品的销售渠道。鼓励大中城市利用群众性休闲场所、公益场地开设跳蚤市场，方便居民交换闲置旧物，推动开展二手产品在线交易，满足不同主体多样化的生态消费需求。

其次，严格规范生态消费市场秩序，提高生态产品供给质量。消费心理学认为，消费者的感知效力主要包括感知时间、感知财力和感知效果三方面，分别指消费者对消费所花时间、金钱和产生效果的预期。如果消费者预期实施生态消费所耗费的时间和金钱比较少，同时又能达到满足自身消费需求和保护环境的双重目的，消费者自然会选择生态消费方式；相反，如果消费者预期实施生态消费要耗费大量的时间和金钱，甚至在高额付出的同时还不能很好地实现消费需求，那么不管这项消费活动是否会对环境保护有积极作用，消费者都不

---

① 朱洪革：《城市居民生态消费行为的影响因素分析》，《生态经济（学术版）》，2009 年第 1 期。
② 李波：《发展绿色消费促进低碳经济发展策略研究》，《现代管理科学》，2011 年 10 期。

太可能实施生态消费。Ottman 强调，早期环境友好的"绿色"产品质量一般，直接观察到的生态产品质量低劣是当时消费者不购买绿色产品的主要原因。Roper 公司 2002 年的调查数据表示，在美国有高达 41% 的消费者出于对生态产品质量低劣的顾虑而不愿选择绿色品牌①。唯有在生态产品的品质明显高于传统产品时，消费者购买的积极性才能被有效激活，即消费者感知的生态产品质量愈高，其生态消费的频率也愈高。提高生态产品的供给质量，要加强生态产品认证体系建设，建立统一的生态产品认证标识体系，建立严格的生态产品质量认证制度，覆盖包括产品的选材、生产技术、包装、储存、运输和销售等全过程的标准体系，并做到及时修订与更新，为我国企业严格生产和消费者正确选择生态产品设立清晰的参照标准；加强生态消费市场监管，严格落实企业年检制度，对所有获得绿色标志使用权的企业的生产流程、终端产品质量以及绿色标志的使用情况等进行监督、检查、考核和评定，对质量不合格的产品限期整改或取消绿色标识资格；完善有利于生态消费的信息服务体系，通过网络媒体、手机短信、电视传媒等现代化信息传播方式，向消费者提供有关生态产品的购买和使用知识，参考国际经验制定符合我国具体情况的"生态消费指南"，向社会公布那些消耗大量资源、不易回收分解、明显伤害环境、危及动植物生存、过分包装等的产品名录，提高民众的生态消费认知能力和水平；不定期对超市、商场等场所的产品进行抽检，将检验结果向社会公布，通过消费者"用脚投票"放弃购买那些不符合生态标准的商品，彻底打消企业蒙蔽消费者的侥幸心理；扩大市场监察的范围，除了覆盖大中城市以外，还要逐步向小城镇和广大农村铺开，对那些非法使用绿色标志、盗用绿色标志、模仿绿色产品包装的"山寨"产品，要加大处罚力度，切实保护生态产品的良好信誉，消除人们对消费生态产品的顾虑，增强消费者的生态消费信心，形成以生态消费刺激生态生产、生态生产带动生态消费的良性循环。

最后，减少非生态化的产品供给。星级宾馆、连锁酒店要逐步减少"六小件"等一次性用品的免费提供，试行按需提供；商场、超市、集贸市场等商品零售场所要严格执行"限塑令"，减少包装物的消耗，鼓励使用生物基材料的环保包装制品，提倡重拎布袋子、重提菜篮子、重复使用环保购物袋，减少使用

---

① 张婷，吴秀敏：《消费者绿色食品购买行为分析》，《商业研究》，2010 年第 12 期。

一次性日用品；开展反过度包装行动，着力整治以奢华包装为代表的奢靡之风，在端午、中秋、春节等重要节日期间，以粽子、月饼、红酒、茶叶、杂粮、化妆品等商品为重点，开展定期专项检查，加大市场监管和打击力度，严厉整治过度包装行为，坚决制止商家在销售奢华包装产品中存在的价格欺诈、不按规定明码标价等违法行为；加强限制商品过度包装标准制修订工作，明确包装空隙率、包装层数和包装成本等方面要求。

第五章

生态文化建设的社会协同机制

研究生态文化问题，不仅要注重价值观维度的考量，同时也要注重制度层面的探讨。文化与制度之间存在着紧密的联系。从文化的概念而言，广义的文化是指人类在社会历史发展过程中所创造的物质财富和精神财富的总和，包括意识、制度、行为、物质四个层次；狭义的文化指意识形态所创造的精神财富，包括宗教信仰、风俗习惯、道德情操、学术思想、文学艺术、科学技术、各种制度等。可见，无论是广义的文化还是狭义的文化都包含着制度因素，制度是文化的一部分，故此有制度文化一说。从制度的概念而言，制度是人们发明设计的对人们相互交往的约束，包括正式制度和非正式制度。正式制度是由公共权威机构制定或由有关各方共同制定的政治规则、经济规则和契约等，如各种成文的法律、法规、政策、规章等；非正式制度是指对人的行为不成文的限制，主要包括意识形态、价值信念、道德观念、风俗习惯等。可见，制度也包含着文化的因素，反映了文化的价值取向和精神理念。

从文化的实践而言，只有某种思想观念被社会认同、学习并构成群体性的共同行为才能称为文化。思想观念属于非正式制度范畴，具有自发性和非强制性的特点，要在社会推广某种思想观念，使之被全社会认同、学习和传承，必须采取政策、规章、法律等正式制度形式来影响、规范和约束人们的行为。制度建设就是把社会思想观念转化为具体的、明确的甚至是强制的行为规范的过程。事实上，无论是纵向观察人类历史，还是横向审视社会现实，所有文化的演进过程都是首先以制度变迁的形式发生，缺少了制度的依托，文化就很难推广和传承。如中国古代将祭祀、冠婚、宾客、军旅等行为以礼器、礼物、礼辞等制度法令的形式予以规范并强制执行，使得人们逐渐形成一种习俗和惯例，世代相传便形成了中华传统礼仪文化。可见，制度和文化彼此相伴而生、相互融合，制度是文化从意识层次向行为实践层次升华的重要标志，是文化践行的根本保障。

观照我国生态文化建设的现实，近年来，我国加强了生态文化的基础设施建设和宣传教育力度，但是河道乱占乱建、非法倾倒废弃物等破坏生态环境的行为依然存在，且情况严重，这表明人与自然和谐发展的生态文化还没有成为全体社会自觉的价值取向。究其根源，"我国生态环境保护中存在的突出问题大多同体制不健全、制度不严格、法治不严密、执行不到位、惩处不得力有关"①，"保护生态环境必须依靠制度、依靠法治。只有实行最严格的制度、最严密的法治，才能为生态文明建设提供可靠保障"②。生态环境制度不仅可以约束人们破坏生态环境的行为，还具有强烈的激励作用，通过合理的制度设计引导人们在社会生产和日常生活中形成低碳节约、健康环保的生产方式和生活习惯。当生态制度渗透到人们的意识深处并形成自觉行动时，生态文化也就成为全社会先进的主流文化。因此，从文化的内涵而言，生态制度文化是生态文化建设的应有之义，生态环境制度反映着国家对人与自然、社会与自然关系认知的整体水平；从文化的运行而言，生态环境制度建设是生态文化建设的重要保障，生态环境制度的完善程度决定着一个国家生态文化的先进程度。党的十九大报告指出，"加快生态文明体制改革，构建政府为主导、企业为主体、社会组织和公众共同参与的环境治理体系"，依据生态环境制度的激励约束对象，生态环境制度体系包括政府环境管理制度、环境市场机制和第三部门环境参与制度，三者共同构成生态文化建设的社会协同机制。

第一节　政府"善治"视角下的环境管理制度

"善治"是政府治理能力所要达到的较高境界。中华人民共和国成立后，毛泽东就提出了"美化全中国"和"实行大地园林化"的想法，要求"基本上消

---

① 习近平：《推动我国生态文明建设迈上新台阶》，《求是》，2019 年第 1 期。
② 中共中央文献研究室：《习近平关于社会主义生态文明建设论述摘编》，北京：中央文献出版社 2017 年版，第 99 页。

灭荒地荒山，在一切宅旁、村旁、路旁、水旁，以及荒地上荒山上，即在一切可能的地方，均要按规格种起树来，实行绿化"①，"用二百年绿化了，就是马克思主义"②。但是这一时期，我们并没有把生态环境问题当成社会问题来认识和解决，最多就是开展洪涝、干旱等自然灾害的防治，也没有形成关于生态环境保护的制度。1972 年，我国代表团参加了联合国斯德哥尔摩第一次人类环境会议，该会议促发了一个重要的思想转折，即生态破坏和环境污染问题不仅是资本主义社会的产物，在社会主义中国也存在比较严重的环境污染问题。1973年 8 月我国召开第一次全国环境保护会议，提出"全面规划、合理布局、综合利用、化害为利、依靠群众、大家动手、保护环境、造福人民"的环境保护工作 32 字方针，揭开了中国政府环境保护事业的序幕。我国真正意义上的生态环境制度建设则始于改革开放之初，十年"文革"动乱使我们深刻认识到，国家治理"还是要靠法制，搞法制靠得住些"③，在设计和部署国家治理的具体制度时，1978 年邓小平在十一届三中全会闭幕式上的报告中，第一次提出环境制度建设的思想，"应该集中力量制定……环境保护法"④，这是我国生态制度文化认识的重大突破。1978 年，环境保护首次入宪，《中华人民共和国宪法》明确"国家保护环境和自然资源，防治污染和其他公害"，标志着我国生态环境制度建设的起步。

一、我国政府环境管理制度建设的成就

我国生态环境制度建设与整个改革开放事业同步发展，回望改革开放 40 余年来波澜壮阔的历史画卷，我国政府环境管理制度建设取得了长足进展，积累和创造了十分宝贵的历史经验。

（一）建立了完善的环境管理行政体制

1974 年，国务院环境保护领导小组正式成立，标志着我国历史上第一个环

---

① 中共中央文献研究室：《建国以来重要文献选编》（第七册），北京：中央文献出版社 1993 年版，第 430 页。
② 中共中央文献研究室、国家林业局：《毛泽东论林业》（新编本），北京：中央文献出版社 2003 年版，第 74 页。
③ 《邓小平文选》（第三卷），北京：人民出版社 1993 年版，第 379 页。
④ 国家环境保护总局，中共中央文献研究室：《新时期环境保护重要文献选编》，北京：中央文献出版社，中国环境科学出版社 2001 年版，第 1 页。

境保护机构的诞生。改革开放以来，随着我国对经济增长与环境保护辩证关系的认识逐渐深化，环境保护机构的行政体制改革也深入推进。1982 年国家机构改革，成立城乡建设环境保护部，下设环境保护局；1984 年 5 月国务院环境保护委员会成立，同年 12 月，城乡建设环境保护部下属的环境保护局改为国家环境保护局，同时也是国务院环境保护委员会的办事机构，负责全国环境保护的规划、协调、监督和指导工作；1988 年国务院机构改革方案将国家环境保护局从其他机构正式分离出来，成为国务院直属管理的副部级单位。至此，历经多次变迁，环境保护工作有了独立专门的管理机构。各省、自治区、直辖市和国务院有关部门也陆续建立起环境管理、科研和监测机构，为我国环境治理和保护工作提供了组织保障。1998 年，设置了正部级的国家环境保护总局；2008 年国家环保总局再次升格为国家环境保护部，环境问题在国家综合决策中话语权增加；2018 年国务院机构改革方案把原环境保护部全部职责和其他六个部门分散的生态环境保护职责整合到一起，统一组建成生态环境部，一定程度克服了环境管理体制多头治理、推诿扯皮、效率低下的弊病。2019 年，我国建立了环保机构垂直管理制度，改革调整了省市县三级环保部门的领导隶属、财政供养、干部任免等关系，将市县环保部门的环境监测监察职能上收到省级环保部门，有效减少了地方政府对环境管理的干预，增强了环境监测监察执法的独立性、公正性和有效性。

（二）建立了较为全面的环境法律法规和标准体系

1979 年 9 月，我国颁布新中国成立以来第一部综合性的环境保护基本法《中华人民共和国环境保护法（试行）》，确定了中国环境保护的基本方针、任务和政策。1982 年宪法的第 9、10 和 26 条分别对合理利用自然资源、保护珍稀动植物、保护名胜古迹等做了规定。此后，我国环境立法工作迅速发展，先后颁布实施了海洋环境保护、水污染防治、大气污染防治、水土保持、森林、草原、渔业、矿产资源、野生动物保护等具体领域的单行法 11 部。地方人大也制定了相应的环境保护行政法规。1993 年 3 月，全国人大成立了环境保护委员会，次年改为全国人大环境与资源保护委员会，极大推进了环境立法的进程，并在《刑法》中增加了 14 个具体的"破坏环境和资源保护罪"，为环境保护建立了更加严密的法律防线。党的十八大以来，我国加快修订完善环境法律法规的步伐，不仅修订了《中华人民共和国环境保护法》（2014）以及固体废物污染、噪声污染、节约能源、防沙治沙、海洋石油勘探开发环境保护等领域的法律法规，还新制定了《中华人民共和国土壤污染防治法》（2018 年 8 月）、《电磁辐射环境保护管理办法》（2019 年 3 月）、《中华人民共和国人类遗传资源管理条例》（2019 年 7 月）等法律法规，改变了诸多环境保护领域无法可依的局面，基本建立了覆盖生态环境全领域的制度体系。

改革开放后，环境保护问题成为政府工作报告以及党和国家会议的重要议题，国家要求各级各部门针对环境污染和能源高耗采取政策措施，"使环境保护工作同经济建设和社会发展相协调"①。1978 年《环境保护工作汇报要点》提出环境管理"三同时"制度和排放污染物收费制度；1983 年第二次全国环境保护会议规定"谁污染谁治理"的环境管理政策；1989 年第三次全国环境保护会议制定城市环境综合整治定量考核制度、环境保护目标责任制度、排污申报登记与排污许可证制度、污染集中控制制度、污染限期治理制度五项管理制度，揭开了环境保护新篇章。借鉴欧美发达国家清洁生产的政策和经验，1993 年我国提出工业污染防治要实现"三个转变"，即由末端治理向生产全过程控制转变；由浓度控制向浓度与总量控制相结合转变；由分散治理向分散和集中控制相结合转变。国家不断完善"三废"排放、环境监测、海洋倾废管理、海洋石油勘探开发等环保强制性国家标准，对中国清洁生产的政策制度和技术指南等做出系统规划安排，对环境危害较大的污染物实行总量控制，克服了以前按照污染物浓度排放标准来控制污染的弊端，有效减缓了环境污染恶化的趋势。目前我国两级五类的环保标准体系已经形成，分别为国家级和地方级标准，类别包括环境质量标准、污染物排放（控制）标准、环境监测类标准、环境管理规范类标准和环境基础类标准，为实施环境保护各项法规和制度提供了量化依据。截至 2017 年 5 月，我国累计发布国家环保标准 2038 项。我国现行国家环境质量标准 16 项，覆盖了空气、水、土壤、声与振动、核与辐射等主要环境要素；现行国家污染物排放（控制）标准 163 项，其中大气污染物排放标准 75 项，控制项目达到 120 项；水污染物排放标准 64 项，控制项目达到 158 项。总体而言，我

---

① 国家环境保护总局，中共中央文献研究室：《新时期环境保护重要文献选编》，北京：中央文献出版社，中国环境科学出版社 2001 年版，第 138 页。

国大气、水污染物排放标准中控制的污染物项目数量和严格程度与主要发达国家和地区相当①。

同时，我国制定了一系列关于开展环境保护执法检查的文件，如《中央生态环境保护督察工作规定》《生态环境保护执法检查专项行动方案》等，建设了一支强有力的环保执法队伍，对群众反映强烈的环境问题依法依规开展了监管和督察，并处以区域限批、挂牌督办、限期整改、行政问责、立案处罚、媒体曝光、事后督查、移交移送等多种形式的惩罚，提高了环境法律制度的执行力。以 2019 年为例，全年全国实施行政处罚案件 16.29 万件，罚款金额 119.18 亿元，按日连续处罚等五类案件达 2.87 万件；第一轮督察及"回头看"3294 项整改任务中 1723 项已整改到位，1428 项达到序时进度；全国"12369"环保举报平台接到举报 53.1 万件，基本做到按期办结；899 个县级水源地 3626 个问题整治完成 3624 个，三年多来累计完成 2804 个水源地 10363 个问题整改，7.7 亿居民的饮用水安全保障水平有力提升；1.4 万个无法律法规依据划定的畜禽养殖禁养区全部取消②。

（三）建立了政府环境责任制

从 1992 年起，我国各级政府把环境保护纳入经济和社会发展的年度以及中长期规划，并逐步建立了政府节能减排约束性指标。国家"十一五"规划提出6 个环境资源保护方面的约束性指标，国家"十二五"规划、"十三五"生态规划的约束性指标分别为 10 项和 12 项。国务院每年组织开展省级人民政府节能减排目标责任评价考核，将节能减排目标完成情况作为领导班子和领导干部综合考核评价的重要内容，并实行一票否决制。节能减排管理指标化的倒逼机制促使各级政府努力完成年度目标，扭转了单位国内生产总值能耗和主要污染物排放总量大幅上升的趋势。

党的十八大以来，国家针对长期以来地方政府环境保护不力的弊病，一针见血抓住"一把手"这个关键"牛鼻子"，建立了党政领导干部环境问责制。

① 《我国已累计发布国家环保标准 2038 项》，http：//www. xinhuanet. com//energy/2017-05/24/c_ 1121024782. htm。

② 《生态环境部部长在 2020 年全国生态环境保护工作会议上的讲话》，http：//www. mee. gov. cn/xxgk2018/xxgk/xxgk15/202001/t20200118_ 760088. html。

我国相继制定了《生态文明建设目标评价考核办法》《党政领导干部生态环境损害责任追究办法》《关于开展领导干部自然资源资产离任审计的试点方案》《关于全面推行河长制的意见》等系列文件，明确规定党政领导干部生态损害追责的 25 种情形以及不同级别领导干部生态环境损害责任追究的主要形式，将环境保护责任制落到了具体人头。这种环境责任制有两个鲜明特点：其一，党政同责，将以前行政问责拓展至党政问责，党委和政府主要领导在生态环境方面"职责同有""责任共担"，促使党委和政府主要领导齐心协力开展生态文明建设；其二，终身追责，"已经调离的也要问责"①，杜绝因环境问题滞后性而产生"期权腐败"行为。

　　总之，我国政府生态环境制度建设经历了一个从无到有、不断完善创新的历史进程。在体制管理上，环境保护部门从下属建设部的处级机构逐步提升为国务院的正部级机构，从最初的弱势部门提升为如今的环保一票否决；在工作格局上，从环保部门单打独斗的"小环保"，向地方党委、政府及其有关部门落实"党政同责""一岗双责"的"大环保"转变；在工作对象上，从以监督企业为重点，向"督政"与"督企"并重转变。一系列生态环境法律法规的颁布实施，依法处置了环境污染和生态破坏行为，极大地促进了社会民众树立环境保护意识和生态红线意识。

二、我国政府环境管理制度的主要问题

　　我们看到，人们对生态环境的关注和保护主要集中于与切身利益直接相关的饮用水污染、大气污染、噪声污染、生活垃圾、食品安全等日常生态环境，对于间接影响人们日常生活但是后果严重的生态环境问题如野生动物植物保护、森林破坏、荒漠化、臭氧层空洞、酸雨等问题十分淡漠。事实上，看上去离人们日常生活较远的生态环境问题常常是对人类生存发展威胁较大的问题，如人们滥捕滥食野生动物，会大幅增加野生动物将身上的寄生细菌传染给人类的概率，当今人类新发传染病 78% 与野生动物有关②。恩格斯在《自然辩证法》中

---

① 环境保护部：《向污染宣战——党的十八大以来生态文明建设与环境保护重要文献选编》，北京：人民出版社 2016 年版，第 20 页。

② 《新发传染病 78% 祸起野生动物，全国人大部署修法》，https://www.sohu.com/a/373257509_359980）。

提到自然的报复，他举例反问道："当西班牙的种植场主在古巴焚烧山坡上的森林，认为木灰作为能获得最高利润的咖啡树的肥料足够用一个世代时，他们怎么会关心到，以后热带的大雨会冲掉毫无掩护的沃土而只留下赤裸裸的岩石呢？"①今天我们同样可以反问，当人们捕杀和买卖野生动物，认为食用野生动物可以滋补身体时，怎么会想到野生动物身上的寄生细菌会招致致命的大规模传染病呢？很长一段时间以来，我国生态环境管理在诸多领域存在制度空白、无法可依的情况，但是这种现象近年来得到很大改善，目前我国生态环境制度建设的主要问题已经不再是没有相关管理制度的问题，而是突出体现在实践操作层面。

（一）文本规定笼统，存在大量漏洞可钻

我国环境保护法律法规大多遵循"宜粗不宜细"、全国"一刀切"的立法模式，原则性规定多，可操作的细则少，影响了法律的贯彻执行。如在现行的《环境影响评价法》中规定，"规划部门或者建设单位应当在规划或者建设项目环评报告书报批前，举行论证会、听证会，或者采取其他形式，征求有关单位、专家和公众对环境影响报告书草案的意见"②。这里的"或者采取其他形式"赋予规划部门或建设单位一种选择权，因此规划部门或建设单位在具体操作时可以不举行论证会、听证会而"采取其他形式"，其结果是公众失去了听证会等可以双向互动交流、答辩更为有效的参与机会。而国外对环境保护的法律法规十分详尽，制定了大量的定量要求和具体细则，最直观的可以在管理规定的字数上得以体现。以大气污染防治为例，《中华人民共和国大气污染防治法（2018修正）》8章129条，大约1.7万字；美国的《清洁空气法》共270条，长达10万字，300多页，对大气污染防治措施规定得十分详尽，包括立法宗旨、管理体制、标准制定、空气质量控制区、州实施计划、未达标区和清洁空气地区污染控制、许可证、流动污染源控制、臭氧层保护、酸雨控制等广泛领域，在各领域对控制目标、时限、保证措施等都有明确规定。再比如，我国《渔业捕捞许可管理规定》（2018年修正）仅规定，"渔业捕捞应当符合渔具准用目录和技术标准"；而英国的《鲜鱼条例（网捕方法和渔网编制规定）》和澳大利亚

---

① 《马克思恩格斯文集》（第9卷），北京：人民出版社2009年版，第562页。
② 《中华人民共和国法律全编（2018年版）》，北京：法律出版社2018年版，第1306页。

的《渔业管理（东南拖网渔业）条例》均量化规定了渔网的网眼尺寸要求，澳大利亚的《环境保护与生物多样性保护条例》对鲸鱼分布区附近船只的活动、航空器的活动、喂食、人的移动、噪声、游泳做了详细规定，如"在距离鲸 300 米水平半径范围内，不得在低于 304.8 米的高度驾驶航空器""任何人不得在 30 米距离内靠近鲸"①，等等。由于国内没有细化制度条例，自由裁量权较大，导致环境执法尺度难拿捏，人情执法现象严重。

（二）违法成本较低，助长知法犯法的心理

法律制度的目的在于通过强加一定程度的制裁如刑罚、行政处罚、侵权责任等，产生威慑以制止人们从事某种侵权、违法或犯罪行为。但是，我国现行的环境法律法规对于违法行为的处罚力度很轻，根本没有达到惩戒违法、遏制环境恶化的作用，甚至客观上起到了姑容环境污染和生态破坏的反面效应。比如，我国《森林法实施细则》（1986 年）第 22 条规定，对伪造证件砍伐树木或倒卖树木采伐许可证、木材运输证的，处 50 元到 100 元罚款。这样的处罚力度对违法行为谈何威慑力？虽然行政处罚的形式并不限于罚款，但现实中罚款仍是处罚环境违法行为的主要方式。当然，近年来，我国修订了一大批环境法律法规，大幅提高了环保违法行为的罚款力度，但限于行政行为确定性的要求，行政罚款的额度都要设定上限，如最新的环保法《中华人民共和国环境保护法（2014 修订）》明确对连续环境违法行为按日连续处罚的规则，最高罚款金额可达 100 万元，实践中，企业治理污染所产生的治污成本往往是巨大的，当企业污染的治理成本远远小于污染造成的损失，或者违法企业通过偷排等方式所获得的违法收益远高于罚款额度时，罚款就失去了威慑和遏制作用。如 2018 年江西九江发生长江特大污染案②，初步核实污染长江环境有毒物质 4400 多吨，造成长江中下游百万人饮水中断、出现大量死鱼、水生态功能遭受严重破坏，给社会生产生活造成巨大影响，直接经济损失达数亿元，而事故责任受到的罚款远远低于污染损失。再比如，《河北省环境保护条例》（2017）规定，"任何单位和个人禁止从境外引进不符合我国环境保护规定要求的技术和设备，如果

---

① 李娟：《绿色发展与国家竞争力》，北京：经济科学出版社 2018 年版，第 203 页。

② 《江西九江破获一起长江重大环境污染案》，http：//news. cnr. cn/native/city/20181017/t20181017_ 524387586. shtml。

发现有此违法行为，将责令停止使用，并处以 5000 元以上 5 万元以下的罚款"。相比于投资环保技术的投入成本，最高 5 万元的处罚，对于企业犹如隔靴搔痒，不痛不痒的罚款反倒成了他们心安理得违法的保护费。另一方面，对违法行为的查处也需要成本。事实上，并不可能对所有环境违法行为严格依法查处。如《中华人民共和国陆生野生动物保护实施条例》（2016 修订）规定，对捕猎野生动物的违法者，"处以相当于猎获物价值 5 倍以下的罚款"乃至追究刑事责任，但是追查取证捕猎野生动物的行为以及评估野生动物的价值都存在相当困难，因此存在违法者逃脱处罚的机会收益，使得部分人存在侥幸心理，这也是野生动物在黑市买卖屡禁不绝的主要原因。

（三）环境监察能力不足，基层环境执法不力

制度需要专门的人才去执行，环境管理体制和机构设置也是制度建设的重要组成部分。我国环境执法队伍力量薄弱，执法人员对环境法律法规和环境监测技术不熟悉，环境执法设施不足，导致执法不到位、执法不及时的现象时有发生。以陕西省为例，2016 年陕西省有 2500 多名环保执法人员，但是真正学习工科的不足百人，尤其是在执法一线，懂得技术、具备执法能力的工作人员更少。陕西省环境保护执法局 70 多人，环境工程专业的干部仅 1 人，显然不能有效开展环境监测采样、分析等工作；延安市环保局在编人员 600 多人，但是真正在一线执法的不足 200 人，延安有采油井场近 4 万个、近 10 万口油井、3 万多公里长的井线，执法人手根本不够用。此外，设施设备等硬件条件落后也是制约基层环境执法的重要因素，与工商、税务、质监等执法部门相比，基层环保执法能力保障明显不足，呈现出"小马拉大车"的现状。且不说先进的环境监测技术和手段，就是执法车辆等普通设备都不够。如延安市延川县环境监察大队只有 1 辆车，每年夜间监察等日常性检查任务本来就重，再穿插一些投诉举报、配合其他部门检查等，1 辆车根本不足以开展整个县的环境执法①。

三、完善我国政府环境管理制度的现实路径

生态环境制度是生态思想向生态行为转化并推广形成生态文化的中介和保

① 李华：《基层环保执法三个难题：取证难、处罚难、落实难》，《半月谈》，2016 年第 3 期。

障，生态文明制度建设也是推进国家生态环境治理体系和治理能力现代化的必然要求。习近平总书记强调"必须把制度建设作为推进生态文明建设的重中之重"①。基于我国生态环境制度建设 40 余年历史进程中的主要成就、基本经验以及突出问题，以健全完善的政府生态环境制度体系促进全社会生态文化的普及，需要重点开展以下几个方面的工作。

（一）健全完善环境法律法规细则

我国生态环境制度建设要坚持立废改并举，既要与时俱进修订完善与人民群众生活密切相关的空气污染、水污染、电磁辐射、重金属等重要领域的环境法律制度，也要前瞻性地研究制定关系整个生态系统的长远环境问题如野生动物保护、臭氧层保护等方面的法律法规体系，特别是要做好实施细则的制定工作，使得生态环境治理具有针对性和可操作性。

环境法律法规的实施细则是否科学取决于环境基准的科学性。环境基准是指环境中的污染物等对人或者其他生物等特定对象不产生不良影响或者有害效应的最大限制②。我国的环境基准研究缺乏自主性与连贯性，往往是应制定某一类环境标准的需要才启动环境基准的研究，研究时间往往比较仓促，其科学性必然受到质疑③。2014 年最新的《中华人民共和国环境保护法》明确规定鼓励开展环境基准研究。保障环境基准研究的系统开展，要完善环境基准研究的资金保障机制和人才培养机制，加大环境基准研究的财政预算与资金投入，为环境基准研究提供必要的物质支持和足够的智力支持；要注重广泛搜集资料，做好扎实的实地调查调研工作，通过科学的监测方法和有效的监测手段，掌握城市污染物特征、乡村污染物特征、重点污染物排放特征等方面的第一手数据，为制定环境基准奠定实践基础；要注重学习借鉴发达国家在环境基准研究方面的先进技术与经验，避免重复性研究，提高环境基准研究的实效性；要完善环境基准制度效果的评估制度，定期跟踪调查环境标准的执行效果，根据每一个阶段的经济社会发展规划和环境质量目标，根据科学技术的不断进步，对环境

① 《审议〈关于加快推进生态文明建设的意见〉研究广东天津福建上海自由贸易试验区有关方案》，《人民日报》，2015 年 3 月 25 日，第 1 版。
② 全国人大常委会法制工作委员会：《中华人民共和国环境保护法释义》，北京：法律出版社 2014 年版，第 54 页。
③ 施志源：《绿色发展与环境资源法律制度创新》北京：法律出版社 2018 年版，第 152 页。

基准进行动态调整，对已经过时的环境基准进行及时的修改或废除。

在环境基准的数据基础上，根据保护生态环境和经济社会发展的实际需要制定相应的环境标准，也就是环境法律法规实施细则的红线要求。由此可见，制定或修订环境法律法规不仅需要法学专家的参与，还需要具体领域的环境学专家参与，这是保证法律规定的处罚标准具有合理性、科学性和可操作性的必要条件。环境违法的处罚标准要尽量做到量化，且量化的区间不宜过大，减少环境执法自由裁决的不确定性，让违法顽疾与人情执法无处遁形。要提高环保违法行为的处罚力度，围绕农村环境问题、重点流域、重点行业和损害群众健康的突出环境问题等薄弱环节和关键领域添一些硬招，大幅提高违法违规成本，对污染环境破坏生态造成一定数量人员伤亡或重大经济损失的人员和组织，吊销其营业执照并予以刑事处罚，甚至可以判处死刑，以源头严防、过程严管、后果严惩的最严格的生态环境制度震慑环境犯罪者，提升全社会环境保护意识和环境风险意识。环境法律法规的细则制定和实施可以示范先行、先点后面，鼓励个别地区因地制宜，大胆探索、大胆试验，通过试点示范不断积累和推广经验，有序带动整体提升。

（二）健全完善环境监管体制机制

习近平指出，"我国生态环境保护中存在的一些突出问题，一定程度上与体制不健全有关"①。改革开放以来，我国生态环境制度建设始终离不开机构体制改革这个核心议题，体制机制是落实生态环境制度的具体运行方式。首先，要完善环保机构垂直管理制度。环保机构垂直管理制度在实际运行中面临环保垂直部门与地方政府工作衔接冲突、地方政府的监督难以介入、上级部门的监督难以到位、环境监管缺失决策辅助等挑战，很可能产生环保机构权力滥用、部门协调成本增加、环境治理难以展开等问题。环境问题与经济社会问题深度融合交织，必须依赖于地方政府的协助，否则工作难度太大和执法成本过高将导致实际上的权力虚置。我国生态环境机构改革一方面要强化上级部门对环保机构的纵向监督指导机制，可以通过增加对环保机构的巡视督查、设置监察专员等方式解决上级机构对下级机构的监督困难问题；另一方面，要建立地方政府

---

① 中共中央文献研究室：《习近平关于社会主义生态文明建设论述摘编》，北京：中央文献出版社 2017 年版，第 102 页。

与环保机构的横向协同合作机制，可以考虑"将环保监测监察执法机构的业务职能交由省级政府直接管理，而相关的行政管理职能仍归地方政府"①，这样既可以保证监测监察执法机构的工作接受上级业务部门的指导和监督，也有利于地方政府加强对环境部门的统筹管理，从而形成由地方党委和地方政府负责、环境监测监察执法机构统一监管、相关部门积极配合的大环保工作格局。

其次，要建立完善网格化环境监管机制。环保部门每年要制定环境治理工作方案，将环境违法问题突出、群众屡次投诉的环境问题作为环境监管的重点；建立硬性指标体系，将环境治理的目标层层分解落实到具体个人，解决"谁对环境质量负责"这一关键问题，监管网格的具体任务和负责人员向社会公开；对当地环保部门及其工作人员在环境监察工作中的执法情况，以及现场检查、调查取证、行政强制、行政处罚过程中的形成的各类材料要立卷归档，实现"一案一档"；每月定期公开当地环境违法违规的主要事实、处罚种类、依据和结果等监管执法信息；充分发挥环保举报热线和网络平台作用，畅通公众表达渠道，鼓励群众对环境违法行为进行监督举报。

最后，要建立环保行政执法与刑事司法联动机制。环保部门和公检法部门要建立联动执法联席会议、常设联络员、紧急案件联合处置和重大案件会商督办等制度，完善案件移送、联合调查、信息共享和奖惩机制，坚决克服有案不移、有案难移、以罚代刑现象，实现行政执法和刑事司法无缝衔接，严厉打击环境违法犯罪行为，依法追究环境损害责任者责任。环保部门接到涉嫌环境犯罪举报后，在调查中发现证据有可能灭失、被阻挠执法等其他紧急情况时，应迅速通知公安机关并立即启动联合调查程序；公安机关要明确机构和具体人员负责查处环境违法犯罪行为，负责及时对涉及行政拘留或涉嫌构成环境犯罪的案件依法立案调查或立案侦查，公安机关依法没收的危险化学品、危险废物，需要进行无害化处理的，交由安监、环保部门组织其认定的专业单位进行处理；环保部门、公安机关在查办环境领域违法犯罪行为时，要严格执行生态环境损害责任倒查机制，发现国家工作人员充当保护伞包庇、纵容环境违法行为或查处不力、涉嫌职务犯罪的，应当及时移送检察机关；对利用职权干预、阻碍环境监管执法的，要依法依纪追究有关领导和责任人的责任，坚决做到执法必严、

---

① 谭溪：《我国地方环保机构垂直管理改革的思考》，《行政管理改革》，2018 年第 7 期。

违法必究。

（三）加强基层环境执法能力建设

基层环境执法能力直接关系到国家环境制度的实施和执行，关系到社会生态文化的认同和形成，特别是广大农村地区和县级行政区的群众覆盖面大，民众生态意识相对薄弱，森林、湖泊、野生动植物等生物多样性较为丰富，诸如捕杀野生动物、滥砍滥伐、偷排偷放等破坏生态环境的可能性更大，严格环境执法对于塑造生态文化具有更为显著的效果。总体而言，环境执法能力建设包括硬件和软件两个方面。

在硬件建设方面，要按照国家环境监察标准化建设标准，将环境监管执法经费纳入同级财政全额保障范围，落实各级环境监察执法机构开展环境污染损害鉴定评估、查封扣押等打击环境违法行为的物资保障。特别是要加强中西部、县级和农村地区环境执法的标准化、规范化建设，建立较为完善的污染源基础信息库和智能化的环境执法监管平台；配备自动监控、环境监测等技术监控设备，保障基层环境监察执法用车；所有环境监察执法人员每人配备便携式手持移动执法终端，使其具备执法机动性、现场取证、联络通讯、信息处理、快速应急反应等各环节的系统配套执法能力。

在软件建设方面，要确保基层环境执法队伍的数量和素质。一是要配足环境监管人员，尚有空缺编制的基层环境执法部门，要根据工作实际，尽快补充到位。经济开发区、工业集聚区要适当增加必要的环境监管人员，建设一支数量与任务匹配的基层环保执法人员队伍。各级环保部门不得随意抽调、借用下属环境监察队伍执法人员。二是要把好基层环保执法人员进出考核关。环境监察执法人员要全部进行业务培训和职业操守教育，经考试合格后持证上岗，确保环境执法人员熟悉和正确运用环境法律法规，对企业、个人违规违法的环境行为予以相应的行政、法律和经济处罚。新进人员录用，要严格按照《中华人民共和国公务员法》《公务员录用规定（试行）》和《行政执法类公务员管理规定（试行）》之规定，坚持"凡进必考"，择优录取。三是完善环保执法人员培训机制。坚持"学以致用、学用结合、边学边用"原则，紧紧围绕新时代主线要求，以环境执法监督理念和模式转变为主攻方向，以解决影响科学发展和影响群众健康的突出环境问题为工作重点，通过多种方式如内部交流经验、横向纵向相互取经、参加上级业务部门组织的学习班、专家业务辅导等多种形式，开展环保执法人员执法业务知识和技能培训，提升环境监察执法队伍整体素质，逐步实现环境执法的精细化、科学化、效能化。此外，还要研究建立符合职业特点的环境监管执法队伍管理制度，在环境现场执法、夜间巡查、污染事故现场处置等高风险岗位建立有利于监管执法的激励制度和人身安全保障办法，保护和调动环境执法人员积极性、主动性，稳定基层环境监管执法队伍。

第二节　环境市场体系与企业生态责任担当

政府制定有关生态环境的法律、法规和标准等，为人们处理人与自然的关系划定了一个基本的底线，本质是用命令和控制的方式威慑行为主体破坏生态环境，但是也产生不出积极保护环境的逻辑。简而言之，单纯的命令−控制型手段可以使生态环境不会变得更差，但是也不能使生态环境变得更好。亚当·斯密说："每一个人……既不打算促进公共的利益，也不知道自己在什么程度上促进那种利益……他们盘算的也只是他自己的利益。在这种场合下，像在其他许多场合中一样，他受着一只看不见的手的指导，去尽力达到一个并非他本意要达到的目的。他追求自己的利益，往往使他能比在真正出于本意的情况下更有效地促进社会的利益。"[①] 企业是市场经济的主体，他们既是自然资源的主要消耗者，也是环境污染的主要制造者。运用好市场这个"看不见的手"，以疏导的手段激励企业主动改善生态环境，主动担当生态保护责任，使生态价值观渗透到市场经济体系的发展框架中，通过市场的产品和服务潜移默化地影响消费者选择行为，对于全社会生态文化的广泛形成具有深远影响。

一、环境市场机制的文化价值

环境市场机制产生于西方资本主义国家，但是并不是自发天然产生的，而是在对政府环境管制制度的实践反思中产生的。长期以来，以亚当·斯密为代

---

① 张学刚：《我国环境污染治理成因及治理对策研究：基于"政府—市场"的视角》，北京：经济科学出版社 2017 年版，第 74 页。

表的经济学家认为，政府只需要充当"守夜人"的角色，不要过分干涉经济和社会的正常运转。但是"二战"以后，英国经济学家凯恩斯提出有效需求不足理论，主张政府应当适当参与和干预经济活动。面对日趋严重的环境污染问题，人们认为，企业追逐经济利益最大化，往往不考虑自身行为的"外部不经济性"。如果没有政府的强制性作用，制造企业将未经处理的废弃物排入环境中就会被认为是理所当然的事，追求个人利益最大化的最终结果是不可避免地导致生态环境的整体恶化，给所有人带来灾难。英国学者哈定以牧民公地放羊的隐喻，指出公共自然资源自由利用的严重结果。"如果一个牧民在他的畜群中增加一头牲畜，在公地上放牧，那么他所得到的全部直接利益实际上要减去由于公地必须负担多吃一口所造成整个放牧质量的损失。但是这个牧民不会感到这种损失，因为这一项负担被使用公地的每一个牧民分担了。由此他受到极大的鼓励一再增加牲畜，公地上的其他牧民也这样做。这样，公地就由于过度放牧、缺乏保护和水土流失被毁坏掉。毫无疑问，在这件事情上，每个牧民只是考虑自己的最大利益，而他们的整体作用却使全体牧民破了产。"① 由于每一个个体都企求扩大自身可使用的资源，最终就会因资源有限而引发冲突，损害所有人的利益，哈定称之为"公地悲剧"。

　　那么，政府如何去解决这种环境负外部性问题，从而阻止公地悲剧的发生呢？早在 20 世纪 20 年代，英国经济学家庇古在《福利经济学》一书中，就分析了这种外部性问题。庇古认为，由于私人成本与社会成本以及私人收益与社会收益的不一致，污染环境的生产活动产生的额外成本由社会分担，产生的额外收益则由企业独享，这种情形自然鼓励了企业过度生产，从而产生过度的污染排放。解决外部性问题的可行办法就是通过政府对制造外部性的企业征税，填平私人成本和社会成本的差距，实现外部性的内部化。根据庇古的经济学理论，西方国家政府干预和管理环境问题采取了收费和罚款的方式，这种解决问题的思路又被称为"庇古税"。比如，1972 年，经济合作与发展组织环境委员会在《关于环境政策的国际经济方面的控制》中规定："排污者必须负担由公共当局决定的减少污染的费用，以保证环境处于一种可被接受的状态。"这个规定后来发展为"污染者付费原则"。在 1992 年联合国环境与发展大会上通过的

---

　　① 张敦富，魏金周，曹利军，等：《环境经济》，北京：人民出版社 1994 年版，第 36 页。

《里约环境与发展宣言》确立了保护全球环境与发展体系的 27 条原则，其中第 16 条原则这样规定："考虑到污染者原则上应承担污染费用的观点，国家当局应该努力促使内部负担环境费用，并且适当地照顾到公众利益，而不歪曲国际贸易和投资。"在环境政策的执行过程中，政府制定环境法律法规、限期改进、处以罚款、勒令停工甚至制裁等行政管制措施，都是依据庇古的外部性经济理论而建立起来的。我国的八项环境管理制度如环境标准、污染总量控制、排污收费、限期治理大多属于此类。

政府强制手段在污染控制方面确实起到了一定效果，企业通过衡量污染环境成本与收益之间的比率关系，选择进行技术革新，寻找更加低廉价格和更有效率的方法将污染削减到边际控制成本等于税（费）率的水平上。但是在解决复杂的现代环境问题中，政府管制也暴露了缺陷和弊端。如同中央集权的计划经济一样，政府为了有效地控制各种类型的污染源排放，需要了解数以千计的产生污染的产品和活动的控制信息；污染企业为了逃避环境执法部门的检查，经常采取"检查，不排放；不检查，排放"的策略，与环保部门玩猫捉老鼠游戏；不同企业或不同污染源的污染控制成本是不同的，不考虑不同地区、不同企业的技术差异或污染物处理的边际成本差异。政府充分获取信息、监察污染企业、精确污染收费等管理活动需要花费大量成本，过高的执行成本使环境政策效力大打折扣。而且，企业一旦达到了规定的最低排污量标准，就没有积极性进一步减少排放，因为政府对这种行为没有任何奖励。正如斯蒂格利茨所说："管制提供较大的确定性和较强的激励去满足管制标准，但是没有激励可以把污染降低到低于标准的程度，不管这样做的成本多低。"[①]

1960 年美国经济学家科斯发表《社会成本问题》，对以庇古为代表的传统观点提出了质疑。科斯认为，外部性表面上看是私人成本与社会成本背离问题，其深层原因在于权利界定不清晰。如果产权界定清晰，相关主体会在市场上就这种外部影响进行谈判协商，为外部性定价，最终的结果是外部影响通过交易实现了内部化。这种自愿环境协议的方式使得企业不用和政府打交道，而是直接利益相关的市场主体进行谈判，减少了政府寻租的机会，提高了信息获取的

---

① Baumol WJ. and W. E. Oates. *The theory of environmental policy* [M]. Cambridge University Press, 1988.

准确性，可以大大降低治理环境外部性的交易费用，提高环境管理的效果。总之，外部性的存在，并非传统经济学认为的市场机制失效，相反，是市场经济不完善、产权不曾明确界定的结果，市场机制本身在一定条件下就能解决自身失灵的问题，并非只有政府干预才能解决。我们以化工厂对周边居民的污染案例来说明科斯思路和庇古思路的差异。庇古理论认为化工厂污染了周边居民，政府应该出面对化工厂收税，使私人成本与社会成本相等，从而实现外部性的内部化；科斯则认为，损害具有相互性，周边居民效用增加实际上以化工厂收益减少为代价，当后者大于前者时，政府的这种管制就不一定合理了。如果将污染权利给化工厂（污染权给居民的情形可以做类似分析），面对这种情况，周边居民会找化工厂进行协商，要么给化工厂一笔钱要求其减少产量或关闭工厂（当然补偿费至少高于化工厂的损失），或者选择自己搬走。不管哪种情况，外部性问题可通过谈判方式得到解决。

从产权的角度来看外部性问题，人们解决外部性的办法就由政府走向市场。进入 20 世纪 90 年代，人们对外部性认识越来越深入，越来越多的学者坚信市场自身能解决环境污染等外部性问题，建立在外部性理论基础上的环境管制工具也相应发生变迁和日渐丰富。如安德森和利尔、张小蒂等论证，市场带来经济发展的同时也能够促进环境质量的改善，李慧明要"让市场说出生态真理"，主张用市场机制本身去解决环境问题。张五常在《经济解释》中尖锐指出："显而易见的市场缺陷要么是产权不清的结果，要么是交易成本影响的结果。今天，有见识的经济学家只是用讽刺的口吻谈市场失灵。就实用目的来说，庇古传统已成历史。"[①] 1992 年在巴西里约热内卢联合国环境与发展大会上通过的《21世纪议程》，关于环境政策的实施手段指出："有效使用经济手段与市场和其他鼓励措施。""环境法和条例是重要的，但光靠这些不能处理环境与发展问题。价格、市场以及政府财务和经济政策在塑造对环境的态度和行为方面也发挥了互补性的作用。"环境市场机制使治理污染从政府的强制行为变成企业不断改进技术的内在动力，成为企业自主的市场行为，在人文方面塑造着一种市场经济下的环境伦理，它不仅影响着企业牢固树立生态责任担当意识，还以产品为中

---

① 张学刚：《我国环境污染治理成因及治理对策研究：基于"政府—市场"的视角》，北京：经济科学出版社 2017 年版，第 41 页。

介潜移默化地塑造着消费者的生态意识。

值得说明的是，强调市场机制解决环境问题的科斯思路和强调政府干预的庇古思路并不是相互否定的关系。一些学者认为科斯思路比庇古思路先进，甚至是对庇古方案的否定，这种认识实际上是对科斯思想的片面而肤浅的理解。显然，在管制成本较高的情况下，庇古政府管制思路是不可取的。同样，也不能从理想情况出发来想当然认为市场机制就好，因为现实中市场也是要花费成本的，不能认为这种政府行政管制不会导致经济效率的提高。尤其是像烟尘妨害这类案例中，由于涉及许多人，因而通过市场和企业解决问题的成本可能很高，如果市场成本非常高，那么庇古政府干预也就合理。由此，我们很容易得出结论：如果科斯谈判方案下的社会福利净损失小于庇古税收方案下的福利净损失，科斯的市场方案有表改率。反之，则庇古税方案更为可取。因此，"问题是设计各种可行的安排，它们将纠正制度中某方面的缺陷而不引起其他方面更严重的损害"，"当经济学家在比较不同的社会安排时，适当的做法是比较这些不同的安排所产生的社会总产品"。①

二、我国主要的环境市场机制

1992 年，党的十四大提出建立社会主义市场经济体制的目标，相应地环保工作也要适应市场经济发展，"各级政府应更多地运用经济手段来达到保护环境的目的"②。党的十四大后，政府对市场机制在环境保护中的作用越来越重视，并制定了相应的政策措施。1992 年《中国环境与发展十大对策》指出，各级政府应更多地运用经济手段来实现环境保护；1994 年《中国 21 世纪议程》明确提出，要有效地利用经济手段和其他面向市场的方法来促进可持续发展；2005 年《国务院关于落实科学发展加强环境保护的决定》明确提出，要推行有利于环境保护的经济政策，建立健全有利于环境保护的价格、税收、信贷、贸易、土地和政府采购等政策体系，要运用市场机制推进污染治理；2006 年，时任总理温家宝在第六次全国环保大会上提出了推进我国环境与发展关系要实施"三个转变"，其

---

① Ronald H. Coase. The Problem of Social Cost [J]. *Journal of Law and Economics*，1960（3）：38-40

② 国家环境保护局：《全国环境保护工作纲要（1993—1998）》，《环境保护》，1994 年第 3 期。

中之一就是要将以行政办法保护环境转变为综合运用法律、经济、技术和必要的行政办法解决环境问题，自觉遵循经济规律和自然规律，提高环境保护工作水平。2013 年，党的十八届三中全会通过《中共中央关于全面深化改革若干重大问题的决定》，将改革开放以来市场在资源配置中起基础性作用的提法改为"使市场在资源配置中起决定性作用"，为我国环境市场机制的发展提供了更多契机。2015 年，我国《生态文明体制改革总体方案》要求"健全环境治理和生态保护市场体系"；2020 年 3 月《关于构建现代环境治理体系的指导意见》要求"加快形成公开透明、规范有序的环境治理市场环境"。在国家鼓励环境市场机制建设的政策推动下，我国环境市场机制在实践中不断创新丰富，不仅促使企业为节约生产成本加快技术革新，大幅降低了环境行政管理的成本，提高了环境管理的效率，而且还催生了一大批专门从事资源节约和环境保护的新兴产业和工业园区，绿色生产成为企业追求的主流价值目标。仅以 2019 年为例，全年全国累计推介先进污染治理技术 1000 余项，全国生态保护和环境治理投资同比增长 36.3%，远高于 5.2% 的固定资产投资增速，环保行业营业收入同比增长约 11%①。目前，我国环境市场机制主要有以下几种类型。

（一）污染治理市场化

污染治理是一项技术较强的专业，在治理方案设计、治理技术选择和工程施工方面都需要一定专业技术和知识，建成后的运用维护中需要专业化的管理。目前一些企业，特别是中小企业并不完全具备污染治理的能力，即便投资建设了污染治理和节能设施，也因其高昂的运行和维护成本导致企业节能减排的积极性不高。企业可以将自己产生的污染委托给专门的污染治理公司进行专业化治理并支付各项费用，环保公司则利用专业技术和规模经济的优势，使边际治理成本低于企业自己治理的边际成本，这就是污染治理市场化。

污染治理包括减少生产过程中的污染排放和减少生产终端的污染排放。前者依赖于提高生产资料的利用效率，也就是节约能源资源；后者依赖于减少工业排放中的污染物，也就是垃圾处理。我国污染治理市场化具体包括以下三种模式。一是工业污染委托治理。企业将工业污染物运输至环保公司，委托环保

---

① 《生态环境部部长在 2020 年全国生态环境保护工作会议上的讲话》，http：//www. mee. gov. cn/xxgk2018/xxgk/xxgk15/202001/t20200118_ 760088. html。

公司全权处理。二是同类或相近行业的污染集中治理。将布局分散、污染严重且治污困难的同类中小企业搬迁至相对集中的工业园区，采用企业出资、政府投资或民间融资等多元化投融资形式建设污染处理厂，企业定期向污染处理厂交纳污染治理费。三是工业污染纳入城市污染处理系统进行集中治理。将区域内企业纳入城市废物收集管网，由城市污染处理厂进行集中处理，入网企业支付入网费和处理费。

因为高额的运输费用，第一种模式的生产终端垃圾污染委托处理的情形现已不多见，更多是生产过程中的节能委托治理，国内又称为合同能源管理，即节能服务公司通过与企业签订节能服务合同，为客户提供包括能源审计、项目设计、项目融资、设备采购、工程施工、设备安装调试、人员培训、节能量确认等一整套的节能服务，并从客户进行节能改造后获得的节能效益中，收回投资和取得利润的一种商业运作模式。比如，2008 年宁波紫泉饮料公司与日立节能公司签订节能合同，宁波紫泉饮料公司免费享受节能机构的节能诊断、融资、改造等服务，而且采用的节能机构提供的设备和技术都无须自己投资，根据合同约定，日立节能公司从企业节能的收益中分成，若干年后全套设备归宁波紫泉饮料公司所有。日立公司派专业团队到宁波紫泉饮料公司进行现场摸底，根据不同工艺、不同设备等，提出了 13 个关于水系统优化、热源变更等方面的改造方案，总投资 192 万元，每年可减少煤耗 771 吨，减排二氧化碳 1682 吨，节省资金 156.2 万元。截至 2013 年 3 月，紫泉饮料公司已经完成变频改造、余热回收、外气利用中的大部分节能改造项目①。企业不用投入资金，就可以顺利实现节能；节能公司通过从企业节能的收益中分成，收回投资成本，实现盈利，合同能源管理对企业和节能公司来说，是双赢的合作。

（二）排污权交易

排污权交易是科斯的产权理论在环境政策中的应用，既然日常的商品交换可看作是一种权利（产权）交换，那么污染权也可以进行交换。美国是最早实践排污权交易的国家。从 20 世纪 70 年代开始，美国环保局将排污权交易用于大气污染源和水污染源管理，逐步建立起以补偿、储存和容量节余等为核心内

---

① 张学刚：《我国环境污染治理成因及治理对策研究：基于"政府—市场"的视角》，北京：经济科学出版社 2017 年版，第 96—97 页。

容的排污权交易政策体系。排污交易制度，又称可交易许可证制度，其基本思想是政府根据一定时期内经济、社会发展的实际需求，依据环境对于污染物容纳的限度来确定污染排放物的总量，在这个总量控制的情况下，由政府部门给企业发放许可证来确定企业排放的定额，这个总量明确了企业合法的污染物排放权利，这种权利可以像商品那样被买入和卖出，如果某些企业没有用完期限的污染定额，有权把剩余部分作为商品出售给其他企业或者组织。

我国排污权交易机制起始于20世纪80年代的排污权许可证制度。1988年，我国颁布实施《水污染物排放许可证管理暂行办法》，规定水污染总量控制指标可在排污单位之间协调，在北京等18个城市开展试点；1991年在包头、柳州等城市开展排放大气污染物许可证的试点工作；1994年起在全国范围内推广水污染物排放许可证，至1996年，全国地级以上城市普遍实行了排放水污染物许可证制度，共向42412个企业发放了41720个排污证[①]。这一时期，污染排放许可证制度是一种行政手段，主要是为组织缴纳排污费和罚款提供法律政策依据。

完全意义上的排污权市场交易则始于1999年。1999年4月，中美双方签署了"在中国利用市场机制减少二氧化硫排放的可行性研究"的合作意向书，开展了在中国引入二氧化硫排放权交易的可行性研究，南通、本溪确立为首批试点交易城市。2001年11月江苏南通天生港发电有限公司有偿转让1800吨SO_2排放权给南通一家大型化工企业，这是我国首例SO_2排放权市场交易。2002年，为进一步扩大SO_2排放权交易试点，国家将山东省、山西省、江苏省、河南省四省和上海市、天津市、柳州市三市纳入交易试点，后因我国电力行业是重点排放单位，为减少我国电力行业中SO_2的排放，又将华能集团纳入试点，形成了"4+3+1"的格局。试点区的选取具有典型的代表性，上海为我国经济最发达地区之一，山东为SO_2排放大省，河南省人口最多，山西省是我国煤炭基地、重工业基地，柳州酸雨问题突出，华能集团拥有全国10%的发电容量。2003年，江苏太仓港环保发电有限公司与南京下关发电厂达成SO_2排污权异地交易，开创了中国跨区域交易的先例。

2005年12月国务院发布《关于落实科学发展观加强环境保护的决定》，鼓励"有条件的地区和单位可以实行二氧化硫等排污权交易"。2007年11月10

---

① 陈福娣：《基于经济手段的环境污染治理问题探讨》，《商业时代》，2008年第22期。

日，浙江嘉兴成立了我国第一个排污权交易所，将二氧化硫和化学需氧量（COD）排放权纳入交易范围，标志着我国排污权交易走上了规范化和制度化的道路。2008 年，天津排污权交易所、北京环境交易所和上海环境能源交易所相继成立，将排放权交易范围拓展至二氧化硫、化学需氧量（COD）和二氧化碳。2008 年 12 月 23 日，第一笔基于互联网的 SO_2 排放指标电子竞价交易在天津排放权交易所顺利成交，天津弘鹏有限公司以每吨 3100 元的价格成功竞购。2009—2011 年连续三年中央政府工作报告中明确提出排污权交易的工作任务；《国民经济和社会发展第十二个五年规划纲要》中提出"发展排污权交易市场，规范排污权交易价格行为，健全法律法规和政策体系"；2012 年 2 月 15 日，时任总理温家宝主持召开国务院常务会议，研究部署 2012 年深化经济体制改革重点工作，明确改革重点之一就是建立健全排污权有偿使用和交易制度。2014 年 8 月25 日，国务院办公厅发布《关于进一步推进排污权有偿使用和交易试点工作的指导意见》，明文规定了我国要充分发挥市场在环境资源配置中的决定性作用，积极探索建立环境成本合理负担机制和污染减排激励约束机制，规定到 2015 年年底前试点区全面完成现有排污单位排污权核定工作，到 2017 年年底基本建立排污权有偿使用和交易制度。

碳排放被认为是气候变化的"罪魁祸首"，碳减排是国际社会环境问题的核心议题之一。为了尽快实现我国在国际会议上关于二氧化碳减排的庄严承诺，我国加快推进全国碳市场建设。国家主管部门先后制定了《碳排放权交易管理暂行办法》（2014 年）、《全国碳排放权配额总量设定与分配方案》（2016 年）和《全国碳排放权交易市场建设方案（发电行业）》（2017 年）等全国碳市场建设政策文件，陆续发布了 24 个行业企业排放核算报告指南和 10 个行业企业碳排放核算国家标准，在全国范围组织开展了对电力等 8 个行业的 7000 余家重点排放单位的历史碳排放数据核算、报告与核查工作，选取四川、江苏两省近千家企业开展配额分配试算，组织建设全国温室气体排放数据报送系统，确定了全国碳排放权注册登记系统和交易系统建设的工作方案，针对不同市场参与主体开展了大规模的能力建设培训。2017 年底，以发电行业为突破口，全国碳排放权交易体系正式启动，在国际社会产生了广泛影响。

显然，在排污权市场交易机制下，那些污染治理成本低的企业可以产生排污权节余，并将"富余排污权"在市场上出售，这使企业有利可图，无疑加强了企业全方位削减排污并且进行技术创新的主动性和积极性。以湖北省碳市场试点为例，碳排放权交易增强了控排企业的低碳意识和制度建设，90%的控排企业建立了碳资产管理等职能部门，强化了碳排放管理，加大了节能减碳技术升级的力度，形成了节能减碳与经济高质量发展的协同效应①。

（三）绿色金融

市场发展到一定程度必然会催生相应的金融活动，金融市场机制在现代市场经济体系中处于核心地位，它通过信贷利率机制迅速有效地引导市场主体调节经济活动。环境市场的发展必然需要金融体系的发展，它一方面通过提供多样化的融资机会，提高市场主体研发和转化生态技术的积极性；另一方面将环境和生态指标纳入金融决策系统，从资金来源上切断高污染企业的资金链条，抑制污染企业的发展和扩张，因此金融手段是影响市场主体生态取向的重要指挥棒，我们将为支持环境改善、应对气候变化和资源节约高效利用的经济活动提供的金融服务称为绿色金融，绿色金融是环境市场机制的重要组成部分。

1988年，德国法兰克福成立了世界上第一家生态银行，该银行以环境保护为己任，主要经营与自然和环保相关的信贷业务，标志着金融业在环境保护中迈出了关键的一步。1992年，在联合国环境与发展大会上，联合国环境署正式推出《银行界关于环境与可持续发展的声明》，认为"金融服务部门能配合其他的经济部门作为可持续发展的重要捐助者"，建议金融机构将环境考虑纳入所有市场上的商业决策。此后，生态环境保护的理念在全球金融机构中逐渐渗透和实践。现在，绿色金融已成为国际金融产品开发的重点领域，它们利用信贷、证券、保险等市场机制引导和配置经济资源，实现了经济效益、社会效益和环境效益的整合。

早在1984年，国家颁布了《关于环境保护资金渠道的规定通知》，列举了环境保护资金来源的八条渠道，首次提到银行信贷。国家颁布《关于运用信贷政策促进环境保护工作的通知》（1995）、《关于落实环境保护政策法规防范信贷风险的意见》（2007）、《节能减排授信工作指导意见》（2007）等文件政策，对中国金融机构开展环境保护工作进行了有效的规范、促进和激励。2016年8

---

① 何建坤：《积极推进中国特色全国碳排放权交易市场建设》，《中国环境报》，2019年9月27日，第6版。

月,《关于构建绿色金融体系的指导意见》提出了大力发展绿色信贷、推动证券市场支持绿色投资、设立绿色发展基金等八大举措,标志着我国绿色金融顶层框架体系的建立,我国成为全球首个建立了比较完整的绿色金融政策体系的国家。2017年,《落实〈关于构建绿色金融体系的指导意见〉的分工方案》推出,中国的绿色金融体系建设正有条不紊地推进中。

目前我国主要的绿色金融项目包括以下几类。一是绿色信贷。如中国首家"赤道银行"兴业银行(2008年)对只有符合环评指标的企业才允许授信。中国工商银行实行信贷分类,将行业分为重点进入类、适度类和限制类,将客户分为重点类、适度进入类、维持类、限制类和退出类,严格执行"环保一票否决制",对未通过环评审批或者环保设施验收的项目,不得给予任何形式的信贷支持。二是绿色基金。如2007年3月,国务院有关部委发起成立了中国清洁发展机制基金,开创了基金进入绿色金融领域的先河,主要为应对气候变化的相关项目提供资金支持,重点关注新能源和可再生能源开发利用以及回收利用甲烷和煤层气项目。中国绿色碳基金、中国绿色能源发展基金、中国绿化基金会等绿色基金相继成立。三是绿色保险。如平安财险的环境责任保险、华泰财险的场所污染责任保险、人保财险的高新技术企业环境污染责任保险、安信农险和太保财险的危化品安全责任险等多个环境污染责任保险产品投入市场。四是绿色证券。我国低碳经济概念的股票已数百家,涉及火电减排、新能源汽车、建筑节能、工业节能与减排、循环经济、资源回收、环保设备、节能材料多个行业。节能环保产业是科创板重点支持的六大领域之一,截至2018年底,A股上市环保企业达120家,获得资本市场直接融资支持的企业成为我国环保产业发展的重要骨干力量①。此外,还有绿色彩票等方面的初步设想。如1999年上海市环保部门首提绿色彩票的概念,该设想的分配方案是:彩票销售资金的55%用于返奖,15%作为发行成本,30%专项用于环保综合整治。

除了以上三个主要的环境市场机制以外,我国的环境市场机制在实践中也在不断拓展深化。比如生态补偿,以前主要是以直接转移支付的财政补偿机制为主,2019年年初国家印发《建立市场化、多元化生态保护补偿机制行动计

---

① 《2019年环保产业发生了这十件大事!》,https://www.nengapp.com/news/detail/3654124。

划》，全国市场化生态补偿机制也正在探索之中。例如，湖北红安县老区户沼气项目群，通过中国核证减排量认证后，用于抵偿机制在碳市场交易收益 1300 万元①。环境市场手段与政府行政管理互为补充，对于市场主体牢固树立生态保护责任和践行生态价值理念，起到了重要的激励作用。各行各业的企业积极谋求绿色转型升级，企业争当环保"领跑者"，努力建设发展企业生态文化，成为引领我国生态文化建设的重要市场力量。

三、完善我国环境市场机制的现实路径

产权是市场经济的核心要素。环境市场机制的理论基础是产权理论，环境市场交易之所以会发生，在于不同主体使用自然资源和污染治理的成本存在差异。产权通过对自然资源和环境排放容量的占有权和使用权的法律界定，决定人们在环境市场交易中如何受益、如何受损以及如何补偿的行为权利。在这种对自己利益最大化追求和受他人权力制约的制度规制下，环境产权制度为市场交易行为提供了规范和实践标准，保证了一种自由选择和公平交易的经济关系，使自然资源能够更高效地配置使用。目前，我国环境治理和生态保护市场体系已经初步建立，但是尚未建立归属清晰、权责明确、保护严格、流转顺畅的现代环境产权制度，环境市场机制仍然存在诸多问题和障碍。比如，我国自然资源在国家和集体所有的前提下，个人和组织拥有使用权和流转权，但是使用权的期限较短，不利于使用者形成长期稳定的预期和改善土地等自然资源的投入意愿；企业的初始排污权大多是从政府环境管理部门分配所得，部分企业为了获得更多的排污权指标，往往通过一些非正常渠道对政府部门进行"公关"，容易滋生"灰色交易"和权力寻租现象；对各污染源的监测还停留在浓度监测上，难以精确监测和评估企业实际污染物的排放总量，因而也难以精确评定各排污单位的账户中是否有"富余排放权"用于市场交易；环境市场信息披露机制不健全，买卖双方即使都有交易需求，但是找不到合适的交易对象，信息寻找成本、复杂的交易谈判过程、交易风险等间接增加了交易成本，影响了市场主体环境产权的交易积极性。此外，我国仍以行政区划为基础进行环境产权交易试

---

① 何建坤：《积极推进中国特色全国碳排放权交易市场建设》，《中国环境报》，2019 年 9 月 27 日，第 6 版。

点，大环境功能区内各行政主体之间的协调难度很大，且环境产权交易的品种较少，单个地区的环境产权交易作用有限，难以起到大范围配置环境资源的作用，这些也是导致我国环境市场交易不活跃的因素。如何降低环境产权交易成本，提高环境市场的交易可能性、交易速度和交易效率，使得本地区的污染治理成本最低、环境质量最快达标，是创新完善环境市场交易规则需要考虑的核心问题。针对我国环境市场发展的突出问题，构建全国统一的自然资源和环境容量产权交易制度和平台，通过"统一交易平台、统一交易规则、统一信息发布、统一资金结算、统一收费标准、统一监督管理"，提高环境市场的交易规范性和积极性，这是我国完善环境市场机制从而加快推动企业生态文化建设的现实举措。

（一）界定清晰的环境产权

环境产权分为自然资源产权和污染排放权两大类。就自然资源产权而言，坚持矿藏、水流、森林、山岭、草原、荒地、海域、滩涂等自然资源国家所有的前提下，推动所有权和使用权相分离，赋予个人和组织使用、收益、处置等权利，扩大使用权的出让、转让、出租、抵押、担保、入股等权能。就污染排放权而言，扩大排污权有偿使用和交易试点，将更多条件成熟地区纳入试点，并扩大涵盖的污染物覆盖面。通过法律规定，进一步明确环境产权的取得和交易原则，如环境产权的获得主体、初始分配制度、使用期限，可交易的环境产权范围、类型、方式、交易主体等，确定各污染物排放点的排放浓度、速率、时段、数量等，制定细致的权利清单，最大限度减少企业"寻租"空间。

（二）建立全国统一的环境产权交易平台

构建全国性的统一交易和信息发布平台，将全国现有的各类污染物和自然资源交易平台纳入全国性的统一平台中，并将地区性的环境产权交易机构吸纳为全国性平台的会员单位。实施全国统一的信息发布，规范交易信息发布的格式、渠道和方式，各地区的交易信息除了在本地区的交易平台进行发布外，必须到上一级平台及全国性的统一信息平台上发布，以确保信息充分披露，有利于建立供求信息共享和互通机制，全面整合全国资源，推进跨行政区排污权交易，防止不规范交易的行为。实行交易资金统一结算机制，即所有交易项目的交易价款原则上都必须纳入交易平台的结算账户进行统一结算，保证交易资金安全，确保交易各方的利益。实行统一收费标准，规范环境产权交易市场中的收费、佣金分成等行为，规范环境产权交易市场的交易活动。建立全国统一环境市场交易监管体系和调处裁决机制，成立中国环境产权市场监督管理委员会，对全国的环境产权市场实施统一监管，各省区市均应成立相应的监管机构，在环监委的统一领导下，对辖区内的环境产权交易机构和环境产权交易行为实施监管，维护环境产权交易市场公平竞争的秩序。

（三）建立完善促进环境市场交易的专业服务体系

一个活跃的环境交易市场需要数量多、种类多的参与者，其中包括提供信息服务的中介组织和提供专业服务的评估、律所等机构，也包括为环境市场交易提供投融资服务的金融机构和对环境产权交易项目感兴趣的投资者。这些机构参与者将提高环境产权的交易可能性，并在实践中不断创新完善环境市场的交易产品和交易方式。目前，我国很多企业对环境产权交易不太了解，不清楚相关制度和具体的操作方式，对此，不仅需要由环境管理有关部门通过各种渠道进行宣传推广，更为重要的是要鼓励中介机构、金融机构、律师事务所等培养环境产权交易的从业人员，提高其专业素养和知识水平，为企业提供信息资讯、法律咨询、价格评估、合同签署指导、抵押融资、风险担保等专业服务，降低环境市场交易成本，使企业获得直接的现实利益。同时，还要完善生态环境监测技术和信息管理系统，尤其是要尽快建立健全企业污染排放在线实时监测技术，精准把握企业污染排放的浓度和总量，杜绝偷排超排甚至篡改数据等违法违规行为，避免排污企业和监管者之间的信息不对称问题，为评估自然资源价值、确定污染物富余排放权、公平分配初始排放权等提供技术保障，维护环境产权交易的市场秩序，促进交易各方承担应有的责任，履行应尽的义务。

（四）借鉴学习国际成功经验

英、美、德、法等发达国家是工业文明所致环境问题的最早受害者，也是环境治理和生态保护的最早觉醒者。他们在高度成熟的市场经济中形成了一套严密的环境法律制度体系和系统的环境市场机制，生态环境改善取得了显著成效，民众具有较高的生态意识。改革开放以来，中国代表团多次参加国际环境会议并对其他国家进行考察，全球环境治理的最新理念、现代制度和市场机制被带回国内，比如 20 世纪我国的"清洁生产行动计划"、可持续发展战略、"中国 21 世纪议程"以及 21 世纪以来的"工业绿色发展规划""应对气候变化国家方案"等，都是与国际接轨的体现；工业"三废"排放标准、排污收费、环境影响评价、环境监测、绿色金融等具体机制也是参考世界各国标准、结合中国国情创造性转化而来。我国要以全球视野开展环境市场机制建设，深化国际交流和务实合作，学习借鉴其他国家环境治理的创新理论和实践机制，分析他们在理念构思、制度设计和实施效果等方面的异同，探究他们在环境治理体制机制执行方面的成败，归纳他们具有普遍意义的有益经验，结合中国的国情，吸收、转化并融于环境治理实践之中，形成中国特色环境市场机制模式，并利用我国庞大的市场资源，逐步将中国标准打造成世界标准，成为国际环境规则的主导者、参与者和建设者，为全球生态环境治理贡献中国智慧。

第三节　健全完善环境保护公众参与机制

由前面的分析，我们知道政府和市场在环境治理领域能取得一定的效果，但都存在不足，因此普遍的观点是政府和市场应该取长补短、互补配合。然而，还有一些环境领域，政府和市场及其组合都不能应对，至少是不能高效应对，比如面对小范围区域内少数群体的环境问题，除非威胁到政府统治或影响市场利益，否则会被认为是无关紧要的小事而被忽视，结果是生活在这片区域内的居民或者环境权益得不到伸张，或者根本就认识不到自己的合法环境权益，生态文化建设也无从谈起。日本环境哲学家岩佐茂说："为了抑制资本逻辑的横行霸道，实现向环境保护性生产体制乃至循环性生产体制转换，有必要对大量生产体造成的破坏进行法律制裁，并引入税金、课以罚金等经济手段，以这两手来保全环境。但是，如果不通过舆论、运动的力量来与资本逻辑斗争，任何一手都不能发挥作用。"[①] 动员社会公众参与环境保护，以星星之火点燃社会对某一环境问题关注的燎原之势，对于提高民众环境意识以及社会生态文化建设具有重要意义。

---

① 张学刚：《我国环境污染治理成因及治理对策研究：基于"政府—市场"的视角》，北京：经济科学出版社 2017 年版，第 218 页。

一、环境保护公众参与的意义与形式

在 20 世纪 80 年代以前，社会科学中流行一种简单化的非此即彼的两分法范式：要么市场，要么政府。随着信息化和经济全球化的快速发展及其带来的社会经济结构转型，人们深入探讨新的社会治理之道，产生了创新的社会治理理论。

（一）环境保护公众参与的理论基础

新公共管理理论认为，由于信息技术的发展趋势，加快决策的压力猛烈地冲击着政府的决策系统，政府组织需要对不断变化的社会做出迅速的反应。企业界经理采取分权的办法，通过减少层级、授权和分散决策权的办法迅速做出反应，从而有效地解决问题。因此，政府也应该通过授权或分权的办法来对外界变化迅速做出反应。政府应将社会服务与管理的权限通过参与或民主的方式下放给社会的基本单元：社区、家庭和志愿者组织等，让他们自我服务、自我管理。健康而有活力的社会基本单元构成健康而有活力的国家，"当家庭、居民点、学校、志愿组织和企业公司健全时，整个社区也会健康发展，而政府最基本的作用就是引导这些社会机构和组织健康发展……那些集中精力积极'掌舵'的政府决定其社区、州和国家的发展前途。它们进行更多的决策。它们使更多的社会和经济机构行动起来"①。与集权的政府机构相比，授权或分权的机构有许多优点，如：比集权的机构有多得多的灵活性，对于新情况的变化能迅速做出反应；比集权的机构更有效率；比集权的机构更具创新精神；能够比集权的机构产生更高的士气、更强的责任感、更高的生产率等。

多中心理论指出，人类社会大量的公共池塘资源问题在事实上并不是依赖国家也不是通过市场来解决，往往是一群相互依存的人们组织起来，进行自主性治理，并通过自主性努力以克服搭便车、回避责任或机会主义诱惑，以取得持久性共同利益的实现。"多中心"意味着有许多在形式上相互独立的决策中心，它们在竞争性关系中相互重视对方的存在，形成社会各单元（政府、企业、个人乃至国际社会）共治格局。

第三部门理论认为，在政府与市场之外还存在着一个广阔的"第三域"（第

---

① 万俊人：《现代公共管理伦理导论》，北京：人民出版社 2005 年版，第 114 页。

三部门）。所谓第三部门，指在第一部门或公部门与第二部门或私部门之外，既非政府单位又非一般民营企业，包括各种非政府公共组织、非营利组织、民间慈善组织、志愿者组织、小区组织等。这些组织在公共事务治理方面都发挥着重要作用。与社会治理中三类主体相对应，各类主体在社会事务治理中分别执行不同的运行机制，具体为政府调节机制、市场调节机制以及社会调节机制。政府调节机制指以政府命令为主要手段对经济社会事务进行调节，理想的政府调节机制是"善政"，严明的法度、清廉的官员、较高的行政效率、公正的行政管理是其特征；市场调节机制指用市场"看不见的手"去调节人与人的关系和人与自然的关系；社会调节机制指通过非政府组织、社区、公众以及社会舆论、社会道德和公众参与等非行政、非市场手段去调节人们的行为，从而达到社会治理的目标。

（二）世界环境保护公众参与的成就

回顾世界环境保护史，环境保护运动最早就是由民间发起的，社会民众和各类非政府组织一直是推动世界环境保护的重要力量。"二战"以后，资本主义国家在新技术革命的推动下经历着一项重大社会结构变动，即在传统的资产阶级和工人阶级两个对立阶层中，产生了大规模受过良好教育、收入较高，以知识分子、专业技术人员及高级经理人为代表的"新中产阶级"。这些基本物质需求得到满足的中产阶级不同于传统社会运动中食不果腹的劳苦大众，他们的政治矛头不再指向阶级斗争，而是追求生活质量的提升，因而他们以更加务实的态度突出关注日常生活问题和眼前的社会问题，他们的政治诉求和态度也更加自由多元和非物质化。同时，战后婴儿潮出生的青年群体，他们生活在物质丰裕的资本主义时期，比起他们保守的父辈，眼界更加开阔，思想更加解放，"既不像他们的父母那样在乎成功和安定，也不认同技术、权力、利润和增长"①，他们反对把经济增长当作社会进步的不二法门，更为关注非物质层面的自由、平等、公民权、健康环境等社会问题。面对日趋恶化的生态环境问题，西方社会民众以集会、请愿、发表声明、公开演讲、分发小册子等行为表达他们的环保价值理念和奉献精神，向政府提出保护和改善生态环境的诉求，拉开了现代

---

① ［美］查尔斯·蒂利：《社会运动：1768—2004》，胡位钧译，上海：上海世纪出版集团 2009 年版，第 92 页。

生态社会运动的序幕。

为了更好地组织民众，一些积极分子和骨干力量自发成立了小团体，这些基层成长起来的非政府组织表现为地方性的绿色联盟。它在民间群众与政府政治间搭建了一个利益诉求的沟通平台，更重要的是增强了民众的环保意识。民众通过政治投票、政治选举、合作活动和个别接触等方式对环境政策施加影响，促使西方各国政府直接介入干预环境管理，组建专门环保机构，制定污染排放标准和环境法规，增加环保公共支出。政治人物也通过关注环境议题提升自己的公众形象，获得更多的民意支持，"绿色"成为政治家重要的竞选牌。比如，美国第 39 届总统卡特 1976 年选举获胜的重要原因之一就是对环保的承诺①。

西方国家生态社会运动的实践证明，没有当地居民的支持与参与，仅仅依靠国家的环境管理和企业的自律行为去治理环境污染将是管不胜管、防不胜防。因为生态环境问题事关当地居民的切身利益，如果受影响者被剥夺话语权和参与权，那么对于决策者而言，其他人的需要与要求是外在的，处在竞争性社会环境之中的个体必然会以他者和环境为代价将自己利益最大化，譬如把生态和社会代价转嫁给他人，譬如牺牲长远的生态环境利益，因此，"凡是生活受到某项决策影响的人，就应该参与那些决策的过程"②。一些研究结论也表明，公众参与对环境质量改善有重要作用。世界银行运用非洲、亚洲和拉丁美洲 49 个国家 121 个乡村供水项目的数据，测定了公众参与和项目业绩之间的关系。结果表明：在 49 个参与程度较低的项目中，只有 8% 是成功的；而在 42 个受益者高度参与的项目中，64% 都是成功的③。

公众参与已经成为国际公认的环境法准则。1969 年美国在《国家环境政策法》中明确提出了公众参与权，此后许多国家的环境政策、法律都将公众参与作为一项原则规定在法律之中。1972 年《人类环境宣言》强调社区参与治理的重要性，"在政府和市场提供一个追求自我利益的正式的制度体系的时候，社区与 NGO 则为人民提供非正式的将生活空间、非物质性的价值逻辑与治理手段结

---

① 奚广庆，王谨：《西方新社会运动初探》，北京：中国人民大学出版社 1993 年版，第 211 页。

② ［澳］罗宾·艾克斯利：《绿色国家：重思民主与主权》，郇庆治译，济南：山东大学出版社 2012 年版，第 112 页。

③ World Bank. *Striking Balance the Environmental Change of Development* ［M］. Washington D. C. Press of UN University，1989.

合起来的社会自身的场所"。1992 年联合国里约环境发展大会将"公众的广泛参与和社会团体的真正介入是实现可持续发展的重要条件之一"写入《21 世纪议程》，指出，"政府应加强地方和社团组织，支持以社团为动力的做法，以期达到持续增长、社会发展的目的"①。

（三）环境保护公众参与的形式

归纳而言，社会民众环境参与通过以下形式发挥积极作用。

第一，环境非政府组织。环境非政府组织（简称 ENGO）是以环境保护为主旨，不以营利为目的，不具有行政权力并为社会提供环境公益性服务的民间组织。20 世纪 60 年代，环境非政府组织在北美和西欧等国家产生，20 世纪 90 年代在世界范围内发展起来。1998 年，美国就有 1 万多个各种各样的非政府环保组织，其中 10 个最大组织的成员达 720 多万人。1999 年，日本全国的环保 NGO 数量在 1.5 万个左右②。这些环境非政府组织通过发放宣传资料、举办讲座以及开展环保公益活动等，向社会公众传播环保理念和提供环境信息；通过对有重大社会影响的环境问题进行实际调查、分析评价，向政府提出建议，促进政府决策科学化和民主化，对国家环境政策的实施发挥监督者角色。ENGO 是公众自发建立起来的环境保护组织，因此他们天然地和公众具有密切联系，也往往以代表广大公众的意见出面，表达社会公众对环境保护的立场和观点，特别是当公民个人作为分散的个体、孤立地面对环境问题时，他们更需要团体力量的支持，更需要环境非政府组织的意见表达与呼吁，因为组织的意见表达效果往往强于个体。今天在很多政府环境决策和国际环境协议的背后，都有无数的 ENGO 为之奔走呼号，有力地推动了环境问题的高效解决。

第二，政府环境决策听证会。这是指公众以报名的形式参加听证或者以听证陈述人的身份在听证会上发表观点和看法，督促政府将相关利益人的意见作为环境决策的重要依据。这些公众有环境问题的直接相关人、各行各业的专家以及其他热心环保事业的普通公众。拥有不同学科专长、不同知识结构、不同思维方法和不同技术特点的人们，通过在一起碰撞、渗透和互补，从多个角度

① 中国环境报社：《迈向 21 世纪——联合国环境与发展大会文献汇编》，北京：中国环境科学出版社 1992 年版，第 66 页。
② 张学刚：《我国环境污染治理成因及治理对策研究：基于"政府—市场"的视角》，北京：经济科学出版社 2017 年版，第 225 页。

寻求解决某个环境问题或者制定环境决策的优化方案。

第三，社区环保活动。这里所指的"社区"不是单纯地指一个居民小区，而是在行政区划基础上由一个或几个有相似社会、经济、环境特征的相邻区域组成的社区。1955 年美国学者希莱里认为可以从地理要素、经济要素、社会要素以及社会心理要素的结合上来把握社区这一概念，即把社区视为生活在同一地理区域内、具有共同意识和共同利益的社会群体。世界卫生组织（1974）界定社区是一个固定地理区域范围内的社会团体，其成员有着共同的兴趣，彼此认识且互相来往，行使社会功能，创造社会规范，形成特有的价值体系。当面对共同的环境问题，社区可以因为共同利益自成一体，以一个统一的拥有者身份使"公地式"的生态环境产权明晰。社区居民或者社区代表人与当地企业和政府部门进行面对面的对话与讨论，就规定时限内企业和政府需要完成的环境目标达成协议，并监督协议执行情况，可以大大减少摩擦与冲突，提高环境治理绩效。"参与型民主是一个生态地区性现象，在靠近家园的时候，在社群与政治交汇的地方，它能得到最好的实践。"①

第四，环境污染投诉。这主要是指公众检举、揭发、控告造成环境污染与生态破坏事故的单位、个人及其行为，或者是对环保部门及其工作人员提出批评和建议，或者是对环保执法人员的违纪、违法及失职行为进行监督等。当然，公众环境参与的形式不仅仅限于以上四种类型，在人民群众的实践探索中，公众环境参与的形式、内容和成效还将不断创新、丰富和完善。

总之，社会公众不仅是监督和促进企业遵守各项污染防治法律法规、克服环境保护领域"市场缺陷和失灵"的重要力量，而且在减轻或消除政府决策失误所造成的严重环境后果、克服环境保护领域"政府缺陷和失灵"现象方面更是发挥着不可替代的作用。毕竟，普通民众对身边环境状况最关心、最了解，基层民众来自不同处境中的他者立场的批判性检验与质询，对于抑制和逆转哈贝马斯所指称决策系统日益被技术精英所掌控的"政治科学化"至关重要，这种应对生态难题的专家科学性与本土性认知相结合，将导向一种环境决策更容易接受和更容易执行的取向，使环境政策更符合民意民情，在决策实施中的阻力也会大大减少。而且，公众环境参与的过程也是生态文化的传播和教育过程。

---

① ［澳］罗宾·艾克斯利：《绿色国家：重思民主与主权》，郇庆治译，济南：山东大学出版社 2012 年版，第 77 页。

一方面，公众参与环境保护的行为可以在社会上形成强大的舆论声势，推动公众关注和了解环境信息和知识；另一方面，为了更好地行使环境参与权，参与者必然会主动地搜寻、学习和钻研相关环境问题的背景材料和专业知识，进一步强化环境科学认知和环境法律认知。因此，公众环境参与的社会调节机制是生态文化建设的重要机制，是"让基层民众和社群有权决定自己的生态命运和社会命运，也让民众有权探寻一种对环境和社会负责任的生活方式"①。

二、我国环境保护公众参与的现状

在改革开放之初，我国就制定了"依靠群众"的环保工作方针，"鼓励公众参与环境保护工作"，人民群众积极参与爱国卫生运动、植树造林等活动。改革开放以来，在国际环境社会运动不断深入的时代背景下，中国政府对公众参与环境保护重要性的认识逐步加深，尤其是在 1992 年里约热内卢环境会议后，中国率先制定了《中国 21 世纪议程》，指出："团体及公众参与可持续发展，需要新的参与机制和方式。团体及公众既需要参与有关环境与发展的决策过程，特别是参与那些可能影响到他们生活和工作的社区决策，也需要参与对决策执行的监督。"进入 21 世纪，我国主动顺应人民群众希望以主体身份实质性参与政府环境决策的民主政治诉求，2003 年 9 月《中华人民共和国环境影响评价法》首次以法律形式明确公众参与环境决策的权利，"建设单位应当在报批建设项目环境影响报告书前，举行论证会、听证会，或者采取其他形式，征求有关单位、专家和公众的意见"。2006 年《环境影响评价公众参与暂行办法》系统规定了公众参与的 5 种形式、公开征求公众意见 6 种情况和向公众公开环境信息的内容要求、方式和期限等。国家还出台了诸多配套措施，如颁布《环境信访办法》（2006）、《环境信息公开办法（试行）》（2007）、《关于培育引导环保社会组织有序发展的指导意见》（2010）等文件；实行环境质量公告制度，定期发布城市空气质量、城市噪声、饮用水水源水质、流域水质和污染事故信息等；开设"12369"环保举报热线，鼓励公众检举和揭发各种环境违法行为。国家和地方各类具体环境法律法规在制定或者重新修订的过程中均不同程度地涉及环境信

---

① ［澳］罗宾·艾克斯利：《绿色国家：重思民主与主权》，郇庆治译，济南：山东大学出版社 2012 年版，第 101 页。

息公开、社会监督、信访处理、环境维权等条款，为公众环境参与开辟了多条渠道。2015 年 7 月国家颁布《环境保护公众参与办法》，这是我国首个对环境保护公众参与做出专门规定的部门规章，明确政府必须保障公民、法人和其他组织获取环境信息、参与和监督环境保护的权利，促进环境保护公众参与依法有序发展。

在国家政策的支持下，1978 年我国第一个环保 NGO 中国环境科学学会成立，这是一个在环保部门和科技部门双重领导下的主要由环境科技工作者组成的组织，各省（区、市）相继成立了省级分会，形成全国范围的"伞形网络"。20 世纪 80 年代，中国环境保护工业协会、中国水体保持学会、北京爱鸟养鸟协会、中国环境新闻工作者协会等环保 NGO 相继成立，在环境科研宣教领域发挥了重要作用。辽宁省盘锦市黑嘴鸥保护协会（1991 年）、"自然之友"（1994年）、污染受害者法律帮助中心（1998 年）、"北京地球村"（1999 年）等纯粹由民间发起的环保组织相继成立，掀起了我国环保 NGO 发展的高潮。我国目前有各类环保组织 3000 多家，从业人员 20 多万人，涌现出大量为中国环保事业默默奉献的典型人物。这些环保 NGO 分为 4 种类型：一是由政府部门发起成立的环保 NGO，如中华环保联合会、中华环保基金会、中国环境文化促进会，各地环境科学学会、环保产业协会、野生动物保护协会等；二是由民间自发组成的环保 NGO，如自然之友、地球村等；三是学生环保社团及其联合体，包括学校内部的环保社团、多个学校环保社团联合体等；四是国际环保民间组织驻华机构。环保民间组织活动领域从早期的环境宣传及特定物种保护，逐渐扩及立法、决策、执法、司法等公共行政领域，推动公众参与环境保护的力度、深度和频度日益深化。保护滇金丝猴和藏羚羊行动（1995）、"怒江水电之争"（2003）、"26 度空调节能行动"（2004）、"敬畏自然"大讨论（2005）、我国首次环境听证圆明园防渗工程环境影响听证（2005）、北京六里铺垃圾焚烧发电厂事件（2006）、厦门 PX 事件（2007）、"限塑令"（2008）以及环保法庭试点等中国环保领域的重大事件背后，都活跃着专家、学者、环保 NGO 以及普通民众的身影，展现出公众参与环境事务的积极力量，不仅提升了环境政策的科学化和民主化程度，而且减少了环境政策实施过程中的阻力，提高了环境制度的执行效率，同时，公众在具体的参与实践中潜移默化接受了有关环境责任、环境法制和环境科学知识的生动教育，为我国生态文化建设提供了源源不断的社会动力。

在西方国家，自下而上的生态社会运动促使政府开始加强环境管理。我国与之不同，环境保护是从政府重视开始的，民众的环境参与具有明显的"自上而下""政府推动"的特点，政府始终居于主导地位。这种格局下的环境保护公众参与，存在一些"硬伤"，影响了环境参与的实际效果。

其一，我国公民的环境参与大多属于事后举报的被动参与，即在环境污染和生态破坏已经发生并对公众的生活产生不利影响之后，才有人做出相关的反应，甚至还存在个人的环境权益受损时，本着息事宁人的态度处理问题，"搭便车"的思想比较普遍。

其二，民间环保 NGO 发挥作用十分有限。由于我国对社团实行严格管理，民间环保 NGO 的成立较为困难，在 2005 年的 2768 家环保民间组织中，政府部门发起成立的组织就有 1382 家，占了一半的比例，而民间自发组成的环保民间组织只有 202 家，仅占 7.3%①。包括环保 NGO 在内的非政府组织运转需要慈善捐款、社会动员等，这些机制在中国很不完善，因此，大量环保 NGO 都面临经费不足、高素质人员缺乏等生存困境。

其三，知情权是公众环境参与的基本前提，只有充分、及时地掌握与自己切身利益有关的基本环境信息和发展状态，公众才能正确表达自己的意见和建议。"没有充分透明的信息，公众只能是'盲参'，意见就没有意义。缺少充分准确的信息，公众将失去参与能力。有偏向的、被控制的信息可能会导致错误的参与。"② 在环境信息公开方面，近年来我国立法虽有较大进步，制定了《环境信息公开办法》（2007）、《企业事业单位环境信息公开办法》（2014），2014年修订的《环境保护法》开辟专章对环境信息公开做了专门规定，但相较于公众参与的实践需求，仍不够完善和细化。环境信息往往只在审批建设项目阶段才向公众公开，而对建设项目如何规划、如何运行、退役后如何再利用等环境信息则很少向公众公开；有些信息用晦涩难懂的术语表述含糊不清，或者提供了充足的信息，但缺乏必要的引导和解读，影响民众环境参与的积极性和实际成效。

其四，一些环境听证会或座谈会在召开的时候轰轰烈烈，开过之后却悄无声息，公众提出的问题和建议不仅没有被采纳，而且压根没有回音。"公众参与

---

① 中华环保联合会：《中国环保民间组织发展状况报告》，《环境保护》，2006 年 10 期。
② 蔡定剑：《公众参与：风险社会的制度建设》，北京：法律出版社 2009 年版，第 21 页。

代表的意见对决策过程的影响缺乏刚性制约，结果不透明。在各种形式的会议或调研结束，收集公众意见后，往往不见反馈，导致群众认为公众参与完全无效，公众参与仅仅是一种形式，让群众丧失了参与的热情。"①

三、健全我国环境保护公众参与机制的现实路径

针对我国现阶段环境保护公众参与的主要问题，健全完善我国环境保护公众参与制度，使得社会民众树立更高层次参与环境保护的权利意识，进而形成社会普遍的生态文化，需要从以下几个方面着手。

（一）建立覆盖全过程的环境决策信息披露机制

在项目立项阶段，相关部门和企业应编制环境影响评价大纲，及时将大纲评价内容及环境影响结论明确易懂地公布于众，鼓励公众就所关心的环境问题以及对自身利益的损害程度提出看法，环境保护部门及相关企业通过分析整理，采纳合理意见；在项目施工阶段，要将有关工艺流程、管线布设、环保措施及达标情况等信息透明化，接受公众的监督；在项目竣工验收阶段，应如实反映项目建设是否达到既定的环保法规、标准要求，听取公众对项目满意程度的反馈，公众满意后，项目才算验收合格；在项目运行阶段，评估部门要深入公众通过个别访谈、发放问卷、召开座谈会等形式了解项目对周围公众及其生活环境的实际影响情况，并将评估结论公开公布，全面保障公众的知情权，为公众关注环境保护、参与环境保护监督与管理提供充分条件。

（二）制定科学的代表遴选机制和环境参与规则

公众数量众多，不可能全部同等地进行参与。实践中，无论参加听证会还是出席座谈会或者问卷调查，都必定是选取小部分公众代表进行。为了实现实质上的公平，各地在选取环境决策参与公众时，要尽可能邀请代表各种利益的公众参加，尤其要邀请与决策项目利益对立的人参加，尽可能全面地反映各种不同的意见。政府部门可以通过问卷调查、召开座谈会、专家论证会、听证会等方式征求公民、法人和其他组织对环境保护相关事项或者活动的意见和建议。值得注意的是，政府部门拟组织召开座谈会、专家论证会征求意见的，应当提

---

① 崔浩：《环境保护公众参与理论与实践研究》，北京：中国书籍出版社 2017 年版，第104 页。

前将会议的时间、地点、议题、议程等事项通知参会人员，必要时可以通过政府网站、主要媒体等途径予以公告，公布的信息内容包括相关事项或者活动的背景资料；征求意见的起止时间；公众提交意见和建议的方式；联系部门和联系方式。政府部门拟组织问卷调查征求意见的，调查问卷所设问题应当简单明确、通俗易懂。政府部门对公民、法人和其他组织提出的意见和建议进行归类整理，请相关专业领域专家、环保社会组织中的专业人士进行分析研究，并以适当的方式反馈公民、法人和其他组织，尤其是对未采纳的公众意见进行详细说明。简言之，政府部门推行公众环境参与有七个步骤：制定公众参与的计划与预算；确定感兴趣的和受影响的公众群体；考虑可以提供的技术或经济支持；提供信息及资料；开展公众咨询与参与活动；审慎考虑、使用公众的"政策输入"，并将结果反馈给公众；评估整个公众参与过程。

（三）加强民间环保组织能力建设

政府科学制订环保社会组织发展规划和促进政策，对人民群众成立各类合法的民间环保组织予以支持和引导，依照有关规定依法办理社团登记手续，打造具有地方特色的民间环保组织体系。要重点培育一些运行和管理能力较强、在全国具有较大影响的环保社团，可以通过项目资助、购买服务等方式，为民间环保组织提供资金支持和环保方向引导。各级环保部门要建立与民间环保组织之间定期的沟通、协调与合作机制，及时向他们宣传政府部门的有关环境保护政策，适时吸纳民间环保组织代表参与政府及有关部门环保工作的决策咨询，鼓励建言献策，支持他们监督各单位环保法律法规和政策措施的贯彻落实情况，支持他们维护人民群众环保权益的各种诉求，支持他们积极开展国际环境保护合作交流，努力拓展民间环保组织的参与渠道和活动空间，提高他们的政策、业务水平和参与环境保护事业的能力。同时，要加强评估和监督管理，建立民间环保组织年度评估机制，促进民间环保组织有序健康发展，对不顾中国国情的极端环保主义者要加强正确引导和规范，对那些打着环保的幌子开展非法活动的组织要坚决依法取缔。

此外，还要不断创新拓宽公众参与的渠道和方式。除了信函、传真、电子邮件、"12369"环保举报热线、政府网站等途径外，还应积极探索市民点单执法、陪审团参与行政处罚等新形式，条件成熟时通过地方立法的形式进行规范。

第六章

生态文化建设的教育宣传机制

    文化是人类在活动中创造的，对个体来说是后天习得的，它不可能通过遗传的方式延续，而只能通过传递的方式发展下去。教育宣传是文化传递的主要途径，表现为通过系统教学或媒介传播为公民提供适应社会生活的知识、技能、规范和价值，以继承文化遗产，保存社会文化模式。自环境保护引起世界各国政府高度重视之始，相关生态文化教育宣传就被提上政府工作日程，因为环境改善的复杂性、艰巨性、长期性，环境保护优化经济发展的紧迫性、必要性，需要得到公众的理解和支持。党的十八大以来，我国把生态文化教育摆到更加突出的位置，新修订的《中华人民共和国环境保护法》规定，"各级人民政府应当加强环境保护宣传和普及工作""教育行政部门、学校应当将环境保护知识纳入学校教育内容""新闻媒体应当开展环境保护法律法规和环境保护知识的宣传，对环境违法行为进行舆论监督"；中共中央、国务院出台的《关于加快推进生态文明建设的意见》提出，"积极培育生态文化、生态道德，使生态文明成为社会主流价值观，成为社会主义核心价值观的重要内容"；《中共中央关于制定国民经济和社会发展第十三个五年规划的建议》提出，"加强资源环境国情和生态价值观教育，培养公民环境意识，推动全社会形成绿色消费自觉"[①]；中国生态文化发展纲要（2016—2020 年）明确指出"到2020 年，生态文明教育普及率提高到85%，积极培育生态文化，将生态价值观、生态道德观、生态发展观、生态消费观、生态政绩观等生态文明核心理念，纳入社会主义主流价值观，成

---

    ①   环境保护部、中宣部、中央文明办、教育部、共青团中央、全国妇联.《全国环境宣传教育工作纲要（2016—2020 年）》，2016 年 3 月 30 日。

为国家意识和时尚追求"①。20 世纪 70 年代以来，我国生态文化教育宣传工作取得了明显成效，社会民众的生态意识明显提高，但当前环境宣传教育的现状与环保事业的快速发展还存在一定差距，尤其是新媒体的快速发展、网络舆论环境日益复杂，环境宣传教育工作面临新的挑战。适应互联网环境下宣传教育方式的发展变化，不断健全完善环境保护教育宣传机制，这是新时代我国生态文化建设的重要任务。

第一节　生态文化教育的基本理论

全球环境保护几十年以来，与生态文化教育相关的概念有环境教育、可持续发展教育、生态文明教育等。这些概念不只是文字表述的不同，其实体现了人们关于生态文化教育理念的不断深化。分析生态文化教育理念的形成发展过程，有助于我们全面把握生态文化教育的内涵。

一、生态文化教育：从环境教育到生态文明教育

从严格意义上说，在 20 世纪 60 年代以前，环境保护与教育并无直接的联系，但如果从环境保护的教育理念来说，最早可以追溯到 18 世纪伟大的思想家、教育家卢梭的自然主义教育思想，"这种以户外教学为特征的自然学习本身并不是一种为了环境的教育，但它却成为现代环境教育理论的基础"②。在《环境教育的诞生》一书中，古德森认为 18 世纪到 19 世纪在农业革命中兴起的"乡村学习"是环境保护教育的前身③。但是这个时期只是有了零星的环境保护教育理念萌芽，真正意义上的环境保护教育局面还没有形成。由于世界环境问题的日益严重，特别是"世界八大公害事件"引起了全世界的关注，作为全世界各国联合体的联合国，率先担当起了推动环境意识国际化的责任。生态文化的教育概念、教育组织以及教育法律才相继问世。

---

① 国家林业局：《中国生态文化发展纲要（2016—2020 年）》，2016 年 4 月 7 日。
② 祝怀新：《环境教育的理论与实践》，北京：中国环境科学出版社 2005 年版，第 6 页。
③ ［英］艾沃·古德森：《环境教育的诞生》，贺晓星，仲鑫译，上海：华东师范大学出版社 2001 年版，第 97-98 页。

(一) 环境教育理念的提出 (1948—1971 年)

环境教育一词最早是在 1948 年由托马斯·普瑞查提出，并在巴黎会议上首次使用。这是"环境教育"第一次出现在国际社会中，标志着"环境教育"理念的正式诞生。1949 年联合国召开的"资源保护和利用科学会议"以后，联合国教科文组织成立了国际自然与自然保护联合会 (IUCN)，并成立了专门的教育委员会，这标志着国际组织注意到教育对环境保护的作用，试图通过环境教育这一有效的方法，拓宽和增进人类的国际环境意识，并着手付诸实践。

1960 年，英国成立了国家乡村环境学习协会，该协会就是现在的国家环境教育协会 (NAEE) 的前身。1960 年，苏联颁布实施《自然保护法》，该法规定："自然保护基础课程的教学应列入普通学校和中等专业学校的教学计划，自然保护和自然资源再生应成为学校的必修课。"① 苏联的《自然保护法》是世界上第一部将传授环境保护知识作为环境教育的内容并进入学校教育体系的法律文件。

1962 年，美国生物学家卡森的《寂静的春天》一书唤醒了人们保护环境的意识，引起了全世界对人类与环境的关系及人类对环境的责任等一些问题的深入思考。随着各个国家对环境问题的重视，特别是一些国际会议的召开，环境教育迅速普及到了世界上更多国家。日本于 1964 年成立了中小学教师污染控制措施研究会，并于 20 世纪 70 年代初，在中小学教育大纲中增加了对青少年进行"公害教育"内容。1965 年德国在基尔大学举行的教育大会上，对环境教育做了专门的讨论，对教育与环境的问题提出了很多结论与建议，如应该更准确地决定环境教育的内容和最适合现代需要的教学方法等。1965 年，美国率先在高等教育中开设有关环境方面的课程，成为世界上第一个把环境教育纳入本科层次课程体系中的国家。1968 年教科文组织在巴黎召开了"生物圈会议"，大会提出了教育计划并建议："应该进行区域性调查；将生态学内容编入现在的教育课程中；在高校的环科系培养专门人才；推动中小学环境学习的建设；设立国家培训和研究中心等。"② 这标志着在国际社会中初步形成环境教育体系。

---

① 李久生：《环境教育论纲》，南京：江苏教育出版社 2005 年版，第 3 页。
② ［英］艾沃·古德森：《环境教育的诞生》，贺晓星，仲鑫译，上海：华东师范大学出版社 2001 年版，第 121 页。

1969 年，美国通过了世界上的第一部《环境教育法》，该法涵盖环境教育、技术援助、少量补助、管理等六部分内容，其目的是加强对环境教育活动的支持，标志着美国环境教育走上了正规化和法制化的道路。1970 年 2 月，英国设立了皇家环境污染委员会，它建议公众舆论要发挥作用，这也是第一次提出把环境教育的领域拓展到学校以外。

1970 年夏天，在美国的内华达州召开了环境教育的国际会议，讨论在学校课程中进行环境教育问题，会议提出了一个堪称"经典性"的环境教育定义，指出："环境教育是一个认识价值、弄清概念的过程，其目的是发展一定的技能和态度，促使人们对环境质量问题做出决策、对本身的行为准则做出自己的约定。"① 虽然这个概念还不完善，但毕竟环境教育概念第一次得到国际组织的广泛认同。报告还建议："政府和有关教育官员以及国家教育机构应该通过整体的课程改革，把环境教育编入各级学校教育体系的必修和综合内容。"②

（二）环境教育理念的国际普及（1972—1986 年）

自 1972 年起，国际环境教育步入了发展阶段，我们之所以选取这个时间点，是因为 1972 年联合国人类环境会议确立了环境教育的国际地位，之后，国际性环境教育基本理念明确化，环境教育成为人类解决环境问题的共同认识。

1972 年 6 月 5 日，具有里程碑意义的"联合国人类环境会议"在斯德哥尔摩召开。在这次会议上，"环境教育"名称被正式确定下来，并在其 96 号文件中建议："联合国体系里的组织，特别是联合国教科文组织，以及其他有关国际组织应当采取必要的行动，建立一个国际性的环境教育规划署。环境教育是一门跨学科课程，涉及校内外各级教育，对象为全体大众，尤其是普通市民……以便使人们能根据所受的教育，采取简单的步骤来管理和控制自己的环境。"③ 建议着重强调了进行环境教育的重要性和国际合作的必要性，明确了环境教育的性质、对象和意义。这个会议极大地增强了环境教育的国际地位和世界各国

---

① ［英］艾沃·古德森：《环境教育的诞生》，贺晓星，仲鑫译，上海：华东师范大学出版社 2001 年版，第 29 页。

② ［英］艾沃·古德森：《环境教育的诞生》，贺晓星，仲鑫译，上海：华东师范大学出版社 2001 年版，第 121 页。

③ 徐辉，祝怀新：《国际环境教育的理论与实践》，北京：人民教育出版社 1998 年版，第 20 页。

对环境教育重要性的认识。

1972年，英国教育专家卢卡斯把环境教育概括为"三个线索"，即"关于环境的教育"；"在环境中或通过环境的教育"；"为了环境的教育"。英国学校委员会首先采纳了卢卡斯的理论，并作为中小学环境教育的理论基础，这些概念对以后各国的环境教育实践有着深刻的影响。

1975年，联合国环境规划署与联合国教科文组织共同建立了国际环境教育计划署，开展"国际环境教育计划"。计划历时20年，主要开展资料收集、出版环境教育通讯、进行理论交流与传播、加强世界各国师资培训以及帮助各国将环境教育纳入正规教育体系的活动等。"国际环境教育计划"的启动，进一步推动了各国环境教育的正规化，加强了国际环境教育的合作。同年10月，在贝尔格莱德召开的国际环境教育研讨会发表了在联合国框架下第一个环境教育的国际宣言《贝尔格莱德宪章》。宪章对环境教育的目的、目标、发展规划以及大众媒介的作用、人才培训、教材、资金、评估等做了进一步说明，制定了一系列的方针，成为国际环境教育的纲领性文件。

1977年10月，首届政府间环境教育大会在第比利斯召开，会议共同发表了《第比利斯政府间环境教育宣言和建议》。该宣言和建议肯定了自1972年斯德哥尔摩会议以来确立的环境教育的含义和环境教育的重要性，并对环境教育的主体、作用与功能、目标、途径做了进一步的说明。与以往国际环境教育会议最大的不同点是，该宣言和建议提出了在国家层面上发展环境教育的具体策略和国际与区域合作的具体建议，如就组织结构及职责、环境教育的对象、内容和方法、人员培训、教材、信息传播、研究等提出了一系列的特别措施。第比利斯会议称得上是国际环境教育的又一个里程碑，它确立了国际环境教育基本理论和体系的确立，为环境教育在全球的同步发展提出了一个完整的框架。它的建议不仅具有指导性，而且更具操作性，至今仍为许多国家开展环境教育提供指导原则和努力的方向。这次会议，也标志着环境教育全面走向了国际化。

（三）为了可持续发展的教育（1987—2001年）

1987年，联合国发布了题为《我们共同的未来》的报告，在人类历史上第一次提出了"可持续发展"概念。可持续发展理念是对传统发展方式的反思和否定，它把人类面临的环境问题与社会、经济、人口等方面结合起来综合考虑，要求发展既要满足当代人的需要，又不能损害后代人满足需要的能力。随着可持续发展概念的提出，国际社会对环境教育的性质、目标和内容等问题进行了新的思考，提出环境教育不仅要考虑环境本身的问题，还要兼顾与环境有关的生态资源、人口结构、经济发展模式等社会问题，使环境教育面向可持续发展，面向未来。1988 年，联合国教科文组织提出了"为了可持续发展的教育"一词，可持续发展教育思想开始出现。

1992 年 6 月，第二次联合国环境和发展大会在里约热内卢召开，会议通过了《里约环境与发展宣言》（又称《地球宪章》）、《21 世纪议程》等重要文件。《21 世纪议程》明确提出了"面向可持续发展重建教育"，指出：教育是促进可持续发展和提供人们解决环境与发展问题能力的关键；基础教育是环境与发展的支柱，对培养符合可持续发展和社会有效参与基层的价值观和态度、技能和行为也是必不可少的。《地球宪章》强调各国应制定计划，在正规和非正规教育中进行可持续发展教育，将环境教育从学校扩展到全社会各个层面。

1992 年 10 月，在加拿大多伦多召开了国际环境教育和环境发展会议，会上讨论了环境教育和发展战略之间的关系。联合国教科文组织于 1994 年启动了"为了可持续性教育"的国际创意"环境、人口和教育"计划。该计划广泛吸引了青少年和社会公众积极参与到改善人类生存环境中。它把可持续发展教育与环境、人口等问题联系起来，使环境教育更趋于系统化、综合化、整体化和全球化。1996 年，第四届可持续发展委员会提出了可持续发展教育的目标和特征。1997 年 12 月，联合国教科文组织在希腊塞萨洛尼召开了"环境与社会—教育和公众意识为可持续未来服务"国际会议。会议发表的《塞萨洛尼宣言》指出："环境教育是'为了环境和可持续发展的教育'，强调环境教育面向全体公民的重要性。至此，面向可持续发展环境教育成为国际社会和各国发展教育的战略选择，是可持续发展框架下教育的新模式。"① 这次会议确立了可持续发展教育的地位，并促使可持续发展教育成为 21 世纪国际环境教育的主流，由此，生态学校和绿色大学在全球范围内蓬勃发展，为培养环保人才和引领绿色发展发挥了重要作用。

---

① 国家环境保护总局宣传教育司：《环境宣传教育文献汇编（2001—2005）》，北京：中国环境科学出版社 2006 年版，第 318 页。

（四）生态文明教育（2002 年至今）

2002 年，中共十六大报告提出了"生态文明"的理念，中国是世界上率先提出"生态文明"概念并付诸实践的国家。生态文明是对既往文明特别是传统工业文明的反思和超越。目前，人类文明的发展大致经历了原始文明、农业文明和工业文明三个阶段。在原始文明阶段，生产力水平极其低下，人们对大自然存在着一种敬畏心理，只能盲目地崇拜自然、被动地顺从和受制于自然；在农业文明时期，生产力水平有了一定的发展，但人类使用的生产工具还比较简单，人类的一切行为都要依赖于自然界；到了工业文明时期，人类利用先进的工业技术在不到一百年的时间中所创造的生产力，物质成果的巨大成就使人类自我膨胀，人类开始以"自然的主人"自居，这一时期人与自然是征服与被征服、掠夺与被掠夺、奴役与被奴役的关系，结果是前所未有的环境污染、生态破坏以及自然灾害给人类带来了深重灾难。生态文明是在人类具有强大的改造自然的能力之后，合理运用自己的能力维持人与自然协调发展的文明。它将人类文明由原来的仅仅局限于"社会的世界"扩展到"自然的世界"，它既来自历史的经验和反思，又反映了人们对理想文明的憧憬，是在遵循社会发展规律基础上得出的人类文明发展趋势的科学结论。为了"生态文明"的教育也孕育而生。

经过十几年的时间，国际社会从最初怀疑到关注中国的生态文明建设，现在认可和称赞中国生态文明建设所取得的成绩，同时，对于中国开展的生态文明教育也有了交流的渴望。2014 年 4 月 25—26 日，在美国举办的第八届"生态文明国际论坛"是首次以"生态文明教育"为主题的国际会议。中美后现代发展研究院院长小约翰·柯布博士从建设性后现代主义理念出发，反思了资本主义社会下教育的缺陷，认为学校教育的目的不能只为经济服务和专业技能教育而忽视了社会责任，教育应以生态文明为目标，为社会、人、自然的共同福祉服务。会议取得了学术思想共识，即"生态文明呼唤教育转型，后现代生态文明亟须新型人才，时代呼唤一种与生态文明相匹配的新型教育"[1]。面对世界和国内共同的生态环境问题，中国自 1972 年加入国际环境教育的潮流中来，汲取

---

[1] 樊美筠：《对生态文明的全方位探索——克莱蒙第八届生态文明国际论坛综述》，《经济社会体制比较》，2014 年第 7 期。

了来自国际环境教育的理论与实践经验，在不断反思与探索中积极推动环境教育向更高的形态和更宽阔的领域发展，为全球生态文化教育贡献了中国智慧。

总之，生态文化教育经历了环境教育、可持续发展教育和生态文明教育几个发展阶段，从单纯的自然环境保护到把所有的环境——自然、政治、经济、文化、科技等作为大系统，整体思考人类社会与资源环境协调发展，以生产发展、生活富裕、生态良好的互促共赢实现人类文明的飞跃，生态文化教育的内涵逐步丰富和扩展，对生态文化教育的目标、内容、主客体等产生了深刻影响。

二、生态文化教育的基本内涵

生态文化教育是针对全社会展开的向生态文明社会发展的教育活动，使受教育者能正确认识人—自然—社会之间的关系，树立生态文明理念，培养形成生态文明行为习惯，形成绿色健康的生产方式、生活方式、消费方式，实现人与人之间、人与自然之间和人与社会之间的和谐相处、永续发展。生态文化教育的内容是生态文化教育的核心要素。生态文化教育旨在培养适应生态文明时代的具有环境素质的社会公民，所谓环境素质，是指人们通过日常生活学习和媒介传播所提供的信息而逐步形成的有关环境以及人类与环境的关系等方面问题的知识价值理念和行动系统[①]。依据环境素质的基本要求，著者认为生态文化教育的内容主要包括三个方面。

（一）生态意识教育

思想是行动的指南，观念和看法反映着行为主体的价值取向和目标追求。因此，生态文化教育首先要解决人的思想观念问题。

第一，要树立生态道德意识。法国哲学家史怀哲曾深刻指出："一个人只有当他把所有的生命都视为神圣的，把植物和动物视为他的同胞，并尽其所能去帮助所有需要帮助的生命的时候，他才是道德的。"[②] 因此，要培养人们树立尊重自然、顺应自然、保护自然的道德意识，培养平等对待自然界其他生物的

---

① 北京大学中国国情研究中心，等：《中国公众环境素质评估指标体系研究报告》，北京：中国环境科学出版社 2010 年，第 102 页。

② ［法］阿尔贝特·史怀泽：《敬畏生命》，陈泽环译，上海：上海社会科学院出版社 1996 年版，第 151 页。

态度。

第二，要树立生态责任意识。如马克思恩格斯分析，人是自然界长期进化的产物，自然孕育了人类，还为满足人类生存发展需要提供各种生产资料、生活资料、劳动对象和劳动场所等等，那么人类理应担负起保护生态、回馈自然的义务和责任。生活在地球上的每一个人都有保护生态的责任和义务。生态责任不仅是指人类对自然的责任，而且还包括当代人对未来人的责任。因为，人类社会作为一个世代延续的状态而繁衍发展，当代人与过去和将来世代的人类成员一样都对地球上所享赋的自然资源和生存环境拥有均等享用的权利，因此，当代人不仅享有合理使用地球资源与环境的权利，也担负为后代人保护地球的义务。也就是说，当代人既是以前世代遗留的资源和成果的受益人，同时也是未来世代地球环境的管理人或受托人。当代人在创造财富、追求发展的同时，理应树立对后代持续发展的责任观，努力确保后代人拥有和自己平等的发展机会，而不至对后代人的生存和发展构成威胁。

第三，要树立生态科学意识。自然资源和生态空间是有限的，如果不加节制地盲目开发滥用，势必破坏生态系统的自我净化和自我平衡能力，反过来制约和阻碍经济社会发展，恩格斯将之称为"自然的报复"。因此，要培养人们树立"绿水青山就是金山银山""保护生态环境就是保护生产力，改善生态环境就是发展生产力"的理念，把握人口、经济、资源环境的平衡点，把握经济社会发展的合理边界，为人类可持续发展留下补充物质能量的充裕空间。同时，山水林田湖等生态要素相互依存、相互制约、休戚与共，因此还要培养人们树立山水林田湖是一个生命共同体的理念，尊重生态系统整体性和系统性的内在规律，统筹考虑自然生态山上山下、地上地下、陆地海洋以及流域上下游各要素，谋求生态环境的整体优化、系统修复和综合治理。

（二）资源环境世情国情教育

毛泽东指出："认清中国的国情，乃是认清一切革命问题的基本的根据。"①同样地，认清本国的资源环境国情是开展生态文明建设的基本依据，同时由于生态环境的影响全球性特征，因此，资源环境世情教育也是生态文化教育的基础内容。

---

① 《毛泽东选集》（第二卷），北京：人民出版社1991年版，第633页。

首先，要让全社会清醒认识全球生态环境的严峻形势。只有让公民清楚地了解人类赖以生存和发展的生态环境恶化的严重性，切实感受或预测到生态危机给人类自身带来的威胁和灾难，才能激发他们的思维进入对人类生存现状的警觉之中，产生对生态危机的敏锐反应，增强他们解决生态危机的责任感和紧迫感，促使他们自觉主动去探索寻找解决之道。对于人类来说，最可悲、最可怕的不是遇到了生态危机，而是缺乏对生态危机的觉察，大难临头却不知不觉，甚至盲目乐观。21世纪资源枯竭、环境污染和气候变化等灾难的发生则波及全球，无人能幸免，同时新的环境问题还在不断涌现。

其次，要让全社会清醒认识本国资源环境的基本情况。要让全社会认识到"我们的生态环境问题已经到了很严重的程度，非采取最严厉的措施不可，不然不仅生态环境恶化的总态势很难从根本上扭转，而且我们设想的其他生态环境发展目标也难以实现"①。最后，要让全社会辩证看到本国生态环境存在的潜在机遇。比如，我国疆域辽阔、海陆兼备，地貌类型和海域特征多样，形成了复杂的自然生态系统，孕育了丰富的生物多样性，多样性意味着稳定性，稳定性就意味着可持续发展。我国山清水秀的风景名胜区，"百分之六十以上分布在中西部地区，百分之七十以上的景区周边集中分布着大量贫困村""换个角度看，这些地方可以在山水上做文章，让自然风光等要素活起来，让资源变资产，让绿水青山变青山银山，通过发展旅游扶贫、搞绿色种养，找到一条建设生态文明和发展经济相得益彰的脱贫致富路子，正所谓思路一变天地宽"②，帮助全社会树立生态文明建设的信心。

（三）环境保护能力教育

生态文明建设仅仅依靠良好的愿望和情感远远不够，还必须具备一定的环境知识和技能，唯有如此，人们才能运用科学规律和法律制度开展节约资源能源、保护自然环境的正确实践。一方面要开展环境保护科学知识教育，包括环境保护基本常识、生态系统平衡基本常识、生态科学规律、保护生态环境的实

---

① 中共中央文献研究室：《习近平关于社会主义生态文明建设论述摘编》，北京：中央文献出版社2017年版，第9页。

② 中共中央文献研究室：《习近平关于社会主义生态文明建设论述摘编》，北京：中央文献出版社2017年版，第30页。

用型知识等。如普及大气污染防治、应对气候变化、土壤保护、生活垃圾分类、节水节电等方面的知识，引导公众从日常生活做起，理性选择购买节能与新能源汽车、高能效家电、节水型器具等节能环保低碳产品，减少一次性用品的使用，形成节约、绿色的消费方式和生活习惯等。另一方面要开展环境保护法制教育，包括宣传教育国家生态文明建设政策方针、新发展理念、生态文明体制改革以及保护环境的法规、条例和公约等。如加大排污许可制、生态保护补偿政策、大气环境管理等法律法规和政策文件的宣传教育力度，做好制度解读，及时回应社会关切，使公民了解环境保护的基本法律常识和基本义务，了解环境听证、环境诉讼等法律程序，自觉遵守国家环境保护的各项政策规定，自觉利用法律武器保障自身环境权益，自觉以主人翁的责任感依法有序参与环境污染投诉、环境公共决策等，以生态文明法律法规规范人民的行为，为生态文明建设保驾护航。

三、生态文化教育的基本特征

生态文化教育作为一个新兴的教育领域，它除了有教育的共性外，还有其自身的特点。具体来说，生态文化教育有如下特点：

（一）突出的公益性

众所周知，教育是一项社会公益性事业，这种公益性是由教育的基本属性决定的，也是我国法律明确规定的。"所谓教育的公益性，是指教育的这样一种性质，即它所提供的产品或服务只能由人们共同占有和享用。从受益范围及主体上看，这种利益具有公共性、社会性、整体性；利益主体是公众、社会、国家、民族，乃至于整个人类，而绝不限于社会成员中的某一个体。"① 对于生态文化教育来说，其公益性更加突出。相对于其他方面和类型的教育来说，生态文化教育的受益主体除了受教育者本人外，更能体现其全民公益性。因为清洁的空气、干净的水、健康的食物、优美的环境等公共资源是保障所有社会成员生产生活的基本条件。我们每一个人都生活在同一个社会生态系统中，个人的生存与发展同整个社会整体状况息息相关，在这个巨大的社会网络中，每个人

---

① 邢永富：《教育公益性原则略论》，《北京师范大学学报》（人文社会科学版），2001 年第 2 期。

都必然与其他社会要素发生直接或间接联系。如果整个社会生态系统遭到人为破坏，诸如雾霾严重、水污染加剧、沙尘暴肆虐等，生活在其中的任何人都难以独善其身。相反，如果每个人都能以环保的意识和节约的理念指导自己的日常行为，那么，绿色环保的社会公共环境将让所有社会成员受益。这一目标的实现需要生态文化教育通过各种方式和途径提高社会成员的生态文化素质。在这一过程中，生态文化教育的公益性显而易见。

（二）对象的全民性

保护生态环境，不仅需要掌握生态科学技术的专业人才，更需要大量具备较高生态素质与环保意识的普通公民。由于生态环境质量的好坏与社会个体的思维方式、生活方式及生产方式密切相关，因此，生态文化建设只有得到所有社会成员的关心、参与和自觉行动，才能从根本上解决我们面临的资源环境问题。任何社会成员都需要与他人、资源和环境进行物质和能量的交换，与之发生千丝万缕的联系，而其行为会对社会生态环境产生各种影响。如果一个人的生态文化素质低下，缺乏生态道德，没有生态理念，那么，他的行为方式很可能对生态环境造成破坏性影响。现代社会中，人们对资源的掠夺性开发，对野生动植物偷猎滥采，对水、电等能源的大肆浪费，对空气、水、土地的严重污染等行为，在某种程度上是社会公众的生态文化素质低下所致。所以，有必要把生态文化教育融入我们生产、生活的全过程与各方面，包括企事业单位、家庭、城市、农村等。生态文化教育对象涉及每一个人，大到国家领导人小到普通民众，从幼儿园的儿童到敬老院的老人都是教育的对象，当然也包括在我国短期或长期居住的外国公民。总之，只要有人生活的地方就应该开展生态文化教育，必须唤醒每一个社会成员的生态文化意识，让全社会共同关注生态环境问题。

（三）时间的长期性

生态文化教育的长期性主要表现在两个方面。从个人角度来看，生态文化教育是针对全体社会成员开展的一项终身教育，这一实践活动应该贯穿于每个人的生命始终，是一个长期的过程。在不同的年龄段，由于人的认知水平与生活环境不同需要接受不同层次的生态文化，以符合个体身心发展规律和社会现实需求。因为每个人的生命历程在各个阶段都要与社会、环境以及他人发生不同层次与种类的关系。同时，生态文化教育的内容、方式与途径会随着科技进步与人类实践的发展而不断更新，这也是公民必须终身接受生态文化教育的重要原因。从国家角度来看，生态文化教育作为一项政府主导的全系统工程，需要在体制建构、资金调配、法律规范、配套措施等方面进行周密的制度设计，生态文化教育的实施涉及政治、经济、文化及社会的方方面面，涉及工商、行政、企事业单位的各个部门，实施难度和复杂程度都比较大，这就意味着生态文化教育真正步入正轨需要一个较长的时期。目前关于生态文化教育的理论研究尚未达到有效指导实践的程度，还需要专家学者进行较长时间的系统研究，理论研究的成熟需要一定的时间，理论转化为指导人们行为方式的行动指南也需要一个较长的过程。再者，我国人口已超过 14 亿，并且文化程度参差不齐、地区状况千差万别，要在全国范围内把所有社会成员囊括在生态文化教育的对象范围之内，对其进行不同层次的生态文化教育，也是一项长期的浩大工程。

（四）理论的综合性

生态问题已经是一个严重的社会问题，生态文化教育不单单是独立的专业教育，绝非某一学科的任务，需要依赖多领域研究与实践的共同配合。从教育主题来看，生态文化教育首先要涉及教育学科的相关理论，尤其是环境教育学和思想政治教育学。其次，从教育活动的内涵来看，教育是培养人的活动，要取得理想的教育效果，达到教育目的，必须了解人的心理，这意味着开展生态文化教育还要涉及心理学的相关知识，特别是教育心理学和生态心理学的内容。再次，从理论指导来看，有效的教育实践必然要以一定的哲学理论作为方法论，这涉及生态哲学与生态伦理学方面的相关知识。最后，从与生态文化教育直接相关的自然学科来看，对生态科学和环境科学知识的了解与整合必不可少。由此可见，生态文化教育在理论上吸纳、整合了众多学科知识，具有较强的综合性。

（五）双重的实践性

生态文化教育的实践性表现在两个方面，一方面从教育实施的形式与过程来看，教育本身是一项社会实践活动，生态文化教育也不例外，所以，实践性是生态文化教育的本质属性。通过教育实践，将生态文明知识与理念、行为与技能传授给教育对象，从而使其自觉在生产、生活中真正实现生态化变革。实践是生态文化教育最根本的实施途径。马克思曾指出："关于环境和教育起改变作用的唯物主义学说忘记了：环境是由人来改变的，而教育者本人一定是受教育的……环境的改变和人的活动或自我改变一致，只能被看作是合理地并理解为革命的实践。"[1] 另一方面，从生态文化教育的目的与效果评价角度来看，社会成员对生态文明理念的实践程度是检验教育目的、评价教育效果的最终标准。受教育者在何种程度上把环保知识和生态观念贯彻、落实到自己的日常生活与生产活动中，就意味着生态文化教育在何种程度上达到了教育目的。同时，在生态文化教育的评价与反馈环节，其教育实践状况是对前期教育活动落实情况做出客观评判的主要标准。通过对教育实践情况的反馈，总结前期教育活动的经验与不足，进而为下一步更好地开展生态文化教育奠定坚实的基础。

第二节 我国生态文化宣传教育的发展历程与现状

我国生态文化宣传教育从 20 世纪 70 年代初期开始，经历了近 50 年的发展历程，取得了显著成绩，同时也存在着不少问题。系统梳理我国生态文化宣传教育的发展历程，对于我国创新完善生态文化宣传教育机制具有历史启示意义。全面了解我国生态文化宣传教育的发展现状，对于我国有针对性地完善生态文化宣传教育机制具有现实意义。

一、我国生态文化宣传教育的发展历程

我国生态文化教育是在国际环境教育的大背景下展开的，其理念、起步、进程、发展无不受到国际环境教育的影响，而且直接得到国际环境教育项目和组织的支持与帮助。在环境保护的对外合作交流中，随着我国对环境保护认识的不断深化，我国生态文化宣传教育工作大致经历了三个发展阶段。

（一）环境教育阶段（1972—1992 年）

1972 年，我国政府派代表团参加了在瑞典首都斯德哥尔摩召开的首届联合国人类环境会议，在这次具有开创意义的国际环境会议上通过了纲领性文件

---

[1] 《马克思恩格斯文集》（第 1 卷），北京：人民出版社 2009 年版，第 500 页。

《人类环境宣言》。《宣言》强调了关于"环境教育"的十九条原则，其中心思想主要是为了社会的持续进步与人类的长远发展，应当对所有人特别是年轻人实施环境方面的宣传教育，以提高人们的环境保护意识，增强人们在社会发展过程中对自然环境的责任感和使命感。在联合国人类环境会议的影响与带动下，我国第一次全国性环境保护会议于1973年8月在北京召开，根据《人类环境保护宣言》形成的国际共识，结合我国的实际情况，在这次会议上制定了《关于保护和改善环境的若干规定》，这一规定就"大力开展环境保护的科学研究和宣传教育"做出了明确要求，为具体实施环境教育提供了政策导向。这次会议既是我国环境保护事业和环保教育工作起步与发端的主要标志，同时也为我国环境教育的理论研究与实践探索开辟了道路。1984年，国家环保总局专门设立了负责环境宣传和教育的宣教司，其主要职责是对全国环境教育进行综合指导，标志着国家环境教育的组织机构正式建立。1989年新修订的《中华人民共和国环境保护法》第五条针对我国环境教育规定："国家鼓励环境保护科学教育事业的发展，加强环境保护科学技术的研究与开发，提高环境保护科学技术水平，普及环境保护的科学知识。"[1] 自此之后，我国环境教育事业有了强有力的法制保障，环境教育宣传工作走向法治化轨道。此后，在多个重要文件和重大会议中，如《国务院关于进一步加强环境保护工作的决定》（1990年）、第七届全国人民代表大会第四次会议（1991年）等，党和国家都强调了环境教育工作的必要性和重要意义，为我国加强环境教育指明了实践方向。

第一，中小学环境教育日常化。1978年年底，中共中央下发《环境保护工作汇报要点》的通知，其中明确指出："普通中学和小学也要增加环境保护的教学内容。"[2] 1979年下半年，根据国家环境教育科学学会的建议，国家决定将环境教育首先在我国初等教育的幼儿园及中小学进行试点。1980年年初，国务院颁布了《环境教育发展规划（草案）》，提出把环境教育纳入国民教育计划，将环境教育编入教育规划和教学大纲中，要求在各级各类中小学教育教学中融入适当的环境教育内容。为了贯彻落实上述要求，国家教育部门在编纂和出版

---

[1] 国家环境保护总局，中共中央文献研究室：《新时期环境保护重要文献选编》，北京：中央文献出版社，中国环境科学出版社2001年版，第138页。

[2] 国家环境保护总局，中共中央文献研究室：《新时期环境保护重要文献选编》，北京：中央文献出版社，中国环境科学出版社2001年版，第16页。

各级各类教材和教育书籍时，有意识地将环境保护的内容写进教材，例如：小学自然、中学地理及生物等课程中加入了关于我国资源环境现状、环境污染的危害及其防治等方面的内容。20 世纪 80 年代后期，我国教育部门在编订《九年义务制教育全日制小学、初中教学计划》（试行草案）时，要求在全国初等教育的各科教学及课外活动中必须融入生态、能源、环保等方面的内容，同时对教学大纲做了相应的要求，并建议有条件的学校可单独开设课程以及加强环境教育的师资培训工作。1989 年，全国部分省市中小学环境教育座谈会在广东召开，试点学校在会上介绍了经验。这次会议在交流探讨的基础上深化了对中小学生开展环境教育任务、目的及作用的认识，强调中小学环境教育的主要目标是提高教育对象的环境知识水平和环境保护意识，提倡全社会资助中小学环境教育，要求各类教育机构尽可能使学生在轻松愉悦的状态下接受形式多样的环境教育。20 世纪 90 年代初，国家教委颁布《对现行普通高中教学计划的调整意见》，要求普通高中开设有关环境保护方面的选修课程。之后，人民教育出版社编写和出版的《环境保护》被作为高级中学选修课教材①。

第二，高等学校环境教育专业化。在 1973 年首次全国环境保护会议之后，我国做出《关于保护和改善环境的若干决定》，对我国高等教育方面开展环境教育做了说明："有关大专院校要设置环境保护的专业和课程，培养技术人才。"②在该政策精神的指引下，20 世纪 70 年代初，北京大学率先在全国开设高等教育环境专业及课程，标志着我国环境教育开始走向高等教育领域及专业教育领域，开创了环境教育与正规高等教育相结合的先例；清华大学在 1977 年创建了中国第一个环境工程专业；在 1978 年，北京大学和北京师范大学开始招收环境保护专业研究生，这是我国教育史上第一批环保专业研究生；1982 年，北京大学还专门成立了"环境科学中心"，主要负责环境科学研究与教学工作的组织和协调。此后全国各地高校相继成立环境保护专业，"20 世纪 80 年代初，我国已有 30 多所高校总共创设了 20 多个环境保护方面的专业，从专科到本科、硕士，培

---

① 陈丽鸿，孙大勇：《中国生态文明教育理论与实践》，北京：中央编译出版社 2009 年版，第 40 页。
② 中国环境科学研究院环境法研究所，武汉大学环境法研究所：《中华人民共和国环境保护研究文献选编》，北京：法律出版社 1983 年版，第 11 页。

养了大量不同层次的环保专业人才"①。

第三，开展环境保护社会宣传教育。我国早期的环境教育实际上主要是由环保部门直接承担，"我国环境保护是靠宣传起家的"②。将破坏环境引发的污染问题和影响人民群众正常生活的环境问题公布于众，从而提升民众的环保意识，是当时中国的环境保护的主要工作③。书报期刊等大众传媒是向公众传播环保知识、灌输环保理念的重要途径，为了增强环境教育的宣传力度、在全社会普及环境科学知识、唤醒广大民众的环境保护意识，国家相关部门积极创办与环境保护有关的各种报纸、杂志。1973 年，在北京创办了《环境保护》期刊；1978 年，在广州创办了《环境》期刊；1984 年，《中国环境报》在我国正式创立，它是我国第一份环境保护专业性报纸，其内容覆盖世界各国有关环境保护方面的知识与信息，体现了极强的权威性和舆论导向性。这些创办的刊物以及发行的报纸，成为当时我国开展环境宣传教育的主流平台。一些媒体机构，如人民日报社、新华社、中央电视台以及地方电视台等也承担起全国环境保护及教育的宣传普及工作。20 世纪 80 年代初，国家环保领导小组办公室在全国范围内通知各部门各单位，积极开展形式多样的环境保护和宣传活动。在国家的大力号召下，全国各地开展了两次较大规模的"环境教育月"活动。各级政府通过广播、杂志、报纸等多种新闻媒体，以报告、讲座、展览等不同形式，积极开展以环境政策、环境科学知识以及环保法规知识为核心内容的宣传教育活动。

第四，开展环境保护干部培训。1981 年 1 月，全国环境教育工作座谈会在天津召开，会议指出："把培训提高在职干部放在环境教育的首位，作为当务之急来抓。"④ 1981 年 3 月，全国职工教育工作会议明确要求，对环境系统各类人员进行教育和培训的同时，还要通过党校或职工培训的形式对成人加强环境知

---

① 本书编委会：《中国环境保护行政廿年》，北京：中国环境科学出版社 1994 年版，第297 页。

② 熊敏桢：《对我国环境宣传教育能力建设问题的思考》，《海峡科学》，2013 第 6 期。

③ 杜昌建，杨彩菊：《中国生态文明教育研究》，北京：中国社会科学出版社 2018 年版，第 35 页。

④ 国家环境保护局宣教司，教育处：《中国环境教育的理论和实践（1985—1990）》，北京：中国环境科学出版社 1991 年版，第 346 页。

识方面的教育。1981 年 8 月，国家环保总局为了提高在职环保人员的业务素质和水平、促进中国环境保护事业的发展，在河北秦皇岛创建了"环境保护干部学校"。这是专门为提高各级在职领导干部及员工环保素质所开设的研修学校。据统计，截至 1982 年年末，全国共举办 270 期环保管理干部基础培训班，培训13000 人次①。此外，在全国各地的干部培训中，也将环保教育作为培训学习的重要内容。

总之，这一时期，国家环境教育宣传机构的建立，环境教育在各级各类学校教育中的日常化、系统化，都表明我国环境教育在党和国家的重视与推动下正在走向规范化，环境教育的对象范围逐步扩大，环境教育体系初步形成，环境教育的领域逐渐由封闭走向开放。

（二）可持续发展教育阶段（1992—2003 年）

1992 年，具有里程碑意义的联合国环境与发展大会在巴西里约热内卢隆重召开，会议通过了一个纲领性文件《21 世纪议程》，其中彰显了一个创新性的理念，即可持续发展理念。我国代表团参加完在巴西召开的环境与发展大会归国后不久，外交部联合环保总局迅速出台了《关于出席联合国环境与发展大会的情况及有关对策的报告》，1992 年 8 月 10 日中共中央办公厅、国务院办公厅转发了这一报告。报告根据联合国环境与发展大会的精神和指导思想，结合我国当时存在的各种环境问题和国民环境意识状况提出了十项整改方案。其中，第八项指出，要积极开展全民环境教育，强调各级领导干部要充分认识到环境保护的重要性，切实提高关于经济发展与环境问题的综合决断能力。这一报告也成为我国迈向可持续发展道路的首个专门性政策文件。

我国政府于 1994 年正式颁布《中国 21 世纪议程》（全称为《中国 21 世纪议程——中国 21 世纪人口、环境与发展白皮书》），它是世界上首个国家级"21 世纪议程"，也是指导我国实施可持续发展战略的总纲领。其中，第六章提出在教育改革中要加强对受教育者可持续发展思想的灌输，将可持续发展思想贯穿于从初等到高等的整个教育过程中，在小学"自然"、中学"地理"等课程中纳入资源、生态、环境和可持续发展内容；在高等学校普遍开设"发展与

---

① 国家环境保护局宣教司，教育处：《中国环境教育的理论和实践（1985—1990）》，北京：中国环境科学出版社 1991 年版，第 23 页。

环境"课程，设立与可持续发展密切相关的研究生专业，如环境学等；加强文化宣传和科学普及活动，组织编写出版通俗的科普读物，利用报刊、电影、广播等大众传播媒介，进行文化科学宣传和公众教育，举办各种类型的短训班，提高全民的文化科学水平和可持续发展意识，加强可持续发展的伦理道德教育①。20 世纪 90 年代中期，我国制定了《国民经济和社会发展"九五"计划和2010 年远景目标纲要》，其中把"可持续发展与科教兴国"作为未来 10 年国家最为重要的发展战略。2003 年，在《中国 21 世纪初可持续发展行动纲要》中，国务院明确强调："加大投入，积极发展各级各类教育。强化人力资源开发，提高公众参与可持续发展的科学文化素质在基础教育以及高等教育教材中增加关于可持续发展的内容，在中小学开设'科学'课程，在部分高等学校建立一批可持续发展的示范园（区）。利用大众传媒和网络广泛开展国民素质教育和科学普及。加快培育一大批了解和熟悉优生优育、生态环境保护、资源节约、绿色消费等方面基本知识和技能的科研人员、公务人员和志愿者。"②

所谓可持续发展教育，是指"以跨学科活动为特征，以培养学习者的可持续发展意识，增强个人对人类环境与发展相互关系的理解和认识，培养他们分析环境、经济、社会与发展问题以及解决这些问题的能力，树立起可持续发展的态度与价值观"③。

首先，在各级各类学校教育中开展可持续发展教育。在这一阶段，我国中小学可持续发展教育的课程设置，已经形成了以各学科"渗透式"教学为主，单独开设相关课程为辅的可持续发展教育模式。如在化学、生物、语文以及数学等学科中融入了新资源、新能源的开发与利用，尤其是清洁生产、绿色消费观等新内容，在思想品德教育中把环境观、资源观、人口观作为德育的一个新的重点内容。1999 年，人民教育出版社还出版了《中小学可持续发展教育——各学科教学设计指南》，内容涵盖了中小学 17 个学科与进行可持续发展教育的关系、在学科教学中进行可持续发展教育的方法。在高等教育方面，部分综合

① 《中国 21 世纪议程——中国 21 世纪人口、环境与发展白皮书》，北京：中国环境科学出版社 1994 年版，第 34 页。
② 全国推进可持续发展战略领导小组办公室：《中国 21 世纪初可持续发展行动纲要》，北京：中国环境科学出版社 2004 年版，第 14 页。
③ 王民：《可持续发展教育概论》，北京：地质出版社 2006 年版，第 34 页。

大学和师范院校相继建立了资源环境专业，开设相关课程，并着手研究经济发展与资源环境的互动关系等相关课题。2000 年，国家环保总局和教育部联合表彰了全国第一批"绿色学校"。

其次，开展可持续发展理念的社会宣传教育。原国家环境保护局于 1995 年编订了《中国环境保护 21 世纪议程》。文件要求在全社会大力开展以可持续发展为主题的宣传教育活动，"提高全民族对环境保护的认识，实现道德、文化、观念、知识、技能等方面的全面转变，树立可持续发展的新观念，自觉参与、共同承担保护环境、造福后代的责任与义务"[①]。从 2001 年起，国家环保总局与中宣部、国家新闻出版广电总局共同开展了以可持续发展为核心的环境警示教育活动，激发了广大民众重视环境问题、监督环境治理的热情，使人们在生产生活中逐渐认识并开始遵循可持续发展的原则。

总之，相对于环境教育来说，可持续发展教育超越了单纯传授环境保护知识的认识局限性，把生态环境保护与经济社会发展联系起来，立足自然界与人类社会发展的协调发展，使受教育者从实现什么样的发展角度认识环境问题，找到环境恶化的根源，从而为根治环境问题寻求出路。环境恶化在一定程度上是发展带来的负面影响，但是并不是所有的发展都必然导致环境破坏，可持续发展理念所倡导的就是一种兼顾资源环境的良性发展。从"为了环境的教育"转向"为了可持续发展的教育"，把环保意识的普及融入"实现什么样的发展"这个时代课题之中，生态文化教育走向了更宽广的道路。

（三）生态文明教育（2003 年至今）

2002 年，党的十六大报告明确将"生态良好的文明社会"列为"全面建设小康社会"的四大目标之一。生态良好的文明社会的特征是"可持续发展能力不断增强，生态环境得到改善，资源利用效率显著提高，促进人与自然的和谐，推动整个社会走上生产发展、生活富裕、生态良好的文明发展道路"[②]。2007

---

① 国家环境保护局：《中国环境保护 21 世纪议程》，北京：中国环境科学出版社 1995 年版，第 244 页。
② 中共中央文献研究室：《十六大以来重要文献选编（上）》，北京：中央文献出版社 2005 年版，第 15 页。

年，党的十七大报告提出，通过努力要使"生态文明观念在全社会牢固树立"①。2012 年，党的十八大报告进一步把生态文明建设纳入中国特色社会主义建设"五位一体"总体布局，指出，"必须树立尊重自然、顺应自然、保护自然的生态文明理念""要加强生态文明宣传教育，增强全民节约意识、环保意识、生态意识形成合理消费的社会风尚，营造爱护生态环境的良好风气"②。总之，自党的十六大提出生态文明的理念以来，生态文化教育步入生态文明教育阶段。环境保护部、中宣部、中央文明办、教育部、共青团中央、全国妇联联合颁布《全国环境宣传教育行动纲要（2011—2015）》《全国环境宣传教育工作纲要（2016—2020）》，对未来 5 年的环境宣传教育工作做了整体规划，提出了本阶段环境宣传教育工作的目标、原则和措施等，为我国生态文明教育的健康发展指明了方向，规定了任务。

第一，生态文明学校教育不断完善。2003 年，教育部为了更好地贯彻《全国环境宣传教育行动纲要》，正式印发了《中小学环境教育专题教育大纲》。该大纲积极倡导中小学在各学科环境教育的基础上，以专题教育的形式开展环境教育，同时对环境专题教育的教学活动标准、教学内容做了具体规定。2003 年11 月，国家颁布《中小学环境教育实施指南》，对环境教育的特点、性质、内容、过程、目标以及评价等做了详细的说明与规定，为当时全国约 2 亿中小学生接受环境教育提供了直接政策依据。这一重要政策文件"第一次把为了'可持续发展的环境教育'融入正规教育体系，使之成为全国学校课程中不可或缺的组成部分，这意味着当时全国 491300 所中小学近 2 亿的学生均开展了可持续发展教育，这不仅对节约资源与保护环境起到了积极的推动作用，更重要的是它增强了我国青少年建设可持续发展国家的能力和信心，有助于培养他们成长为对环境、对社会有责任心的世界公民"③。在这些重要文件精神的指导下，我国生态文化建设在 21 世纪迎来了发展的新高潮。据统计，截至 2004 年，由环保

---

① 中共中央文献研究室：《十七大以来重要文献选编（上）》，北京：中央文献出版社2009 年版，第 16 页。

② 胡锦涛：《坚定不移沿着中国特色社会主义道路前进为全面建成小康社会而奋斗——在中国共产党第十八次全国代表大会上的报告》，北京：人民出版社 2012 年版，第 39-41 页。

③ 丁玫：《教育部颁布〈中小学环境教育实施指南〉》，《环境教育》，2003 年第 6 期。

和教育主管部门组织编写的中小学环境教育教材、读本和辅导资料已有 50 多种版本，发行 200 多万册，全国有 5 万多所中小学开设了环境教育课程。① 截至 2005 年，在全国共有 200 多所高校开设环境教育专业，在学科专业设置方面已逐渐形成包括本科、硕士、博士在内的多层次的专业门类齐全的一级学科教育体系②，专业设置呈现出以污染控制和生态保护类为主的特征，向社会输送了数以万计的环境科学专业人才，为我国生态文明建设培养了坚实的生力军。党的十八大以来，我国积极推进生态文明教育法律规范建设，一些省、市制定了大中小学生态文明教育推进方案，如天津市教委 2017 年印发《关于进一步加强生态文明教育的实施意见》，要求所有中小学每学年安排生态文明教育不少于 4 课时，高职院校开设《安全与环保》课程不少于 36 学时，高校开设生态环境公共必修课或选修课③，对于实现各级各类学校生态文明教育全覆盖，全面提升生态文明教育的质量和水平具有重大意义和深远影响。

第二，以生态文明为主题的教育基地逐步建立。为更好地配合生态文明教育，2009 年国家林业局、教育部、共青团中央决定开展国家生态文明教育基地创建工作，为生态文明教育在全社会的广泛开展提供实践平台。所谓国家生态文明教育基地，是指具备一定的生态景观或教育资源，能够促进人与自然和谐价值观的形成，教育功能特别显著，经国家林业局、教育部、共青团中央命名的场所，主要是：国家级自然保护区、国家森林公园、国际重要湿地和国家湿地公园、自然博物馆、野生动物园、树木园、植物园，或者具有一定代表意义、一定知名度和影响力的风景名胜区、重要林区、沙区、古树名木园、湿地、野生动物救护繁育单位、鸟类观测站、青少年教育活动基地、文化场馆（设施）等④。比如，广州市以"绿色、生态、教育"为主题，创建了绿田野生态教育中心，在这一教育基地的中心区设有小型环境示范工程、清洁能源模型、展览厅等设施；在生态区设有珍稀濒危植物示范区、无公害有机蔬菜种植等试验基

---

① 刘湘溶：《人与自然的道德话语：环境伦理学的进展与反思》，长沙：湖南师范大学出版社 2004 年版，第 204 页。

② 黄承梁：《生态文明简明知识读本》，北京：中国环境科学出版社 2010 年版，第 287 页。

③ 天津市加强大中小学生态文明教育，http://www.moe.gov.cn/jyb_xwfb/s6192/s222/moe_1733/201711/t20171103_318316.html

④ 杜昌建、杨彩菊：《中国生态文明教育研究》，北京：中国社会科学出版社 2018 年版，第 46 页。

地。再比如北京的南海子麋鹿苑博物馆，它既是一个保护麋鹿的生物多样性研究场所，也是一个以开展自然、历史、文化、生态旅游及环保为主题活动的全国青少年科技教育基地和生态博物馆。在这里设有滥伐林木的结局雕塑、世界灭绝动物公墓等，向人们展示了人类与自然和谐相处的重要性。此外，还有内蒙古自治区库布齐沙漠亿利生态治理区、河南省云台山国家森林公园、河南省平顶山市白龟湖国家湿地公园等，都是国家级生态文明教育基地。这些生态文明教育基地不仅向公众展示了人与自然和谐相处的优美画卷，同时为提高公众特别是青少年的生态文明素质提供了平台。

第三，以生态文明建设为主题的宣传活动广泛开展。社会各界在世界环境日、植树节、爱鸟周、地球日和国际保护臭氧日、世界生物多样性日等纪念日开展各种生态环保宣传活动。每年开展"中华环保世纪行"活动，这项活动由国家环境保护局联合中宣部、教育部等14个部门共同开展，由中央电视台、人民日报社和新华社等28家新闻媒体共同参与，每年基本上围绕着"生态文明建设"这个大主题展开。比如2008年的宣传主题是"节约资源，保护环境"；2009年的宣传主题是"让人民呼吸清新的空气"；2010年的宣传主题是"推进节能减排，发展绿色经济"；2011年的宣传主题是"保护环境，促进发展"；2012年的宣传主题是"科技支撑、依法治理、节约资源、高效利用"；2015年的宣传主题是"治理水污染、保护水环境"等。"中华环保世纪行"活动开展20多年来，对我国资源环境等方面的法律法规的宣传普及起到了积极的推动作用，有力促进了广大干部群众环保意识、节能意识及相关行为能力的提高。我国群众性环保组织发展迅速，截至2012年年底，我国已有近8000个环保民间组织①，他们通过开展各种社会活动向公众宣传生物多样性、低碳生活、循环经济等生态文明理念，以唤醒普通民众的环保意识，倡导国人养成健康、绿色的生活方式。各地生态省、生态县、生态镇蓬勃发展，是向社会公众普及生态、低碳、绿色生活理念的经典案例和生动教材。

二、我国生态文化宣传教育的现状及影响因素

我国生态文化教育自20世纪70年代由环境教育发端以来，经过近50年的

---

① 杜昌建，杨彩菊：《中国生态文明教育研究》，北京：中国社会科学出版社2018年版，第55页。

发展历程，社会公众的生态文化意识显著提高。在日常生活中公众逐渐减少塑料购物袋的使用，积极配合垃圾分类处理；越来越多的城市及企事业单位开展了诸如"双面打印""人走灯灭""少乘电梯""为地球熄灯一小时""少开一天车"等节能环保活动；父母长辈的实际行动无形中感染教育了孩子，为培养青少年良好的生态文化意识营造了教育氛围、树立了学习榜样，这些充分说明了节能环保等文明理念正在为广大民众所普遍接受，并推动他们身体力行积极投身生态文明建设。

但是我们也要看到，我国生态文化教育还存在诸多不足。2013年由环境保护部主办、中国环境文化促进会组织开展了首次全国生态文明意识调查工作，调查运用国际先进的社会调查统计方法，从公众对生态文明的知晓度、认同度和践行度三个方面，设置了13个指标、29个问题，对全国除港澳台、西藏以外的全部省、自治区和直辖市，50个大中城市、城镇及农村进行多层随机抽样，筛选出14977名受访者进行了问卷调查。调查结果显示，公众的总体认同度、知晓度、践行度得分分别为74.8分、48.2分、60.1分。在认同度方面，80.9%的受访者对我国整体的环境状况表示十分担忧，而对雾霾的关注度达到了90.3%，对于饮用水及食物以及放射性污染关注度也都较高，分别为86.8%和69.4%。但是在知晓度方面，受访者对14个有关生态文明知识（包括生态文明、雾霾、生物多样性、能效标识、环境保护法、环境空气质量标准、野生动物保护法、环境影响评价制度、排污收费制度、环境信息公开制度、白色污染、世界环境日、PM2.5、环境问题举报电话）的平均知晓数量为9.7项，其中对14个知识均知晓的仅占1.8%。我国公众生态文明理念的践行度也不理想。这表明我国公众生态文化意识呈现"高认同、低认知、践行度不够"的特点。同时，这一调查还反映了我国生态文化知识的普及度不高，呈现"了解率较高、准确率较低"的特点，如只有46.3%的公众能准确说出"世界环境日"；45.5%的公众知道"环境问题举报电话"；"PM2.5"的准确率仅为15.9%①。显然，我国社会公众的生态文化素质还不能适应推进生态文明、建设美丽中国的需要，这其中有一些客观原因，如我国人口数量的庞大性、人口结构的复杂性、地域发

---

① 环境保护部宣传教育司：《全国公众生态文明意识调查研究报告（2013年）》，北京：中国环境出版社2015年版，第30—32页。

展的不平衡性等增加了生态文化教育宣传的难度，但更主要的是我国生态文化宣传教育还存在亟待深化完善的现实因素。

（一）生态文化宣传教育机制缺乏顶层设计

生态文化教育是一项覆盖全社会、涉及每个社会成员的系统工程，这一庞大工程的有效实施需要国家的顶层制度设计和保障其运行的体制机制。目前我国还没有形成一套指导生态文化教育有效实施的整体规划，生态文化教育的机构设置、隶属关系、职责权益划分等方面国家还没有明确规定。我国生态文化教育的管理体制与运行机制的不完善，导致的结果就是，尽管党和国家一再强调要加强生态文化宣传教育，在全社会牢固树立生态文明观念，但是部分政府职能部门及企事业单位对待生态文化教育的态度是"说起来重要、做起来次要、忙起来不要"，保障生态文化教育宣传落实的相关政策规章往往是"写在纸上、贴在墙上、挂在网上"；在学校教育中专门开设生态文化教育课程的还很少，高校尚未把基础的生态文化教育课程列为所有大学生必修的公共课，或者少数学校开设了相关课程，但并未纳入教学考核体系，生态文化教育课程经常被其他课程挤占，因此生态文化教育大都流于形式。对于如何划定教育、宣传与环保等部门的职责范围，是否需要成立管理生态文化教育的专门机构，以及生态文化教育实施的法制保障、资金保障与队伍保障等诸多具体运行机制亟须国家有关部门从顶层制度设计的高度进行完善。

（二）生态文化宣传教育投入不足

尽管国家一再强调要"始终坚持把教育摆在优先发展的位置"，要大力实施"科教兴国、人才强国"战略，但是，我国教育投入占 GDP 的比例直到 2012 年才刚突破 4%，而美国、日本、法国、英国等发达国家平均水平在 2000 年就已达到 4.8%，古巴、约旦、哥伦比亚等中低收入国家的平均水平在同期已高达5.6%。① 国家整体教育投入的不足必然造成生态文化教育的经费紧张，没有充足的教育经费，各方面工作难以顺利开展。地方政府与相关部门对生态文化教育的重视与投入就更加薄弱了。《全国环境宣传教育行动纲要（1996—2010）》中提到，"有的地方对宣传教育在环保工作和整个宣传教育事业中的地位和作用

---

① 陈纯槼，郐庭瑾：《世界主要国家教育经费投入规模与配置结构》，《中国高教研究》，2017 年第 11 期。

认识不足，机构不健全、关系没理顺、投入不足等问题依然存在，不同程度上影响着队伍的稳定，制约着宣传教育工作的深入开展"①。由于投入经费的不足，生态文化教育基础设施建设相对滞后，全国很多学校缺少供学生操作、演练的实验室和先进的教学器材，不少生态文化教育基地建设不完善。特别是在经济较为落后的山区和农村，几乎没有任何开展生态文化教育的公共设施，有些地方甚至没有像样的宣传栏。基础设施建设的滞后在很大程度上影响了生态文化教育的发展与成效。

（三）生态文化宣传教育重"授业"轻"传道"

学校教育是生态文化教育的主阵地、主渠道，但当前我国学校教育在生态文化教育方面存在重知识灌输而轻素质培养的倾向，突出体现为单一的生态文化知识教育和生态危机教育，即使是环境学科教育也主要是自然科学层面的知识灌输、专业技能培养，重点向学生讲授环境、资源、生态等的自然属性及物理意义，而很少涉及人与自然关系及生态价值观的培养。社会生态文化宣传也更多的是体现在让社会公众对生态文化"知"的层面，甚至大多停留在地球日、爱鸟周、世界环境日等特殊的日子以"拉拉条幅，喊喊口号"为主的舆论宣传。这样做虽然具有一定的宣传教育意义，却没有从根本上挖掘生态文化教育的灵魂，没有完全将生态文化教育融入人文素质教育中，更未从人类文明永续发展的高度去审视生态问题。忽视了树立正确生态价值观的重要性，使生态文化教育的实效性大打折扣。生态文化教育的落脚点不仅仅是让学生掌握一些生态环保方面的知识，更重要的是培养学生的生态文化意识、态度、技能并最终形成相应的行为习惯。因此，我们的教育特别是生态文化教育必须超越技术和知识教授层次，提升至生态价值观和环境伦理的高度，强化道德和价值对生态文化教育的基础和指导作用②。

同时，在学校教育的知识灌输中，占主导地位的仍是传统的课堂讲授法，其他方法运用较少。讲授法是学习必不可少的一种方法，它在传授知识方面具有优越性，但讲授法对学生来说是被动地接受知识，实践性和参与性严重不足。

①　国家环境保护局办公室：《环境保护文件选编（1996）》，北京：中国环境科学出版社1998年版，第283页。

②　崔建霞：《公民环境教育新论》，济南：山东大学出版社2009年版，第46页。

从生态文化教育本身固有的实践性、跨学科性和参与性等特点来看，要取得良好的教育效果，也必然要求其教育形式多样化，教学方法更加开放化。德国环境教育协会和教师培训中心的赫尔曼教授研究发现：在学校传授的环境知识，大约只有10%可以转化成环境意识，而环境意识和对环境友好的行为之间也只有约10%的转化率。据此他认为，更多地传授知识并不一定意味着行为的改变，知识到行动只有1%的转化率。什么才是从知识到行动的有效方法呢？阅读可以转化10%，通过听可以转化20%，边听边看可转化30%，讨论可转化50%~60%，动手去做可以转化75%，向别人讲述可以转化90%[①]。因此，生态文化教育必须重视教学方法的开发，采用讲授、视听、案例讨论、演讲和实践参与等多种教育教学方法，其中最重要的是从受教育者身边能见到、可感知的事物入手，因地制宜为受教育者提供生态文化教育活动的基础设施、环境场所和实践机会，让教育对象亲自参与其中，帮助教育对象把生态文化认知转化为生态意识和实际行动。

（四）生态文化宣传教育的专业性力量严重不足

一支师德高尚、数量充足、业务精湛的教师队伍是办好教育的关键。只有在教师的正确引导下，知识的教育价值才能纳入学生的认知结构中，形成一定的价值观念、知识能力和行为习惯。生态文化教育内容的选择、教学方法的运用、整个教学过程的调节和控制都无不依赖于教师。因此，教师对学生生态文明意识的提高和相关行为能力的养成具有不可替代的作用，教师生态文化素质和教学能力的高低直接影响生态文化教育工作的成效。正如世界环境与发展委员会的主席布伦兰特夫人在1987年指出的，教师在协助实现全面的社会转变，谋求可持续发展方面，扮演着一个关键的角色[②]。由于全体社会成员均应是生态文化教育的对象，全国十几亿人口需要通过不同的途径接受生态文化教育，这需要大量的师资队伍，而我国生态文化教育起步晚、发展还不成熟也造成了当前师资力量紧缺的现状。目前，我国学校生态文化教育工作主要依靠物理、化学、生物、地理、自然等学科的教师兼任，而生态文化教育的专业教师仅能满足部分高等教育的农林、资源环境学院的需要。从教师队伍的专业性而言，

---

① 崔建霞：《公民环境教育新论》，济南：山东大学出版社2009年版，第51-52页。

② 崔建霞：《公民环境教育新论》，济南：山东大学出版社2009年版，第50页。

尽管在中小学从事生态文化教育的教师大多数接受过相关培训，但他们缺乏生态环境知识及生态价值观等方面的专业知识，教学中往往局限于物理、自然、地理等学科教育内容，而把生态文化伦理、绿色发展理念等生态文化教育的核心价值观仅仅作为教学的附加内容，且多数是生搬硬套或者照本宣科，难以获得预期的教育效果。至于企事业单位生态文化教育的师资力量、社会生态文化宣传的队伍就更为薄弱了。

除了以上因素以外，市场经济的负面影响和某些西方消极价值观的滋生蔓延，如享乐主义、拜金主义、超前消费等，以及我国传统社会长期形成的陈俗陋习，如爱面子、讲派头等，带坏了社会风气，也对我国生态文化宣传教育成效具有一定程度的冲击。

第三节　我国生态文化宣传教育的现实途径

生态文化教育的最终目标是使生态文明理念融入社会的每个角落，培养适应时代发展的生态公民。这一目标的实现需要建构一系列保障其落实的体制机制，同时在具体实施生态文化教育的过程中要遵循一定的原则。通过上一节分析我国生态文化宣传教育的现状及产生问题的具体原因，著者提出我国有效开展生态文化宣传教育的现实途径。

一、开展生态文化教育的顶层设计

生态文化教育是关系到社会可持续发展和人类文明发展的长远大计，表现出强烈的公共性、整体性和长远性。政府必须对生态文化教育进行宏观的顶层设计，发挥政府的主导作用。"顶层设计"原是一个系统工程学的概念，就是运用系统论的方法，从全局的角度，对某项任务或者某个项目的各方面、各层次、各要素进行统筹规划，以集中有效资源，高效快捷地实现目标。2011年，我国"十二五"规划中首次提出，要重视改革顶层设计和总体规划，为科学发展提供有力保障。这里的顶层设计是指国家面对改革发展中的重大问题，统揽全局，追根溯源，在最高战略层次上明确方向，寻求问题的根本解决之道。近年来，顶层设计成为政府统筹内外政策和制定国家发展战略的重要策略。所谓生态文化教育的顶层设计，就是对生态文化教育的实施提出整体思路和框架，以此作为规范各类具体政策的标准和依据，确保生态文化教育的顺利推进。

（一）建立生态文化教育的法制保障

我国真正意义上的生态文化教育是 21 世纪初随着国家对生态文明的重视才发展起来的。由于起步晚，当前我国生态文化教育在各个方面还不系统、不规范，各地生态文化教育较为随意或可有可无。这与我国在生态文化教育方面的法律缺位不无关系。法律具有权威性、强制性特点，国家建立相关法律法规，使生态文化教育的要求、目标、政策、队伍等有章可循，使之成为各级政府工作的重要内容，有助于尽快使生态文化教育走入规范化轨道。目前，我国不少地方政府已经开始结合当地实际情况，制定了有关生态文化教育的相关政策和条例，如 2011 年 12 月宁夏回族自治区出台了《宁夏回族自治区环境教育条例》，2012 年 9 月天津市制定了《天津市环境教育条例》等。这些地方性法规的颁布与实施，为制定国家层面的生态文化教育法提供了一定的实践经验和理论参考。著者认为，我国生态文化教育法律法规的制定应该突出以下几个方面的内容：第一，明确生态文化教育的管理体制与运行机制，划定教育、宣传与环保等部门的职责范围，必要时可成立诸如生态文化教育委员会的专门机构；第二，明确生态文化教育经费的来源保障和分配机制；第三，明确要求初等教育、中等教育、高等教育、继续教育将生态文化教育纳入必修教学体系，明确各级学校生态文化教育的基本课时、教学内容、考核要求等，因为学校教育具有组织性、系统性的特点，应该作为生态文化教育的主渠道，在法律层面赋予学校生态文化教育的义务，这是落实我国生态文化教育的基本保障，必要时可制定专门的学校生态文化教育法；第四，明确政府部门、学校、教师、学生、家长、社会公众等不同主体有关生态文化教育的义务和权利，制定具体的可量化、可操作性的惩罚条款。

（二）建立生态文化教育的资金保障

经济基础决定上层建筑，生态文化教育作为国家上层建筑的组成部分，它的实施同样需要经济基础作保障。如果不考虑资金问题，没有必需的教育经费，生态文化教育实践就难以推行。鉴于生态文化教育的全民性与公益性，政府必须在教育投资与基础设施建设上担当主体角色，为此，国家要设立生态文化宣传教育的专项资金，将生态文化宣传教育经费纳入年度财政预算予以保障，并建立生态文化宣传教育经费稳定增长制度，以为生态文化教育工作的顺利开展提供充足的资金来源。按照分级负责、分级投入的原则，明确中央政府和地方政府生态文化教育资金的投入比例，促进各地政府积极探索生态文化教育的资金投入机制，加快当地生态文化宣传教育发展，特别要保证学校生态文化教育优先发展。要充分调动社会力量，拓展社会资源进入生态文化宣教的途径，多渠道增加社会融资。比如，充分调动企业对生态文化教育投资的积极性，使其认识到在投资生态文化教育事业发展的同时，可以实现自身的社会效益与生态效益，而良好的社会效益不仅可以转变为现实的经济效益，而且是企业一笔长期的无形资产。再比如，广泛吸纳社会人士的捐助资金，充分利用国际环保基金会等环保组织提供的援助也是生态文化教育资金筹集的重要来源。

（三）建立生态文化教育的队伍保障

对任何一种教育活动而言，教育者的水平都在很大程度上决定了教育效果的优劣。造就一大批具有广博的生态知识、开阔的生态视野和高尚的生态情怀的教师队伍是有效开展生态文化教育的重要保证。首次，对现有学校教师开展生态文化教育培训。国家制订生态文化教育师资培训计划，明确培训的重点对象，比如大中小学校的思想政治课教师，分批次、有重点地开展师资培训，可以先培训骨干教师，然后再通过骨干教师培训普通教师；在培训内容方面要把学习知识与实践培训相结合，在向教师们进行生态科学等基础知识传授的同时，要有计划地组织接受培训的教师参观生态园、环保企业等，使其从实践中树立热爱自然、关心环境的生态价值观，把握在现实生活中有效开展环境保护的实践要求，从而更加生动具体地向学生传递生态文化行为准则。同时，要建立健全生态文化教育资料库，把有关生态文化教育的影像资料、图书、调查数据等收集归类，供广大教师学习参考。其次，壮大生态文化教育的后备师资队伍。要采取多种方式与渠道扩充生态文化教师队伍，特别是要充分发挥高校培养教师人才的优势，在高等教育中广泛开设生态学、生物学、环境教育学等方面的课程，尤其是在师范类院校要大力培养生态文化教育所需的教师人才。最后，建立生态文化教育理论研究队伍。没有理论的实践是盲目的，生态文化教育只有在科学理论的指导下才能以正确的教育方法和系统的教育内容有效开展。国家应该组织专家研究生态文化教育的体制机制建构，从总体上部署生态文化教育的实施方案。同时，鼓励各生态环境研究院所、生态文明研究中心和全国各高校等科研单位大力开展有关生态文化教育内容、方法、原则、途径等方面的理论研究，为生态文化教育在全社会的有效实施提供科学的理论支撑。

二、加强改进学校生态文化教育

青少年是生态文化教育的重点人群，他们思想活跃、精力旺盛，对新事物和新理念接受的速度比较快，同时他们通过网络和社会活动等方式把生态环保与可持续发展理念向家庭、社会辐射。根据欧洲经济合作与发展组织的环境教育报告，2~16岁是环境意识形成的关键时期。英国环境教育专家帕尔默1993年曾对影响英国公民积极参与保护环境的各种因素进行调查，发现"少年时期的活动"是第一位的①。学校是青少年成长学习的主要场所，加强改进学校生态文化教育，培育青少年生态文明素质，直接关系到整个社会生态文化建设的质量和成就。同时，学校教育相比社会宣传和家庭教育，具有无可比拟的突出优势，主要体现在专业性、系统性、组织性等方面。就专业性而言，学校是专门实施教育的场所，有专职教育管理人员和各种适于实施生态文化教育的设施、设备、资料及较完备的管理制度和各种现代化教学手段，如投影仪、显微镜大型实验室、实训基地等。就系统性而言，学校生态文化教育的教学内容、教学大纲、教学目标和组织形式等均是国家教育部门经过专家学者的研究论证之后，依据不同年龄的青少年学生认知特点，有计划有目的地开展实施，具有连贯性。就组织性而言，学校是严密的规范组织，幼儿园、小学、中学、大学把不同年龄段的教育对象组织在一起，根据其接受能力与知识基础，在规定的时间和地点，由专门的老师按照教学大纲和教学计划有序开展，并且有对学生学习情况的考试考核，对教育教学的反馈评价等。无疑，这些方面都是学校生态文化教育的独特优势所在。

（一）开展生态文化的课堂教学

课堂教学是学校生态文化教育的主要方式和手段。当前我国学校教育中仅

①　刘春元、李艳梅：《生态文明的理论与实践》，北京：中国商务出版社2010年版，第134页。

有个别省份在中小学开设了生态文化教育课程，且所使用的教材均为各省自行编制的科普型读物。针对这一状况，首先需要国家根据各阶段学生学习的特点和接受能力编写一套统一的生态文化教育教材，教材在内容上应该由浅入深、由简单到复杂、由基础到专业，体现层次性，然后再配以课外读物，使整个生态文化教育内容形成完整的体系。这样才可以把生态文化知识单独列出来，以必修课的方式在小学、中学直至大学进行普及。比如，对于中小学生来说，主要是通过图片及影音资料向他们讲述自然环境的演化历程，使其了解由于人类的不当行为造成的环境危机、资源危机和多种动植物濒临灭绝的现状，认识现代环境问题的严重性和紧迫感，并教会学生正确开展保护环境和节约资源的日常生活技能。对于高等院校学生来说，主要是开设环境伦理、环境哲学、环境影响评价、环境公众参与等专业课程，让学生形成深入思考人与自然关系的思维方式，主动积极参与社会中与环境相关的公共决策、环保公益活动等。同时，在各专业学科的教学中，教师要通过深度挖掘与生态环境科学有关的教学内容，结合学科教学进行生态文化教育。这不仅使生态文化教育在各学科的专业教学中得到深化，而且也丰富了本学科自身的内容。

（二）开展课外教学实践

环境保护具有明显的实践性特征，生态文化教育不只限于教育对象对知识的掌握与否，还应该看到他们是否掌握了必要的技能，是否把知识和技能转化为个人的实际行动。课外实践可以巩固和检验学生在课堂所学生态文化知识的牢靠程度，更可加深他们在知、情、意、行等环节上的切身的生态情感体验，从而内化为个人自觉践行的价值理念。对初等教育的学生群体来讲，学校可以利用当地资源和便利条件，组织带领学生到污水处理厂、环境监测站、环保科研单位、植物园、动物园、科技馆进行实地参观，组织中小学生到自然保护区、森林公园以及原野农田等与自然近距离接触，让学生相互交流心得体会，加深他们对人与自然关系的理解；也可以组织学生参加与日常生活息息相关的环保主题公益活动，如节约水电、垃圾分类、回收废电池、植树造林等，引导他们与公益性环保组织进行合作，共同开展面向社会以节约资源、拒绝污染为主题的生态文化教育宣讲及实践活动。这样在提升了自身生态文明素质的同时也服务了社会。对于高等教育学生群体来说，各高校应该积极倡导大学生针对现实中比较突出的某一具体环境、资源问题进行实地调研，充分运用自己所学的专业知识从不同角度对某一地区某一时间段的环境污染情况或资源供给现状进行数据处理分析，努力探索解决现实问题的方案，以增强大学生对生态环境问题的危机感和建设美丽中国的使命感。

（三）开展校园生态文化建设

一个人的生活环境对其具有潜移默化的熏陶与影响作用。校园是学生生活学习的主要场所，学生群体每年约有 70% 的时间是在学校中度过的，因此，校园文化建设也是生态文化教育的重要载体，是向学生传播生态文明理念、熏陶学生热爱自然、保护环境的重要渠道。美丽、清洁的校园环境本身就是一本极富生态文化教育意义的立体教材，错落有致的花草树木、水清鱼游的湖光桥影赏心悦目，会让人油然而生对自然、对生命的热爱之情，学生还可以从中体验到校园环境的审美价值，促使其形成正确的审美意识和审美情趣，使生态文化内化为他们内心的道德情操，达到润物无声的效果，这种教育意义在某种程度上不亚于向学生灌输保护环境、节约资源的思想。校园文化包括校风学风、校容校貌、学生社团，以及校园内的舆论导向、学术氛围、道德风尚、文化娱乐、师生关系等。开展校园文化建设可以鼓励学生参与校园环境的建设和维护，引导学生有计划地开展班级和学校图片展览、板报制作、墙面设计等活动，弘扬古今中外积极的生态思想；在"世界环境日""世界水日""地球日""戒烟日""植树节""爱鸟周"等特殊纪念日，组织相关的短剧、演讲、辩论赛等形式多样的文化活动，进行生态环境知识科普宣传；组建学校环保社团，有计划地开展环保宣传教育活动，不仅对生态文明理念在全社会的普及起到积极的推动作用，而且可以加深学生自身对生态环保的认识，锻炼其社会实践能力，具有主动自我教育的现实意义；在学校图书馆专门开设环境保护专栏，为学生提供与生态环保有关的书籍刊物、影音资料，为学生了解现代社会的生态环境问题提供条件；有条件的学校可以聘请校外专家学者就某个环境问题开设生态环保专题讲座，比如野生动物保护、酸雨、土地沙化、海洋污染、全球变暖、热带雨林面积缩减、臭氧层被破坏、人口剧增以及极端城市化等，让学生明白这些问题的形成原因及其影响，促使学生增长见识、了解学术前沿，激发学生树立为解决人类环境问题而学习探索的科学理想。

三、开展生态文化的社会宣传教育

社会宣传教育主要是综合运用媒体宣传、活动宣传和文艺演出等多种方式，以群众喜闻乐见的形式向公众传播生态文化知识、灌输生态文明理念。如：利用互联网、手机、报纸、电视、广播等大众媒介的社会宣传功能，开设生态文化教育专栏，定期为人们进行环境、资源、生态等方面的知识宣传；在报纸、期刊上设置生态文化教育板块，征集刊登与生态文化相关的优秀作品、摄影作品；可以拍摄生态文化专题宣传片、微电影、公益广告，并将其投放到网络以及各大电视台，包括出租车、公交车中的移动电视节目中，增强生态文明理念在全社会的传播力度；利用展览馆、文化馆、美术馆等科普场所，开展生态文化主题教育活动，如"绿色出行""低碳生活"科普展览、生态文明科普大讲堂；在公共场所通过图片、宣传栏及户外 LED 宣传屏等普及宣传日常生活中与居民密切相关的生态环保知识；开展"生态文化下乡"活动，以贴近农民的语言方式向农民传播生态文明理念；在政府、企业、学校、乡镇等网站、微信和微博等平台增设生态文化宣传专栏，并增设网民意见反馈窗口，发挥新兴媒体高速高效和共享共用的优势，构建以报刊与数字新媒体相融合的全方位、立体化、多样化的宣传报道格局。

值得一提的是，生态文化教育的对象是全体社会成员，个体公民由于知识水平、年龄特征、经济状况与文化背景的不同，其自身生态文明素质与实践能力差距较大，具有各自的特殊性。从年龄阶段看，中小学生、大学生、成年人和老年人的生态文化教育内容具有差异性；从地域角度来看，老少边穷地区、一般发展地区和相对发达地区公民的生态文化素质有所不同；从身份职业来看，领导干部、企业高管、工人、农民的思维方式和生活习惯等也不尽相同。因此，开展生态文化社会宣传教育的方式方法的选择和应用不能搞"一刀切"，必须针对各个群体的不同特点因地制宜、因材施教，以期达到理想的教育效果。

（一）注意生态文化社会宣传的区域差异性

我国疆土广阔，各区域的生态环境与自然资源迥异，文化习俗与教育状况不一，经济发展水平也差别较大，因而各个区域表现出来的生态问题具有很大的差异性、地域性。因此生态文化宣传要在国家的整体规划下，结合当地的经济文化状况与当地的生态环境特点，依据生态环境的"本土化"建设，制订有针对性的宣传方案，防止宣传教育流于形式、浮在表面。比如，不同的地区存在的主要生态环境问题有所不同，发达地区的生态问题一般表现为城市水资源、空气污染以及由高速发展的工业所造成的各种现代性危机；落后地区的生态问题则表现为湿地面积缩小，草原退化，水土流失引起严重的沙尘暴、土地荒漠化，生物多样性减少等。从本地区存在的突出环境问题出发，开展专题宣传教育，更容易让人们为解决困扰其生活的生态难题而主动接受生态文明理念。再比如，从经济发展水平来看，发达地区经济与文化的发展速度快、水平高，与国外联系较多，生态文化教育可以紧跟国外的最新动态，注重引进、吸收生态环境治理与教育方面的新理念、新知识。经济落后地区的文化、社会等方面的发展受到客观条件制约，生态文化教育水平也相对较低。目前，全国总人口中还有一定比例的文盲、半文盲，且大部分集中在落后地区。对于落后地区的生态文化宣传应该以与人们生产生活息息相关的节能环保活动为主，使人们首先明白什么是"低碳、环保、节能"等基本生态文化知识，逐步养成清洁卫生、节能环保的生活习惯。

（二）注意生态文化社会宣传的群体差异性

各个群体的文化素质及其承担的社会职责各异，在生态文化建设中的作用不尽相同，因此生态文化社会宣传教育要针对不同对象采取不同方式，做好不同人群的宣传工作，其中重点要对以下三类群体开展生态文化教育。一是青少年学生。上一节已经详细说明，这里不再赘述。

二是领导干部。各级党政领导干部是区域经济社会发展的决策者和生态文明建设的引领者。习近平指出，"实践证明，生态环境保护能否落到实处，关键在领导干部。一些重大生态环境事件背后，都有领导干部不负责任、不作为的问题，都有一些地方环保意识不强、履职不到位、执行不严格的问题，都有环保有关部门执法监督作用发挥不到位、强制力不够的问题"①。只有领导层自身能够深刻认识到生态文明的重要性，才能够重视和支持各单位各部门生态文化教育工作的开展。抓好党政领导干部的生态文化教育，要将生态文化内容纳入

---

① 中共中央文献研究室：《习近平关于社会主义生态文明建设论述摘编》，北京：中央文献出版社 2017 年版，第 110 页。

干部培训机构的教学计划，建立领导干部生态文化学习培训制度，分批次、分层次对各级领导干部定期进行相关知识与理念的宣传培训，宣传好中央关于生态文明建设和体制改革的精神，宣传好环境保护"党政同责""终身追责"等重要内容，提高"关键少数"保护环境的责任意识，牢固树立生态红线的观念。把领导干部的生态文化素质与生态文明政绩列入干部考核的范围之中，积极推行"逆生态发展"考核一票否决制。通过媒体在全社会树立生态文化高素质干部标兵，为各级领导干部营造良好的学习舆论氛围，鼓励各级领导干部通过自我学习与向典型学习相结合的方式提高自身素质。

三是企业负责人。企业负责人是企业产业结构转型、生产方式转变的决策者和组织者，企业领导层的指导思想与发展理念在很大程度上决定了企业的发展方向及其社会价值取向，直接关系着绿色低碳、循环发展的践行和创新。对于这类群体的生态文化教育，主要是围绕国家大气、水土、重金属、化学物污染防治规划、环保督察等内容，突出实用性和针对性，进行技术指南和政策制度的详细解读以及典型案例分析及启示等方面内容的讲解，使企业负责人准确把握当前环境形势、突出环境治理重点、努力提高政策水平和解决实际问题的能力，履行企业的生态责任，形成企业生态文化的内在自觉，积极研发和采用资源节约型和环境友好型科技，坚定走绿色发展道路的决心和信心，助力国家打好污染防治攻坚战、打赢蓝天保卫战。此外，还要抓好其他社会群体的生态文化教育，如面向妇女开展环保科普宣传培训；强化村民环境卫生意识，提升村民参与人居环境整治的自觉性、积极性。

（三）注意以个体公民的利益需要为切入点开展宣传教育

人是有各种各样需求的高级动物，马克思指出："在现实世界中，个人有许多需要。""他们的需要即他们的本性。"人们内心的需求体现为利益。马克思说："人们的奋斗所争取的一切，都同他们的利益有关。"霍尔巴赫也说过，"利益是人类行动的一切动力"，利益是一切社会关系的首要问题。探究和把握人们行为背后的利益动机，成为管理学和心理学建立激励机制的基本逻辑。故此，生态文化教育若能结合个体公民的现实需求，使生态文化教育成为社会成员追求利益的手段和途径，就能驱使社会成员出于某种利益而自觉接受生态文化教育，自觉爱护环境、节约资源，甚至主动探索学习生态知识，达到事半功倍的效果。比如，对农民来说，农产品能在市场上卖个好价钱是其主要的利益目标，农村生态文化教育就要侧重于宣传保持土壤肥力、降低农产品药物残留、农村废弃资源循环利用对于农民减少成本、创收增收的现实意义，使农民主动开展生态农业生产实践，在获得实惠的同时，保护了农村生态环境，也为社会奉献了绿色无公害的农产品。对于企业经营管理者来说，追求企业利润最大化是其价值目标，那么，企业生态文化教育就要侧重于宣传循环经济、清洁生产等方面的科技知识、法律法规和国家政策，促使企业从节约能源成本、获得财税支持、扩大企业声誉等经济效益和社会效益出发，主动改进技术和管理，开展绿色生产实践，从而实现整个社会的生态效益。对于家庭妇女和老年人来说，生态文化教育可以抓住他们节约家庭开支的心理，通过多媒体或者宣传栏推广家庭节电、节水技术常识，促使广大市民养成节约资源的习惯。

生态文化教育还可以利用一定时期表现出来的社会热点问题，敏锐地抓住这一时期人们的思想状况，紧密联系这一话题与人们日常生活息息相关的生态角度，通过联系他们的切身体验，促使他们真正认识到生态环境问题的严重性与重要性，加深其对生态文明理念的认同。如近年来雾霾天气严重影响中老年人和患有呼吸道疾病的人的正常生活，生态文化教育可以通过电视、报纸、讲座的形式向社会公众讲授雾霾的成因与防治技巧，倡导公众绿色出行，尽量减少碳排放。野生动物是维系自然生态平衡的重要组成部分，人类肆意捕杀野生动物，扰乱了自然秩序，违反了食物链规律，不得不自食其果。因此，尊重自然就是尊重人类自己，要自觉爱护包括野生动物在内的所有自然生物及其栖息环境，形成健康的生活方式和文明的社会风尚。

马斯洛的需求层次理论认为，人的需求从低到高分为生理需求、安全需求、归属与爱的需求、尊重需求和自我实现的需求。每个人都十分重视他人对自己的看法，希望得到社会的高度评价。因此，生态文化教育除了要联系社会成员的日常生活需求，还要建立精神激励机制，激发社会成员从社会尊重和自我实现的角度主动践行生态文明理念。那么，如何建立生态文化教育的精神激励机制呢？美国著名心理学家班杜拉认为，学习不仅发生在直接教育中，"我们也能通过看、读或听说别人怎样行动来学习"①，榜样的出现给个体提供了参照的标准，促使个体树立奋斗目标，激发内部动力，改进学习行为。因此，榜样教育是生态文化社会宣传教育的重要手段，对于社会中涌现出来的"绿色英雄""环保大使"，如用镜头记录青藏高原野生动物、行走大江南北做环保公益讲座的生态环保摄影家葛玉修；践行循环经济，以建筑垃圾处理和再生为事业，高调做慈善回报社会的企业家陈光标；35年如一日，义务保护和救助天鹅，书写人与动物和谐相处美好诗篇的普通农民袁学顺；用音乐赞美自然，用歌声倡导环保，用爱心回报家乡的歌唱家韩红等，这些好典型、好榜样对广大群众来说，是非常现实直观的教育和引导，并使生态文化教育更具有说服力和感染力。国家和社会应该对这些公益行为给予充分的肯定与鼓励，用于激励更多的人从事生态文明理念的传播与践行。这里需要强调的是，无论是个人或集体典型，塑造呈现出的榜样形象，都应该具有可学性、易辨性、可信任、吸引力等基本特征，这是榜样示范法的科学基础。生态文化的榜样宣传教育要精心策划宣传材料和宣传活动，形成宣传冲击力和感染力，但是不能任意抬高、夸大其词，使榜样成为高、大、全的完人形象，成为普通群众不可企望的精神神话，失去了追赶学习的动力，这也就丧失了榜样的示范价值。比较有效的是，树立群众身边的平民环保榜样，如在美丽村庄建设、城市绿化、沙漠化治理中的先进典型，让榜样人物以现身说法的方式进行宣传教育，形成"示范一个，带动一块，影响一片"的宣传效应。

除了正面引导以外，生态文化社会宣传还要追踪报道人民群众广为关注的雾霾、核电、化工、垃圾、辐射、水污染、土壤污染等热点、焦点问题，曝光各类违法案例和浪费行为，通过反面典型震慑和警示社会公众，让抱有侥幸心理的企业和个人打消偷排偷放、捕杀野生动物等破坏生态环境的念头。

---

① 罗伯特·斯腾伯格，温迪·威廉姆斯：《教育心理学》，张厚粲译. 北京：中国轻工业出版社2003年版，第217页。

参考文献

[1]《马克思恩格斯全集》（第三卷），北京：人民出版社 2002 年版。

[2]《马克思恩格斯文集》（第一卷），北京：人民出版社 2009 年版。

[3]《马克思恩格斯文集》（第二卷），北京：人民出版社 2009 年版。

[4]《马克思恩格斯文集》（第五卷），北京：人民出版社 2009 年版。

[5]《马克思恩格斯文集》（第八卷），北京：人民出版社 2009 年版。

[6]《马克思恩格斯文集》（第九卷），北京：人民出版社 2009 年版。

[7]《马克思恩格斯文集》（第十卷），北京：人民出版社 2009 年版。

[8]《列宁选集》（第二卷），北京：人民出版社 1972 年版。

[9]《毛泽东文集》（第三卷），北京：人民出版社 1996 年版。

[10]《毛泽东文集》（第七卷），北京：人民出版社 1999 年版。

[11]《毛泽东选集》（第二卷），北京：人民出版社 1991 年版。

[12] 中共中央文献研究室：《毛泽东著作专题摘编》（下），北京：中央文献出版社 2003 年版。

[13]《邓小平文选》（第二卷），北京：人民出版社 1994 年版。

[14]《邓小平文选》（第三卷），北京：人民出版社 1993 年版。

[15]《江泽民文选》（第一卷），北京：人民出版社 2006 年版。

[16]《江泽民文选》（第二卷），北京：人民出版社 2006 年版。

[17]《江泽民文选》（第三卷），北京：人民出版社 2006 年版。

[18] 胡锦涛：《坚定不移沿着中国特色社会主义道路前进为全面建成小康社会而奋斗——在中国共产党第十八次全国代表大会上的报告》，北京：人民出版社 2012 年版。

[19] 中共中央文献研究室：《习近平关于全面深化改革论述摘编》，北京：

中央文献出版社 2014 年版。

［20］《习近平关于社会主义生态文明建设论述摘编》，北京：中央文献出版社 2006 年版。

［21］习近平：《习近平谈治国理政》，北京：外文出版社 2014 年版。

［22］《习近平新闻思想讲义》，北京：人民出版社 2018 年版。

［23］习近平：《推动我国生态文明建设迈上新台阶》，《求是》，2019 年第 1 期。

［24］习近平：《之江新语》，杭州：浙江人民出版社 2007 年版。

［25］中共中央文献研究室：《建国以来重要文献选编》（第七册），北京：中央文献出版社 1993 年版。

［26］中共中央文献研究室：《建国以来重要文献选编》（第八册），北京：中央文献出版社 1994 年版。

［27］中共中央文献研究室：《十六大以来重要文献选编》（上），北京：中央文献出版社 2008 年版。

［28］中共中央文献研究室：《十六大以来重要文献选编》（中），北京：中央文献出版社 2006 年版。

［29］中共中央文献研究室：《十七大以来重要文献选编》（上），北京：中央文献出版社 2009 年版。

［30］《国家“十二五”时期文化改革发展规划纲要》，北京：人民出版社 2012 年版。

［31］《国家“十一五”时期文化发展规划纲要》，北京：人民出版社 2006 年版。

［32］国家环境保护局：《中国环境保护 21 世纪议程》，北京：中国环境科学出版社 1995 年版。

［33］国家环境保护局办公室：《环境保护文件选编（1996）》，北京：中国环境科学出版社 1998 年版。

［34］国家环境保护局宣教司，教育处：《中国环境教育的理论和实践（1985—1990）》，北京：中国环境科学出版社 1991 年版。

［35］国家环境保护总局，中共中央文献研究室：《新时期环境保护重要文献选编》，北京：中央文献出版社，中国环境科学出版社 2001 年版。

[36] 国家环境保护局:《全国环境保护工作纲要（1993—1998）》,《环境保护》,1994 年第 3 期。

[37] 国家环境保护总局宣传教育司:《环境宣传教育文献汇编（2001—2005）》,北京:中国环境科学出版社 2006 年版。

[38] 国家林业局:《中国生态文化发展纲要（2016—2020 年）》,2016 年 4 月 7 日。

[39] 中国共产党第十五届中央委员会:《中共中央关于制定国民经济和社会发展第十个五年计划的建议》,北京:人民出版社 2000 年版。

[40]《中国 21 世纪议程—中国 21 世纪人口、环境与发展白皮书》,北京:中国环境科学出版社 1994 年版。

[41]《中华人民共和国法律全编（2018 年版）》,北京:法律出版社 2018 年版。

[42] 本书编委会:《中国环境保护行政廿年》,北京:中国环境科学出版社 1994 年版。

[43] 环境保护部、中宣部、中央文明办、教育部、共青团中央、全国妇联.《全国环境宣传教育工作纲要（2016—2020 年）》,2016 年 3 月 30 日。

[44] 环境保护部:《向污染宣战——党的十八大以来生态文明建设与环境保护重要文献选编》,北京:人民出版社 2016 年版。

[45] 环境保护部宣传教育司:《全国公众生态文明意识调查研究报告（2013 年）》,北京:中国环境出版社 2015 年版。

[46] 全国人大常委会法制工作委员会:《中华人民共和国环境保护法释义》,北京:法律出版社 2014 年版。

[47] 全国推进可持续发展战略领导小组办公室:《中国 21 世纪初可持续发展行动纲要》,北京:中国环境科学出版社 2004 年版。

[48] 中共中央办公厅、国务院办公厅:《关于加快推进生态文明建设的意见》,2015 年 4 月 25 日。

[49] 中共中央文献研究室、国家林业局:《毛泽东论林业》（新编本）,北京:中央文献出版社 2003 年版。

[50] 中共中央文献研究室:《邓小平年谱（一九九五——一九九七）》,北京:中央文献出版社 2004 年版。

［51］中共中央文献研究室：《江泽民论有中国特色社会主义（专题摘编）》，北京：中央文献出版社 2002 年版。

［52］中国环境报社：《迈向 21 世纪——联合国环境与发展大会文献汇编》，北京：中国环境科学出版社 1992 年版。

［53］中国环境科学研究院环境法研究所、武汉大学环境法研究所：《中华人民共和国环境保护研究文献选编》，北京：法律出版社 1983 年版。

［54］中华环保联合会：《中国环保民间组织发展状况报告》，《环境保护》，2006 年 10 期。

［55］《李干杰在 2019 年全国生态环境保护工作会议上的讲话》《中国环境报》，2019 年 1 月 19 日。

［56］《文化部关于支持和促进文化产业发展的若干意见》，《文化市场》，2004 年第 1 期。

［57］白钢：《中国政治制度通史第一卷总论》，北京：人民出版社 1996 年版。

［58］北京大学中国国情研究中心、中国人民大学社会学理论与方法研究中心和中国社会科学院社会学研究所：《中国公众环境素质评估指标体系研究报告》，北京：中国环境科学出版，2010 年版。

［59］蔡定剑：《公众参与：风险社会的制度建设》，北京：法律出版社 2009 年版。

［60］蔡尚伟，温洪泉，等：《文化产业导论》，上海：复旦大学出版社 2006 年版。

［61］陈纯槿；郅庭瑾：《世界主要国家教育经费投入规模与配置结构》，《中国高教研究》，2017 年第 11 期。

［62］陈福娣：《基于经济手段的环境污染治理问题探讨》，《商业时代》，2008 年第 22 期。

［63］陈丽鸿：《中国生态文化教育理论与实践》（第二版），北京：中央编译出版社 2019 年版。

［64］陈玲玲，严伟，潘鸿雷：《生态旅游——理论与实践》，上海：复旦大学出版社 2012 年版。

［65］陈敏豪：《生态文化与文明前景》，武汉：武汉出版社 1995 年版。

［66］陈学明，吴松，远东主编：《痛苦中的安乐——马尔库塞、弗洛姆论消费主义》，昆明：云南人民出版社 2008 年版。

［67］崔浩：《环境保护公众参与理论与实践研究》，北京：中国书籍出版社 2017 年版。

［68］崔建霞：《公民环境教育新论》，济南：山东大学出版社 2009 年版。

［69］崔晓冬，刘清芝，周才华，等：《中国绿色消费的政策和实践研究》，《中国环境管理》，2020 年第 1 期。

［70］丁玫：《教育部颁布〈中小学环境教育实施指南〉》，《环境教育》，2003 年第 6 期。

［71］董薇，刘吉晨：《文化产业商业模式创新》，北京：中国传媒大学出版社 2015 年版。

［72］杜昌建，杨彩菊：《中国生态文明教育研究》，北京：中国社会科学出版社 2018 年版。

［73］高福安：《公共文化服务体系建设创新研究》，北京：中国传媒大学出版社 2018 年版。

［74］樊美筠：《对生态文明的全方位探索——克莱蒙第八届生态文明国际论坛综述》，《经济社会体制比较》，2014 年第 7 期。

［75］谷树忠，成升魁，等：《中国资源报告——新时期中国资源安全透视》，北京：商务印书馆 2010 年版。

［76］韩骏伟，胡晓明：《文化产业概论》，广州：中山大学出版社 2009 年版。

［77］何建坤：《积极推进中国特色全国碳排放权交易市场建设》，《中国环境报》，2019 年 9 月 27 日。

［78］洪大用，肖晨阳：《环境友好的社会基础——中国市民环境关心与行为的实证研究》，北京：中国人民大学出版社 2012 年版。

［79］侯伟丽：《环境经济学》，北京：北京大学出版社 2016 年版。

［80］胡安源，王凤荣，赵志恒：《文化产业中政府角色定位分析》，《山东社会科学》，2016 年第 5 期。

［81］胡鞍钢，门洪华：《绿色发展与绿色崛起——关于中国发展道路的探讨》，《中共天津市委党校学报》，2005 年第 1 期。

［82］黄承梁：《生态文明简明知识读本》，北京：中国环境科学出版社2010年版。

［83］黄玉蓉：《被资助的文化：中外文化资助体系及制度设计》，北京：社会科学文献出版社2018年版。

［84］纪秋发：《中国社会消费主义现象简析》，北京：北京理工大学出版社2015年版。

［85］江泽慧：《生态文明时代的主流文化——中国生态文化体系研究总论》，北京：人民出版社2013年版。

［86］蓝建中：《日本的生态消费》，《金融博览》，2010年第6期。

［87］李波：《发展绿色消费促进低碳经济发展策略研究》，《现代管理科学》，2011年10期。

［88］李久生：《环境教育论纲》，南京：江苏教育出版社2005年版。

［89］李娟：《绿色发展与国家竞争力》，北京：经济科学出版社2018年版。

［90］李文：《解析BBC的全媒体发展之路》，《传媒评论》，2014年第1期。

［91］刘春元，李艳梅：《生态文明的理论与实践》，北京：中国商务出版社2010年版。

［92］刘飞：《审视奢侈性消费》《中国社会科学报》，2010年第123期。

［93］刘湘溶：《人与自然的道德话语：环境伦理学的进展与反思》，长沙：湖南师范大学出版社2004年版。

［94］刘昀献：《中国是当今世界最有可能实现生态文明的地方——著名建设性后现代思想家柯布教授访谈录》，《中国浦东干部学院学报》，2010年第5期。

［95］鲁枢元主编：《自然与人文：生态批评学术资源库》，上海：学林出版社2006年版。

［96］鲁小波：《自然保护区生态旅游开发与管理》，北京：旅游教育出版社2010年版。

［97］罗伯特·J.斯腾伯格，温迪·M.威廉姆斯：《教育心理学》，张厚粲译.北京：中国轻工业出版社2003年版。

［98］罗顺元：《中国传统生态思想史略》，北京：中国社会科学出版社

2015 年版。

[99] 蒙培元：《人与自然—中国哲学生态观》，北京：人民出版社 2004 年版。

[100] 倪根金：《历代植树奖惩浅说》，《历史大观园》，1990 年第 9 期。

[101] 欧阳坚：《文化产业政策与文化产业发展研究》，北京：中国经济出版社 2011 年版。

[102] 邱金龙，潘爱玲，张国珍：《政府在文化产业发展中的角色解析：定位与补位》，《经济问题探索》，2018 年第 4 期.

[103] 施志源：《绿色发展与环境资源法律制度创新》北京：法律出版社 2018 年版。

[104] 舒基元，杨峥：《环境安全的新挑战：经济全球化下环境污染转移》，《中国人口·资源与环境》，2003 年第 3 期。

[105] 孙钱章：《中国经济管理思想史简编》，北京：中共中央党校出版社 1995 年版。

[106] 谭溪：《我国地方环保机构垂直管理改革的思考》，《行政管理改革》，2018 年第 7 期。

[107] 万俊人：《现代公共管理伦理导论》，北京：人民出版社 2005 年版。

[108] 万陆：《杨益的风水文化观及其实践》，《江西社会科学》，1998 年 03 期。

[109] 王儒年：《〈申报〉广告与上海市民的消费主义意识形态——1920—1930 年〈申报〉广告研究》，上海师范大学博士论文，2004 年。

[110] 王素芬，丁全忠：《生态语境下的老子哲学研究》，北京：人民出版社 2016 年版。

[111] 王玉庆：《环境经济学》，北京：中国环境科学出版社 2002 年版。

[112] 吴福平，范柏乃：《文化的公共性与公共财政政策选择研究》，《公共管理与政策评论》，2013 年第 4 期。

[113] 奚广庆，王谨：《西方新社会运动初探》，北京：中国人民大学出版社 1993 年版。

[114] 喜平：《文化微议》《中国科学报》，2016 年 8 月 26 日。

[115] 邢永富：《教育公益性原则略论》，《北京师范大学学报》（人文社会

科学版）2000 年第 2 期。

［116］熊敏桢：《对我国环境宣传教育能力建设问题的思考》，《海峡科学》，2013 第 7 期。

［117］徐辉，祝怀新：《国际环境教育的理论与实践》，北京：人民教育出版社 1998 年版。

［118］徐子宏译：《周易全译》，贵阳：贵州人民出版社 1991 年版。

［119］许进杰：《生态消费：21 世纪人类消费发展模式的新定位》，《北方论丛》，2007 年第 6 期。

［120］严耕，林震，杨志华：《生态文明理论构建与文化资源》，北京：中央编译出版社 2009 年版。

［121］杨魁，董雅丽：《消费文化：从现代到后现代》，北京：中国社会科学出版社 2013 年版。

［122］杨茂盛，郑悦：《外资并购所引起的品牌危机》，《统计与决策》，2003 年第 11 期。

［123］杨晓春：《传统生态思想文化的局限及其当代转型》，《思想战线》，2019 年第 2 期。

［124］杨铮，赵美彩：《自然类纪录片的思维品格》，《新闻爱好者》，2010 年第 12 期。

［125］叶海涛：《生态环境问题何以成为一个政治问题？——基于生态环境的公共物品属性分析》，《马克思主义与现实》，2015 年第 9 期。

［126］原丽红，朝克：《中国传统文化中生态思想资源现代转化的可能性思考》，《理论学刊》，2009 年第 9 期。

［127］张岱年，方克立：《中国文化概论》，北京：北京师范大学出版社 1994 年版。

［128］张广瑞，魏小安，刘德谦，等：《2001—2003 年中国旅游发展：分析与预测》，北京：社会科学文献出版社 2002 年版。

［129］张全明：《中华五千年生态文化》（上、下），武汉：华中师范大学出版社 1999 年版。

［130］张婷，吴秀敏：《消费者绿色食品购买行为分析》，《商业研究》，2010 年第 12 期。

［131］张学刚：《我国环境污染治理成因及治理对策研究：基于"政府—市场"的视角》，北京：经济科学出版社 2017 年版。

［132］张屹山，赵杨，翟岩：《扩大内需的意义与途径的再认识》，《社会科学战线》，2011 第 9 期。

［133］郑易生：《90 年代中期中国环境污染经济损失估算》，《管理世界》，1999 年第 2 期。

［134］周梅华：《可持续消费及其相关问题》，《现代经济探讨》，2001 年第 2 期。

［135］朱洪革：《城市居民生态消费行为的影响因素分析》，《生态经济（学术版）》，2009 年第 1 期。

［136］祝怀新：《环境教育的理论与实践》，北京：中国环境科学出版社 2005 年版。

［137］庄晓东：《传播与文化概论》，北京：人民出版社 2008 年版。

［138］邹东涛： 《以民为本：中国全面建设小康社会 10 年（2002—2012）》，北京：社会科学文献出版社 2012 年版。

［139］A. 佩切伊：《21 世纪的全球性课题和人类的选择》，《世界动态学》，1984 年第 6 期。

［140］［澳］罗宾·艾克斯利：《绿色国家：重思民主与主权》，郇庆治译，济南：山东大学出版社 2012 年版。

［141］［美］查尔斯·蒂利：《社会运动：1768—2004》，胡位钧译，上海：上海世纪出版集团 2009 年版。

［142］［以色列］尤瓦尔·赫拉利：《人类简史：从动物到上帝》，林俊宏译，北京：中信出版社 2014 年版。

［143］［澳］彼得·辛格：《动物解放——生命伦理学的世界经典素食主义的宣言》，祖述宪译，青岛：青岛出版社 2006 年版。

［144］［德］马克斯·韦伯：《新教伦理与资本主义精神》，于晓，陈维纲等译，上海：生活·读书·新知三联书店 1987 年版。

［145］［德］萨拉·萨卡：《生态社会主义还是生态资本主义》，张淑兰译，济南：山东大学出版社 2012 年版。

［146］［法］阿尔贝特·史怀泽：《敬畏生命》，陈泽环译，上海：上海社

会科学院出版社 1996 年版。

[147]［法］让·鲍德里亚：《消费社会》，刘成富，全志钢等译，南京：南京大学出版社 2014 年版。

[148]［加］本·阿格尔：《西方马克思主义概论》，慎之等译，北京：中国人民大学出版社 1992 年版。

[149]［加］威廉·莱斯：《满足的限度》，李永学译，北京：商务印书馆 2016 年版。

[150]［美］艾伦·杜宁：《多少算够——消费社会与地球的未来》，毕聿译，长春：吉林人民出版社 2000 年版。

[151]［美］奥尔多·利奥波德：《沙乡年鉴》，侯文蕙译，长春：吉林人民出版社 1997 年版。

[152]［美］德内拉·梅多斯，等：《增长的极限》，李涛等译，北京：机械工业出版社 2015 年版。

[153]［美］凡勃伦：《有闲阶级论》，蔡受百译，北京：商务印书馆 2002 年版。

[154]［美］蕾切尔·卡森：《寂静的春天》，吕瑞兰、李长生译，上海：上海译文出版社 2008 年版。

[155]［美］纳什：《大自然的权利》，杨通进译．青岛：青岛出版社 1999 年版。

[156]［美］施里达斯·拉夫尔：《我们的家园——地球——为生存而结为伙伴关系》，夏堃堡等，北京：中国环境科学出版社 1993 年版。

[157]［美］约翰·贝拉米·福斯特：《生态危机与资本主义》，耿建新，宋兴无译，上海：上海译文出版社 2006 年版。

[158]［美］约翰 M 波利梅尼：《杰文斯悖论-技术进步能解决资源难题吗》，许洁译，上海：上海科学技术出版社 2013 年版。

[159]［匈］拉兹洛：《巨变》，杜默译，北京：中信出版社 2002 年版。

[160]［英］E. 库拉：《环境经济学思想史》，谢扬举译，上海：上海人民出版社 2007 年版。

[161]［英］艾沃·古德森：《环境教育的诞生》，贺晓星，仲鑫译，上海：华东师范大学出版社 2001 年版。

[162] ［英］庇古：《福利经济学》，金镝译，北京：商务印书馆 2009 年版。

[163] ［英］戴维·佩珀：《生态社会主义：从深生态学到社会正义》，刘颖译，济南：山东大学出版社 2012 年版。

[164] ［英］马歇尔：《经济学原理》，朱志泰、陈良璧译，北京：商务印书馆 2009 年。

[165] Bator, F. M. The anatomy of market failure [J]. The Quarterly Journal of Economics, 1958, 72 (3)：351−379.

[166] Bhattacharya H, Innes R. Income and the environment in rural India：Is there a poverty trap? [R]. Part of the UC Center for Energy and Environmental Economics Working Paper Series, 2011.

[167] D. Perper. Ecological Socialism：From Depth Ecology to Socialism [M]. London：Routledge, 1993, P232.

[168] Dahlman. C. J. The problem of externality [J]. Journal of Law and Economics, 1979. 22 (1)：141−162

[169] Kapp. K. W. The social costs of private enterprise [M]. Cambridge, Mass, Harvard University Press, 1950.

[170] Milbourne P. The geographies of poverty and welfare [J]. Geography Compass, 2010, 4 (2)：158−171.

[171] Ravallion M. Why don't we see poverty convergence? [J] American Economic Review, 2012, 102 (1)：504−523.

[172] Ronald H. Coase. The Problem of Social Cost [J]. Journal of Law and Economics, 1960 (3)：38−40.

[173] William Leiss, The Limits To Satisfaction [M]. McGill − Queen's University Press, 1988, P106.

[174] World Bank. World development report 1992 in development and the environment [M]. Oxford：Oxford University Press, 1992.